U0519069

知识产权研究

第二十四卷

周林　主编

知识产权出版社
全国百佳图书出版单位

图书在版编目（CIP）数据

知识产权研究. 第24卷/周林主编. —北京：知识产权出版社， 2016.10
ISBN 978-7-5130-4579-7

Ⅰ.①知… Ⅱ.①周… Ⅲ.①知识产权—文集 Ⅳ.①D913.04–53

中国版本图书馆CIP数据核字（2016）第265770号

内容提要

本系列出版物阶段性地汇集国内外知识产权研究领域前沿理论、学术观点、问题探讨、案例分析和实例研究，跟踪展示知识产权研究领域的主要问题和研究水平，可供法学和知识产权学界理论及实务工作者阅读，也可供高等院校法律及知识产权相关专业学生深入学习参考。

责任编辑：龙　文　　　　**责任校对**：谷　洋

装帧设计：品　序　　　　**责任出版**：刘译文

知识产权研究：第二十四卷
Zhishichanquan Yanjiu
周林　主编

出版发行：知识产权出版社有限责任公司	网　　址：http://www.ipph.cn
社　　址：北京市海淀区西外太平庄55号	邮　　编：100081
责编电话：010–82000860转8123	责编邮箱：longwen@cnipr.com
发行电话：010–82000860转8101/8102	发行传真：010–82000893/82005070/82000270
印　　刷：北京中献拓方科技发展有限公司	经　　销：网店、新华书店及相关专业书店
开　　本：880mm×1230mm　1/32	印　　张：9.75
版　　次：2016年10月第1版	印　　次：2016年10月第1次印刷
字　　数：300千字	定　　价：48.00元

ISBN 978-7-5130-4579-7

出版权专有　侵权必究
如有印装质量问题，　本社负责调换。

本书出版得到华诚律师事务所华诚基金赞助！

编者的话

知识产权法学研究未有穷期

周 林

中国民法典的制订是一个漫长的过程。2016 年 6 月，第十二届全国人大常委会第二十一次会议初次审议了《中华人民共和国民法总则（草案）》（以下简称"民总草案"），并很快向全社会公布了该草案，公开征求意见。而几乎与公布草案同一时间，在中国知识产权法学研究会 2016 年年会上，知识产权与民法典的关系问题俨然成为一个"热点"。其实，早在 2002 年 12 月 23 日提交九届全国人大第三十一次常委会的《民法草案》中，曾既规定了知识产权的保护内容，同时又没有将"知识产权"按照原计划作为专篇列入法中。现在的"民总草案"，似乎沿袭了 2002 年的思路，在第五章"民事权利"中，也仅仅规定了知识产权的范围。

"民总草案"第一百零八条规定：

民事主体依法享有知识产权。

知识产权是指权利人依法就下列客体所享有的权利：

（一）作品；

（二）专利；

（三）商标；

（四）地理标记；

（五）商业秘密；

（六）集成电路布图设计；

（七）植物新品种；

（八）数据信息；

（九）法律、行政法规规定的其他内容。

"民总草案"没有规定诸如"原产地标记""传统知识""生物多样化信息"等内容，但是却新增加了"数据信息"，把"数据信息"纳入知识产权客体。

"民总草案"涉及知识产权仅有的这一个条文，是否能够满足作为一项重要民事权利的知识产权保护的需要，以及厘清民法跟知识产权法的关系，都值得进一步思考和研究。把"数据信息"纳入知识产权客体，这似乎表明立法者对当下"信息"重要性的认识。但是，以信息创造、传播、利用为主要内容的知识产权，例如版权、专利、商标等，均涉及特定数据信息，那么，"民总草案"首次在民事权利／知识产权中规定非特定"数据信息"，这究竟有怎样的考虑，需要立法者进一步明示。

中国的法治进程表明，很多时候，都是司法实践走在立法前面。例如，中国知识产权法院的建立就是一个很好的例子。2014年8月31日，十二届全国人大常委会第十次会议表决通过了全国人大常委会关于在北京、上海、广州设立知识产权法院的决定。知识产权法院的建立，一方面突出了知识产权的重要性，另一方面反映了知识产权案件裁判的特殊性。本卷开篇论文是管育鹰的《北京知识产权法院建立案例指导制度的几个问题》，作者认为，我国的案例指导制度作为长期司法实践的经验产物，作为纠正损害司法公信力的"同案不同判"现象、实现统一司法尺度的有效路径，目前已经到了定型化和规范化的阶段。在论文中，作者阐述了司法改革的现实需求，结合司法解释制度建设的经验，明确了案例指导制度的法律地位，提出了北京知识产权法院建立案例指导制度的合法性及可行性。

本卷在"理论探讨"专栏收入了两篇讨论知识产权"入典（民法典）"方式的论文。邓社民的《知识产权入（民法）典方式的思考》一文建议，我国民法典应由总则、物权、知识产权、债权、继承权、侵权责任和涉外民事法律适用等七编组成。除在总则民事法律关系的客体和民事法律关系产生中增加知识产权外，在物权编后规定知识产权编，主要规定知识产权的取得、内容和限制以及权利变动等专有权，在债法总则和分则中规定知识产权的流转，在继承编规定知识产权的继承，在侵权责任编规定知识产权的侵权行为及其责任。而乔宜梦的《寻找知识产权法与民法典的最佳链接》则提出不同观点。作者认为，在未来民事法律体系中，知识产权法体现为三个层次。首先是民法总则，对知识产权根本性、一般性问题做出规定；其次为知识产权通则，既统领各知识产权单行法，又在民法典与单行法之间发挥链接作用；第三是知识产权单行法。

本卷中杨文彬的新作《传统文化——版权研究的宝贵资源》一文，引经据典，从传统的创作文化、署名文化、传播文化、文化思想、印刷保护、文化政策等多个角度进行理论探讨。作者认为，我国传统文化，应该和国外的经典立法、理论和判例一样，成为版权法研究的宝贵资源。

随着《反不正当竞争法（修订草案送审稿）》的公布，《反不正当竞争法》即将迎来制定二十年后的首次修订。《反不正当竞争法》对于市场竞争秩序的维护以及对其他知识产权法律的补充性作用，决定了其所特有的抽象性和包容性特征。为此，刘一舟、余梦菲撰写了一篇题为《反不正当竞争法的变与不变——也论〈反不正当竞争法〉的修订》的论文，作者从分析最近发生的多起不正当竞争案件入手，把现行《反不正当竞争法》与《送审稿》作比较，认为无论《送审稿》中的内容与现行立法有多少变化，也不管最终修订的新《反不正当竞争法》会有多么不同，《反不正当竞争法》的立法本意，其所坚持的抽象性和包容性特征都不会改变。

赵文卿律师所撰《关于商标侵权刑事维权问题研究》一文，结合自己经办的几起案件，对商标侵权刑事维权提出自己独到的分析和观点：通过刑事程序对商标侵权行为进行维权，是一种通过国家公权力对于程度较重、涉嫌犯罪的商标侵权行为进行打击的维权手段。对于权利人来说如果能够成功启动刑事程序，通常可以对侵权人产生较大的震慑作用，使其不敢轻易再度实施侵权行为，从而取得较为明显的维权效果。

除了上述几篇"理论探讨"论文以外，本卷还开辟了"专利法研究""版权法研究""实务研究""案例分析"四个专栏，收入了郑友德、谢小添著《绿色专利法下的汽车零部件再制造问题研究》、张鹏著《职务作品的准据法适用》、孟祥娟、钟艳著《数字音乐版权授权机制的困境与模式创新》、吴月琴著《外商以技术使用权出资的法律思考》、张黎明著《商标抢注之应对与防御》等十三篇文章，对近几年来在专利法、版权法、商标法领域内的重大理论问题进行了较为深入的研究，并对一些引起广泛关注的热点案例进行了仔细分析。追踪国外知识产权保护最新进展的读者，可以阅读梅高强、鲁灿的论文《美国法院对功能性特征相同或者等同的判定及其启示》，以及何侃博士的案例分析《精神损害赔偿是知识产权侵权损害赔偿的必要组成部分——评里弗尔斯案》。对版权史有兴趣的读者可以阅读美国著名哲学家、散文家和法学家莱赛德·斯普纳著、刘清格译《对米勒诉泰勒一案的评论》。

本卷出版适逢我国著名知识产权法专家郑成思教授逝世十周年。为了纪念郑老师，我们特别刊发了原国家版权局副局长沈仁干先生的一首诗《哭成思》。

2016 年 10 月

目录

编者的话

知识产权法学研究未有穷期 ……………………………… 周林（I）

理论探讨

北京知识产权法院建立案例指导制度的几个问题 …… 管育鹰（1）

知识产权入（民法）典方式的思考…………………… 邓社民（11）

寻找知识产权法与民法典的最佳链接………………… 乔宜梦（30）

传统文化——版权研究的宝贵资源…………………… 杨文彬（40）

反不正当竞争法的变与不变

　　——也论《反不正当竞争法》的修订…… 刘一舟　余梦菲（72）

　关于商标侵权刑事维权问题研究 ………………… 赵文卿（86）

专利法研究

绿色专利法下的汽车零部件再制造问题研究

　…………………………………………郑友德　谢小添（107）

美国法院对功能性特征相同或者等同的

判定及其启示………………………… 梅高强　鲁灿（144）

"修改超范围"在专利审查中的理解和运用………… 汤国华（161）

我国实用新型制度下的电子线路类申请……………… 肖华（169）

版权法研究

职务作品的准据法适用………………………………… 张鹏（179）

数字音乐版权授权机制的困境与模式创新……… 孟祥娟　钟艳（192）

论"续写"的正当性与合法化………………………… 袁博（207）

实务研究

反不正当竞争法第二条原则性条款的适用规则和启示

　　——以《炉石传说》与《卧龙传说》

　　不正当竞争纠纷案为视角 ·························· 谢易（216）

外商以技术使用权出资的法律思考·················· 吴月琴（228）

商标抢注之应对与防御······························ 张黎明（240）

知识产权与金融······································ 杨延超（251）

案例分析

玩具积木块能否作为美术作品受版权法保护？

　　——乐高公司诉广东小白龙动漫玩具实业

　　有限公司版权纠纷案 ······························ 周林（264）

对米勒诉泰勒一案的评论

　　　　莱赛德·斯普纳 著　刘清格 译（277）

精神损害赔偿是知识产权侵权损害赔偿的必要组成部分

　　——评里弗尔斯案 ······························ 何侃（289）

专稿

哭成思································ 沈仁干（297）

Content

Editor's Note

Articles

Guan Yuying: Several Issues on the Establishing of Case Guidance
    System in Beijing Intellectual Property Court ·························· 1

Deng Shemin: The Way of Integrating Intellectual Property into
    Chinese Civil Code ·· 11

Qiao Yimeng: Seeking Best Linkage between Civil Code and
    Intellectual Property Law ·· 30

Yang Wenbin: Culture Heritage—Precious Resource
    on Copyright Research ·· 40

Liu Yizhou, Yu Mengfei: Changed and Unchanged—On the
    Adaptation of the Unfair Competition Law ·························· 72

Zhao Wenqing: Research on Enforcement of Rights of Trademarks
    against Trademark Infringements through
    Criminal Proceedings ·· 86

Studies on Patent Law

Zheng Youde, Xie Xiaotian: Study on the Reconstruction of Auto
    Parts from the Perspective of Green Patent ······················· 107

Mei Gaoqiang, Lu Can: Judgement and Revelation to the Identity or
    Equality of the Functional Feature by the U.S. Court ············· 144

Tang Guohua: Understanding and Practicing of Amendment Going
    beyond the Original Application in the Patent
    Substantial Examination ·· 161

Xiao Hua: The Patent Application in the Electronics Field under the
    Chinese Utility Model System ·· 169

Zhang Peng: The Applicable Law of Works Made for Hire ·········· 179

Meng Xiangjuan, Zhong Yan: Plight and Innovation of Digital
　　Music Copyright Authorization Mechanism ···················· 192

Yuan Bo: Legitimacy and Legalization of "Re-writing" ·············· 207

Form the Lawyers

Xie Yi: The Applicable Rules and Enlightenment from the Article 2 as
　　the Principle Item of *Anti-Unfair Competition Law*—In the
　　Perspective of the Unfair Competition Case between
　　Hearth Stone and *Wolong Legend* ····························· 216

Cathy Wu: Legal Analysis on the Contribution of Technology
　　Use Rights for Foreign Businessman ························· 228

Zhang Liming: Countermeasures and Defenses for
　　Trademark Squatting ···································· 240

Yang Yanchao: Intellectual Property Rights and Financing ··········· 251

Selected Cases

Zhou Lin: Toy Building Blocks Can be Protected by Copyright Law
　　as Artworks?—Analysis of the Copyright Dispute
　　Lego v. Guangdong Cartoon Toys Little White
　　Dragon Industrial Co.□ Ltd. ····························· 264

Written by Lysander Spooner, Translated by Liu Qingge:
　　Review of the Case of Millar vs. Taylor ····················· 277

He Kan: Compensation for Moral Right is A Necessary Part of
　　Intellectual Property Infringement
　　Damages — Liffers's Case ······························· 289

Miscellaneous

Shen Rengan: A Poem for Chengsi···························· 297

理论探讨

北京知识产权法院建立案例指导制度的几个问题

管育鹰[*]

Several Issues on the Establishing of Case Guidance System in Beijing Intellectual Property Court

Guan Yuying[†]

摘要： 我国的案例指导制度作为长期司法实践的经验产物，作为纠正损害司法公信力的"同案不同判"现象、实现统一司法尺度的有效路径，目前已经到了定型化和规范化的阶段。本文中，作者阐述了司法改革的现实需求，结合司法解释制度建设的经验，明确了案例指导制度的法律地位，提出了北京知识产权法院建立案例指导制度的合法性及可行性。

关键词： 司法改　案例指导　知识产权法院

判例制度及其作用，或者在先判决对在后裁判者的拘束力或影响力问题，不仅是国家司法体制的重要内容，也是法学研究领域中一个博大精深的议题。本文无意就此作深入探讨，仅结合充当我国当前司法改革马前卒的北京知识产权法院建立案例指导制度的尝试，提出几

---

* 中国社会科学院法学研究所研究员，联系方式：guanyuying@cass.org.cn。

† Professor of the Law Institute of CASS. Email: guanyuying@cass.org.cn.

个方面的问题，供各位同仁讨论。

案例指导制度在我国法律体系中的定位问题

1. 建立案例指导制度是我国司法改革的现实需求

据介绍，在新中国的司法制度建立初期，人民法院就十分重视通过典型案例指导审判工作；1985年5月，《最高人民法院公报》开始向社会公布各类典型案例；2005年《人民法院第二个五年改革纲要》第一次正式提出，要"建立和完善案例指导制度"；2010年11月，最高人民法院制定颁布《关于案例指导工作的规定》，正式建立案例指导制度；2015年4月27日，最高人民法院审判委员会第1649次会议讨论通过《关于案例指导工作的规定实施细则》❶。同时，随着司法改革的演进，我国学术界也产生了一批致力于阐述中国特色案例指导制度理论基础的成果❷。

尽管在法学理论上关于我国案例指导制度的性质、与英美法系判例制度的异同、指导性案例的甄选与拘束力、法官释法抑或造法等重要问题的探讨和争议从未间断，我国的案例指导制度作为长期司法实践的经验产物，作为纠正损害司法公信力的"同案不同判"现象、实现统一司法尺度的有效路径，目前已经到了定型化和规范化的阶段。特别是，党的十八届四中全会《决定》指出："加强和规范司法解释和案例指导，统一法律适用标准"，这一"依法治国"的纲领性文件

---

❶ 郭锋. 最高人民法院加强案例指导工作情况新闻发布稿[EB/OL]. （2015-06-02）. [2015-10-01]. http://www.court.gov.cn/zixun-xiangqing-14623.html.

❷ 相关讨论参见周道鸾. 中国案例制度的历史发展[J]. 法律适用，2004（5）；蒋惠岭. 建立案例指导制度的几个具体问题[J]. 法律适用，2004（5）；刘作翔，徐景和. 案例指导制度的理论基础[J]. 法学研究，2006（3）；胡云腾，于同志. 案例指导制度若干重大疑难争议问题研究[J]. 法学研究，2008（5）；宋晓. 判例生成与中国案例指导制度[J]. 法学研究，2011（4）；四川省高级人民法院、四川大学联合课题组，陈明国，左卫民. 中国特色案例指导制度的发展与完善[J]. 中国法学，2013（3）；等等。

指明了建立和完善我国案例指导制度符合司法改革的方向。但是，我们应当看到，十八届四中全会的《决定》同时也明确要求，全面建设法治中国应当"做到重大改革于法有据"。因此，在我国推进司法改革、建立和完善案例指导制度的过程中，如何做到于法有据、循序渐进、减少不必要的争议，考验着决策者的智慧，也需要整个法律共同体的参与和认同。

长期以来，我国最高人民法院为维系司法裁判尺度的相对统一所采取的最行之有效的对策是颁布实施司法解释。建立案例指导制度，需要考虑其与司法解释的关系。同时，考察我国司法解释制度建设的经验与教训，也可以使案例指导制度的建立和完善少走弯路。

2. 我国司法解释制度建设的经验参考

我国具有成文法传统国家立法滞后、粗放和难以穷尽现实生活中需要平衡的各种法律关系的通病。虽然立法、修法是国家大事，反复斟酌讨论、谨慎抉择是必要的，我国的立法程序在全世界各国比较起来，也未必是最繁琐的；但是，由于立法技术相对落后，我国不乏抽象不明、模棱两可甚至相互矛盾的法律条文，再加上法官水平参差不齐等因素，有时候法官即使是对同类案件和同一条文都可能存在理解差异，极可能造成不统一的法律实施效果，甚至导致当事人司法不公的抱怨。因此，通过大量的司法解释细化法律适用规则在我国具有现实需求，司法解释制度的形成和发展有其合理性。

另一方面，根据我国《宪法》，全国人民代表大会和全国人民代表大会常务委员会行使国家立法权（第58条）和法律解释权（第67条），而人民法院是国家的审判机关（第123条），其职能是依法裁判。从法理上说，我国成文法的形式包括宪法、法律、行政法规、地方性法规、自治条例和单行条例、国务院部门规章和地方政府规章，司法解释并不属于具有普遍约束力的规范性文件、不应当成为判决可直接依据的法律渊源，学界也一直对司法解释这一中国特色的法律文件之法律地位以及法官造法的合法性、合理性存疑；其中，最令人质疑的是，为了确保司法解释的执行力，2007年最高人民法院作出了

《关于司法解释工作的若干规定》，其第5条规定："最高人民法院发布的司法解释，具有法律效力"。

尽管我国司法解释法律地位不明确的局面持续了20多年，但长期以来，我国最高人民法院颁布的各项司法解释对各级法院的审判活动却具有事实上的拘束力；而且，由于审级设置、错案率等制度设计问题，上级法院对法律适用的指导性意见，对下级法院的审判活动也是重要的参考。出于对这一现实的回应，我国2015年3月新的《立法法》明确，最高人民法院和最高人民检察院可以在审判、检察工作中主要针对具体法律条文作出符合立法的目的、原则和原意的应用法律解释，并应当自公布之日起三十日内报全国人民代表大会常务委员会备案（《立法法》新增的第104条）。

但是，由于《立法法》刚刚通过，与明确司法解释地位相关的其他法律规范未及做出相应修改或补充，比如，作为我国关于人民法院的组织和职权、审判人员和其他人员等内容的基本法律，《人民法院组织法》至今尚未明确我国最高人民法院有发布司法解释的职能，前述最高人民法院关于司法解释效力的规定仍难以解除"法官造法"的责难。在这方面，我国台湾地区以法律形式明确司法解释地位的经验值得借鉴❶。

3. 建立案例指导制度首先应当明确其法律地位

从前面我国司法解释制度存在的问题来看，笔者认为，为实现依法治国的总体要求，应当尽量避免一项改革制度长期处于属性不明的状况，建立中国特色的案例指导制度首先应当明确其在法律体系中的地位。显然，目前我国现有法律体系中还没有办法立刻做出明确规定（前面提到，即使是对有"准立法"的司法解释，《立法法》也没有承认其普适性而是强调其法律应用性，且要求其备案）；那么，对于

---

❶　台湾地区于1957年通过了"司法院组织法"，并于1958年根据该法第二条"司法院行使宪法赋予之职权"的规定通过实施"司法院大法官会依法"，明确了大法官会议具有"掌理司法院解释宪法及统一解释法律与命令之事项"的职能。

拟建立的案例指导制度，我们应当尽量明确具体的法律依据，至少应当注意不要与现行法律明显不符或冲突。

我们看到，《最高人民法院关于案例指导工作的规定》开宗明义将《中华人民共和国人民法院组织法》等法律规定作为开展案例指导工作的法律依据，但是，这部2006年修正的法院组织法第二章关于人民法院的组织和职权的整篇规定里也没法找到关于案例指导制度的明确规定。也就是说，目前我国并没有法律明确赋予最高人民法院、高级人民法院、中级人民法院、基层人民法院等各级人民法院发布指导性案例的职能。因此，《最高人民法院关于案例指导工作的规定》关于自身法律依据的表述是含混不清的。另外，为追求司法尺度的统一，树立最高审判机关的司法权威，《最高人民法院关于案例指导工作的规定》第7条还明确了"最高人民法院发布的指导性案例，各级人民法院审判类似案例时应当参照"；这一规定强调了最高人民法院指导性案例的拘束力，因为"应当"在法律意义上是指"必须"。回顾我国司法解释制度走过的路，可推知如果法律依据不明确、理论阐述不充分，最高人民法院关于指导性案例法律效力的这一规定，将像司法解释一样面对长期的争议和质疑。这方面，在与我们有相同历史和传统的台湾地区，曾产生过因最高审判机关发布的判例被视为与法律有同样效力、因此应当有补救机制的讨论❶；我国近年来法学理论的发展和人们的法治意识也已经不可与20年前同日而语，即在北京知识产权法院本身也开拓了结合具体行政行为对部门规章进行合法性审查的先例。因此，我国要么进一步明确指导性案例不同于法律、不具有普遍拘束力、没有强制性的援引要求，要么须建立配套的救济措施。

---

❶ 成文法传统下的判例制度扮演的是"劝服"角色，这不同于英美法系判例的"遵循先例"地位，但另一方面，在实践中判例在成文法法域的作用往往具有事实上的约束力，这在法理上存在着障碍；我国台湾地区实施80年的判例制度曾遭到"违宪"质疑（台湾有司法违宪审查制度）、令人深思，参见维基文库（网址：https://zh.wikisource.org/zh/）"司法院释字第576号解释（2004年4月23日）"词条中关于"释字五七六号协同意见书"的内容，此案后台湾对判例是否应当接受违宪审查有诸多讨论。

北京知识产权法院建立案例指导制度的合法性

1. 北京知识产权法院是依法成立的专门法院

如果说一定要找到案例指导制度的依据、或者找到其不明显缺乏法律依据的理由，现行《中华人民共和国人民法院组织法》第28条"专门人民法院的组织和职权由全国人民代表大会常务委员会另行规定"倒是提供了一个契机。众所周知，我国北京、上海、广州三个知识产权法院的建立，也是依据了这一特殊条文。2014年8月31日第十二届全国人民代表大会常务委员会第十次会议通过了《关于在北京、上海、广州设立知识产权法院的决定》（以下简称《决定》），随后的2014年11月6日、12月16日、12月29日，北京、广州、上海知识产权法院先后挂牌成立并开始运行。人大常委会《决定》的主要思路，是集中优势审判资源，突破现有省级行政区划内的区域性法院设置体系，将技术性强的复杂知识产权案件一并交由拟设立的相当于中级人民法院层级的知识产权专门法院受理，以保证疑难知识产权案件的审判质量和裁判尺度的统一；《决定》还为这三个专门法院的运行设定了三年试验期。

2. 知识产权专门法院制度的进一步完善问题

显然，尽管我国从立法上明确了北上广知识产权法院的专门法院地位，但这一全国人大常委会的《决定》内容比较简要，还需大量的配套法律、法规和细则等出台。事实上，在这方面，与我们文化、法律思维同源的台湾地区已有相关经验。比如，在2008年7月1日台湾智慧财产法院正式开始运行之前，其"立法机构"先于2007年3月28日通过了"智慧财产法院组织法"和"智慧财产案件审理法"，此后相关机构很快又制定了"智慧财产案件审理法施行细则""智慧财产案件审理细则"等法令。借鉴这一台湾经验，同时考虑尽量避免司法解释长期缺乏有力法律依据的遗憾，笔者认为针对我国的案例指导制度这一司法改革新举措，应当尽快通过相关法律对知识产权法院实行案例指导制度加以明确，这无疑有助于整个案例指导制度的建立和完善。

3. 北京知识产权法院作为案例指导制度先行者的合理性

笔者认为，在我国整个司法领域中，由北京知识产权法院率先建立和开展案例指导制度具有先天的优势，北京知识产权法院应当借力最高人民法院知识产权案例指导研究（北京）基地的建设，矫正"目前的案例指导制度存在着效力定位紊乱、遴选机制不科学、案例内容不系统、指导作用不足等问题，并未达到统一司法的预期效果"的问题●。事实上，上海和广州两个知识产权法院仅是以往知识产权专业审判庭的转化，而北京知识产权法院则是真正意义上知识产权专门法院的雏形。正如全国人大常委会在《决定》中所要求的：三年之后最高人民法院将向全国人大常委会汇报实施情况；而可以预测的是，同时将启动下一步关于知识产权专门法院建设的司法改革措施。简言之，在探索建立中国特色知识产权法院体系的进程中，北上广知识产权法院的设立仅仅是稳妥第一步，离《国家知识产权战略纲要》设定的"知识产权上诉法院"之目标还有一定距离，与世界多数国家已经建立的专利法院或其他类似性质的知识产权专门法院还有较明显的区别。在这三年的试行期中，除了总结研究北上广知识产权法院存在的问题及讨论此模式推广的必要性和可行性、知识产权法院受理刑事案件的可行性、技术调查官等配套制度的建立与完善等问题之外，更需要关注的是尽快研究真正意义上的与高级法院平级的知识产权专门法院设置问题。北京知识产权法院及其职能的进一步改革和优化对这一进程具有重要意义。

由北京知识产权法院作为案例指导制度的先行者具有合理性。首先，知识产权审判领域是案例指导制度最能充分发挥作用之地。成文法立法滞后带来的种种弊端在与日新月异的高新科技和商业创新紧密相关的知识产权领域体现得尤为明显，以往我国最高人民法院正是通过大量的司法解释来应对立法无法规制的新问题。但是，一方面司法解释存在本文前述的问题，另一方面司法解释也带有一定的抽象性、

● 宿迟，杨静. 建立知识产权司法判例制 [J]. 科技与法律，2015（2）.

无法对实践中的疑难问题均能做出有针对性的阐释，难以满足法官撰写有说服力判决的实际需求。在这方面，通过严格程序甄选出来的知识产权指导性案例具有不可替代的优势。

其次，北京知识产权法院在北上广三个专门法院中地位特殊。从域外经验可见，推行专业化审判、统一司法裁判标准、优化确权程序、加强知识产权保护是相关国家和地区之所以成立知识产权法院的主要目的；而目前我国仅北京知识产权法院具有知识产权确权行政诉讼案件的专有管辖权，这也是笔者称北京知识产权法院为真正知识产权专门法院雏形的原因。但是，目前来看，尤其是在《专利法》、《商标法》等涉及知识产权授权和确权的法律没有修改，授权、确权程序理论上仍可能经专利局和商标局、专利复审委员会和商标评审委员会（两委）、北京知识产权法院、北京市高级人民法院（知识产权庭）四个层级的情况下，北京知识产权法院绝大多数精力在应付与两委重复的工作，这其实是一种对优质司法资源的浪费。特别是我国新商标法实施后涉及商标授权确权的行政案件呈现井喷态势，极大地增加了北京知识产权法院受员额制限制的法官工作量负荷。

再次，北京知识产权法院汇集了目前我国知识产权司法领域的精英。北京知识产权法院的法官遴选委员会经过重重考核，精挑细选了一批具有专业化、职业化高素质、在知识产权各界有良好口碑的全国知名知识产权审判领域的专家型优秀法官任职，这一举措无疑大大提升了北京知识产权法院在国内外的声誉，也有利于树立和维系司法权威。但是，如前文所述，目前这批法官很多精力浪费在无须高度专业化知识的案件上，而且司法改革的配套措施还一时难以落实，他们的职责和权益尚不能平衡。这需要进一步的修法和改革，使这些专业法官能够更好地在知识产权审判中发挥示范性作用。

未来的北京知识产权法院要建成真正意义上的知识产权专门法院，首先需要修改《专利法》和《商标法》，将两委做出的有关专利和商标之效力的行政决定视为准司法裁决，当事人不服的直接上诉到改革后的北京知识产权法院（应当设置为高级法院层级，这需要与目前北京高院的知识产权庭进行重组），从而减少一个确权程序环节。当然，也可另行设立北京知识产权高级法院；与此相应，目前对此类案件有管辖权的北京知识产权法院将不再审理专利、商标确权的一审案件，这也需要通过修改《专利法》和《商标法》，规定由北京知识产权高级法院统一受理前述不服两委裁决的专利和商标确权案件。考虑到中国机构体制改革的复杂性，要最终建立起一套既反映全球知识产权审判活动共性、又适应中国国情具体需要的中国特色的知识产权法院体系，还需要一个边探索边总结经验逐步构建和完善的过程。在此过程中，将司法改革中同样重要的案例指导制度试行的重担赋予北京知识产权法院，是目前最合理、也不明显缺乏法律依据的抉择。

北京知识产权法院案例指导制度实施的可行性

讨论了北京知识产权法院实施案例指导制度的合法性和合理性之后，笔者尝试分析北京知识产权法院建立案例指导制度的路径。

1. 修改《人民法院组织法》

目前我国《人民法院组织法》中没有明确最高人民法院进行针对具体法律应用问题的解释权，在《立法法》明确了最高人民法院司法解释的地位后，法院组织法应当尽快据此作出补充修改，明确最高人民法院可以通过颁布司法解释、包括发布指导性案例的方式对地方各级人民法院和专门人民法院的审判工作进行指导和规范的职能（可在《人民法院组织法》第29条增补）。这样，集天时地利人和优势为一身的北京知识产权法院即可作为最高人民法院的案例指导制度试行基地，按其规定制定相关实施方案。

2. 借用《人民法院组织法》第28条的另行规定条款

尽管《人民法院组织法》没有明确最高人民法院颁布司法解释和发布指导性案例的职权，但该法第28条为专门人民法院的相关制度建设留下了余地，我们可以利用"另行规定"的灵活性，提请全国人大常委会制定和通过适应现实需求的《知识产权法院组织法》，赋予北京知识产权法院通过案例指导制度促进和保障司法同一性的法律依据，并明确指导性案例甄选等相关机制的制定（比如《北京市法院知识产权审判案例指导工作试行办法》）和运行须经最高人民法院批准并接受其监督，经批准发布的指导性案例对北京知识产权法院管辖范围的在后同类案件具有拘束力，对其他法院管辖的同类案件具有参照和指导作用。这一路径相对于直接修改《人民法院组织法》来说不够直截了当，而且在立法规范化日益得到强化的今天，全国人大常委会通过新的决定立法并不比修改现有法律条款简单。尽管如此，借鉴台湾的经验，制定通过针对知识产权专门法院的组织法、审理法及其实施细则，仍是完善我国知识产权法院体系的应有之策。

3. 最高人民法院关于案例指导工作的规定及其细则的执行问题

如上所述，因为《人民法院组织法》并无明确规定，最高人民法院关于案例指导工作的规定及其细则的执行尚无充分理由。当然，如果《人民法院组织法》及时修改，或者通过了专门的《知识产权法院组织法》明确案例指导制度，最高院的这些规定也就没有实施障碍了。在此之前，最高人民法院可以通过对北京知识产权法院案例指导制度建设工作的监督和指导来落实这些规定；特别是，通过各种渠道宣传北京知识产权法院作为人民法院案例指导制度试行基地的必要性、合理性和合法性，推动《人民法院组织法》的修改和知识产权法院相关配套法律法规的制定，以期通过北京知识产权法院的示范经验，尽早全面推行中国特色的案例指导制度，实现司法改革的目标。

知识产权入（民法）典方式的思考

邓社民*

The Way of Integrating Intellectual Property into Chinese Civil Code

Deng Shemin†

摘要：在我国民法典起草过程中，知识产权法与民法典的关系经历了从反对入典到赞成入典的过程。目前，学者就知识产权法以何种方式入典有概括式、独立成编式和提取公因式。融合式是知识产权入典的最佳选择。建议我国民法典应由总则、物权、知识产权、债权、继承权、侵权责任和涉外民事法律适用等七编组成。除在总则民事法律关系的客体和民事法律关系产生中增加知识产权外，在物权编后规定知识产权编，主要规定知识产权的取得、内容和限制以及权利变动等专有权，在债法总则和分则中规定知识产权的流转，在继承编规定知识产权的继承，在侵权责任编规定知识产权的侵权行为及其责任。

关键词：知识产权法　法典化　模式

2014年10月23日中共十八届四中全会通过了《中共中央关于全面

---

* 邓社民，男，甘肃正宁县人，武汉大学法学院民法教研室知识产权法研究所副教授，法学博士，知识产权法博士后。

† Associated professor of the Civil Law Department of the Law Faculty of Wuhan University.

推进依法治国若干重大问题的决定》，明确提出了"加强市场法律制度建设，编纂民法典"的重大改革任务。我国第五次民法典编纂工作已正式启动，2015年4月19日中国法学会民法典编纂项目领导小组向社会发布了《民法典总则草案》（征求意见稿）。但民法典编纂涉及的问题复杂，到底应编纂一部什么样的民法典，如何编纂，何时编纂完成，目前没有一个明确的时间表。本文只就民法典以何种方式接纳知识产权法，知识产权法的具体制度如何在民法典中进行合理的安排谈一些粗浅的认识，以此抛砖引玉，使知识产权法入典能够引起民法学者和知识产权法学者的高度重视，使我国能够编纂一部具有时代鲜明特征的民法典。

一、我国知识产权入典的必要性

纵观世界各国关于知识产权立法，虽然大多数国家采取单行立法方式，但新近少数国家意识到知识产权作为民事权利在社会财富中所占比例不断上升的发展趋势，将知识产权作为重要的私权纳入民法典，❶彰显了知识产权的重要性。因此，借鉴国外立法经验和学者的研究成果，建议我国民法典编纂应突出知识产权在民法典中的地位，将知识产权纳入民法典，知识产权专有权部分独立成编，知识产权流转、继承和侵权责任分别规定在合同编、继承编和侵权责任编，使其完全融入民法典。

第一，在知识经济条件下，知识产权在社会财富中成为一种重要的资源。"如果从财富或重要资源的角度来看，财富的象征在人类

---

❶ 1992年《荷兰知识产权法典》、1998年的《法国知识产权法典》和1999年的《菲律宾知识产权法典》将知识产权单独法典化；1942年《意大利民法典》、1992年《荷兰民法典》在民法典中概括规定了知识产权；1995年《越南民法典》和2006年通过的《俄罗斯民法典第四部分》将知识产权法作为民法典中独立的一部分或者一编，在大陆系法典化历史上占有重要的地位，使知识产权法回归民法典之中。1995年实施的《蒙古民法典》将知识产权制度融入传统所有权体系之中。

社会发展的不同阶段也发生着改变。在奴隶社会，奴隶是社会财富的象征；在封建社会，土地是社会财富的象征；在资本主义社会，资本是社会财富的象征；在知识经济时代，知识产权是社会财富的象征或重要资源。"❶在当代市场交易中，知识产权充分渗透到物的交易之中。"随着社会经济的日趋成熟，国家经济的重点已不再是'物'的制造，而转向'服务'以及如何增加'物'的附加价值，为此知识产权成为世人瞩目的焦点。"❷同时，民法典编纂中纳入知识产权也是我国建设创新型国家目标的要求。创新驱动发展是我国现阶段和今后长时期的战略目标。"知识产权法律创造了以"创新驱动发展"的财富生产的新方式。知识产权制度把个人才智的结晶转化为巨大的社会财富，极大地推动了人类物质文明和精神文明的进步。"❸从我国民法典编纂的国内背景来看，"我国正处于经济转型时期，从资源消耗型经济、劳动力密集型经济转向创新型经济，这三种经济形态反映于法律上的权利对象分别是：物、行为与知识财产。从反映社会变革的需求而言，中国民法典也应该突出知识产权的地位。"❹我国民法典编纂处于知识经济时代，不同于《法国民法典》和《德国民法典》所处的自由竞争和垄断资本主义时代，以物权和债权二元结构体系为重点。因此，我国民法典的编纂应该适应时代发展的潮流，对知识产权作出回应是其肩负的历史使命。

第二，现代财产的非物质化，使知识产权跃升为重要的财产。"现代财产概念的发展，财产不再只是支配物的权利，而是支配有

---

❶ 邓社民. 知识产权服务业发展支撑体系研究［M］. 北京：中国社会科学出版社，2014：1.

❷ 田村善之. 日本知识产权法［M］. 周超等译，北京：知识产权出版社，2011：4. 转引自李琛. 论中国民法典设立知识产权编的必要性［J］. 苏州大学学报. 法学版，2015（4）77.

❸ 刘春田. 知识产权作为第一财产权利是民法学上的一个发现［J］. 知识产权，2015（10）：8.

❹ 李琛. 论中国民法典设立知识产权编的必要性［J］. 苏州大学学报. 法学版，2015（4）：77.

价值的利益的权利，即财产的非物质化，极大地拓宽了财产法适用的范围，使任何有价值的利益都潜在地可能成为财产权的对象。这种新财产是非物质的，不是由支配物的权利所组成，而是由有价值的权利所组成。同时，这种新财产也受到一定的限制。"❶ "'物'章规定之生活资源，系法国民法、德国民法立法当时社会生活之重要生活资源……然则，因人类之努力开发，增添不少重要生活资源。斯此新生之重要生活资源，民法典并未及时修正因应……民法典对于无体财产权该如何定位，相当疏远，原因无他，盖无体财产权乃近世以来大力开发渐获重视之生活资源。"❷ 而知识产权法的客体正是非物质化的知识财产，在民法典编纂时，吸纳重要的新型财产，整合财产权体系和补漏财产的新类型是知识经济条件下的必然要求。因此，我国民法典编纂应转变财产观念，将知识产权纳入民法典，使知识产权具有与物权、债权、继承权同样的地位，将知识产权完全融入民法典，分散规定在民法典各部分中。如果中国民法典不反映社会财富结构的重大变化、不反映知识产权在财产权中的地位，则很难成为"代表之作"。"他国民法典对知识产权规范的立法空白和缺陷，恰恰是中国民法典的可为之处，如果望人项背、不敢大胆探索，怎么成为代表之作？"❸ 第三，从近代民事立法史来看，民法典与知识产权法的关系从概括式规定到分离，又从部分或完全接纳到完全融合的过程。1922年《苏俄民法典》和1964年《苏联民法典》与哈萨克斯坦、白俄罗斯、塔吉克斯坦以及前苏联一些加盟共和国在其《民法典》总则中规定知识产权的一般规定，强调知识产权的私法属性，以与知识产权单行法相链接。我国2002年《民法典草案》，在民法典总则中规定知识产权的一般规定，并保留单行法。这样的立法虽然降低了立法的技术

---

❶ 肯尼斯·万德威尔德. 十九世纪的新财产：现代财产概念的发展［J］. 王战强，译. 经济社会体制比较，1995（1）：38.

❷ 曾世雄. 民法总则之现代与未来［M］. 北京：中国政法大学出版社，2001：134.

❸ 李琛. 论中国民法典设立知识产权编的必要性［J］. 苏州大学学报. 法学版，2015（4）：77.

难度，但无助于消除民法典与知识产权法中概念的冲突和乱象。1992年《荷兰知识产权法典》、1998年的《法国知识产权法典》和1999年的《菲律宾知识产权法典》等在民法典之外制定知识产权法典，将知识产权法与民法典完全分离，尽管不利于彰显知识产权作为重要民事权利在民法典中的地位，但也说明此立法模式意识到知识产权作为新型财产权利的重要性。1942年《意大利民法典》、1992年《荷兰民法典》在民法典总则中概括规定了知识产权；1995年制定的《越南民法典》和2006年通过的《俄罗斯民法典第四部分》将知识产权法作为民法典中独立的一部分或者一编，在大陆系法典化历史上占有重要的地位，使知识产权回归民法典之中。1995年实施的《蒙古民法典》将知识产权制度融入传统所有权体系之中。该法典"所有权编"规定，智力成果是所有权的客体，与实体物和某些财产权客体被同等看待。尽管有学者批评其"将知识产权（无形财产的所有权)与所有权（有形财产的所有权）作同质化处理，既瓦解了知识产权制度的自有体系，又改变了传统物权制度的基本框架，虽在立法例上另具一格，但不成"范式"而难以效法。"❶但其对知识产权的独特处理方式为我国民法典的编纂提供了参考。尽管这些民法典对知识产权的规范技术未必尽如人意，但毕竟反映出民法典编纂的时代特征，为我国民法典的编纂提供了经验和教训。

在我国，知识产权入典问题经过多年的争论，尤其是2006年《俄罗斯民法典》第四部分知识产权法部分颁布后，受此影响我国反对知识产权法纳入民法典的观点已不是主流，即使曾经反对的学者也转而支持知识产权法纳入民法典。但知识产权法以何种方式进入民法典却成为学界争论的焦点。

---

❶ 吴汉东. 知识产权"入典"与民法典"财产权总则"［J］. 法制与社会发展，2015（4）：60—61.

二、我国知识产权入典方式学说及其评价

（一）知识产权入典方式学说

目前在我国学术界关于知识产权入典方式主要有以下观点：第一，概括规定式，即在民法典中只规定知识产权的一般规则，仍然保留单行法形式。其中又有两种代表性意见：一是在传统民法总则中规定知识产权的一般规则，保留知识产权的单行法。费安铃教授认为，将知识产权的一般规则放置于民法典内，保留知识产权单行法，形成民法典与单行法并存之状。❶曹新明教授认为，将知识产权法与民法典相链接，既保证知识产权法与民法典的连接关系，又保持了知识产权法的相对独立性；在民法典的编纂过程中，既能保持民法典应有的传统体例，又能保证知识产权法与民法典的隶属关系，是一种理想的选择。❷柳经纬教授认为，合理的选择是不将知识产权法编入民法典，但考虑到知识产权制度与民法的关系，可以在民法典相应的制度中（如总则编关于权利客体、权利救济的规定中）将知识产权的客体和救济原则纳入其中，为构建包括知识产权在内的民法体系奠定基础。❸张玉敏教授认为设立知识产权编，主要内容为知识产权权利的一般规定和共同规则；民法典相应编章对知识产权的特殊问题作出原则性规定，民法典外知识产权单行法的基本形态保持不变。❹

二是建议设立财产权总则或通则，在财产权总则中规定知识产权、物权、债权的一般规则，民法典之外知识产权单行法作为民事特别法存在。吴汉东教授认为，由于财产权类型的扩张和财产权体系的重构，有必要在民法典中设立"财产权总则"，其任务一是对包括知

❶　参见费安铃. 论我国民法典编纂活动中的四个关系［J］. 法制与社会发展，2015（5）：105.

❷　参见曹新明. 知识产权与民法典连接方式之选择——以《知识产权法典》的编纂为视角［J］. 法商研究，2005（1）：32.

❸　参见柳经纬. 中国民法典编纂若干问题探讨［J］. 中国高校社会科学，2015（1）：154.

❹　参见张玉敏. 论我国民法典设置知识产权编的理由及基本构想——以概括式立法为目标方式［J］. 甘肃社会科，2005（5）.

识产权、商事财产权在内的财产权制度作出统领性、整合性规定；二是使知识产权归属于民事权利体系，但避免在民法典中平行移植相关规定。"财产权总则"中的"知识产权一般规定"，主要涉及权利属性、权利客体、权利本体、权利产生、权利效力等私权性规范。❶马俊驹教授认为，财产权总则在保留物权法和债权法一般规则之外，又规定知识产权和其他无形财产的一般规则，充分体现了财产权制度的统一性。❷第二，独立成编式，即将知识产权法整体平移到民法典中，作为一个独立部分，并为知识产权特别法规定一个接口条款，废除知识产权单行法。苏永钦教授认为，把知识产权法纳入民法典，而且独立成编，不仅因为它的重要性，且基于体系逻辑观点，它是物权自由化而纳入合同法后，唯一种类法定的财产权。建议在设立财产权总则的前提下，编纂八编制的民法典。第一编财产法通则；第二编合同法；第三编知识产权法；第四编人法通则；第五编亲属法；第六编继承法；第七编侵权责任法；第八编涉外民事关系的法律适用。❸徐国栋教授起草的《绿色民法典草案》建议未来民法典设立人身关系法和财产关系法两编，在第二编财产关系法编下设立第四分编知识产权法。❹李琛教授认为，在民法典中设立知识产权编，并在立法技术上为知识产权部分设"特别法"接口条款，以便处理知识产权法的特殊问题。"设立知识产权编对民法典基本功能的实现、民法理论的发展、知识产权理论的体系化和知识产权实践的便利，均有着重大的积极意义，其益处是本质性的。❺易继明教授认为，知识产权立法较多

❶ 参见吴汉东. 知识产权"入典"与民法典"财产权总则"［J］. 法制与社会发展，2015（4）：61.

❷ 参见马俊驹，梅夏英. 我国未来民法典中设置财产权总则编的理由和基本构想［J］. 中国法学，2004（4）：36.

❸ 参见苏永钦. 民法典的时代意义［M］// 寻找新民法. 北京：北京大学出版社，2012：25-26.

❹ 参见徐国栋. 民法典草案的基本结构——以民法的调整对象理论为中心［J］. 法学研究，2000（1）.

❺ 参见李琛. 论中国民法典设立知识产权编的必要性［J］. 苏州大学学报. 法学版，2015（4）76.

地属于授权性的技术性立法，在民法典设立知识产权编，并不会妨碍其他具体实施细则及技术性指南的颁布施行。❶第三，提取公因式并保留单行法模式，即将知识产权与其他民事权利的共性部分提取，分散规定在民法典的相关制度中，使知识产权作为民事权利融入民法典。同时，将知识产权中确实不能或基于特别原因而不宜规定于民法典的规则仍保留于单行特别法中，在没有公因式可提取之时，必须坚决维护知识产权自身的个性。朱谢群教授认为，"将知识产权与其他民事权利最高层级的共性规定于总则，将知识产权与其他个别民事权利的共性规定于相应分则中的总则（或通则、一般规定），再将与其他民事权利不相容但却属于各知识产权（主要是著作权、商标权、专利权）的共性在各相应分则中单列或至少给出指引，同时保留单行法。"具体来说，建议在《民法典》总则中直接给知识产权作出定义或者界定知识产权的外延，在诉讼时效制度中，明确规定知识产权有关请求权不适用诉讼时效；在人格权中将著作权中的精神权利作为一个整体予以规定，作为与名誉权、隐私权等并列的一项独立权利；在财产权编，建议设立一个包括物权、知识产权的财产权编，并将二者的共性（典型者如排他效力）提取出来列入该编的通则（或一般规定）中；在债权部分对知识产权许可合同予以规定，具体内容可以只涉及知识产权许可的共同含义、类型及相应效力、生效要件等，而对知识产权中可能涉及的无因管理、不当得利等发生债的原因也应有所规定或至少给出指引；在继承编对自然人商标权的继承也应有所规定。❷

（二）知识产权入典方式的评价

第一，主张概括式立法的主要理由有：（1）知识产权法易受技术变革和国际形势的影响，显现出多变性，从而与民法典的稳定性有

---

❶ 参见易继明. 历史视域中的私法统一与民法典的未来［J］. 中国社会科学，2014（5）.

❷ 参见朱谢群. 也论民法典与知识产权［J］. 知识产权，2015（1）：14-15.

冲突；（2）知识产权法内容庞杂，既含有公法性规范，又含有程序性内容，从而与民法典实体私法的性质及"形式美"不合；（3）没有在民法典中规定知识产权的成功立法先例；（4）我国知识产权研究储备不足；（5）知识产权法的内容已自成一体；（6）传统民法从物法和债法提取的概念和原则仅适用于物法和债法，不一定能适用于其他财产权，这样构成法典有机体的传统概念体系因不能适用于新型财产权，将面临全面解体的危险；（7）在立法技术的处理上具有不可操作性，因为现在已经颁行的知识产权的单行法比较多，全部放置于民法典中只能导致民法典内部体系的混乱。❶

知识产权入典真的就如持此观点的学者担心的那样会使民法典不稳定或者存在立法技术难度或者导致民法典体系解体或者混乱吗？我认为这是夸大了知识产权的特殊性或者有妖魔化知识产权之嫌。（1）知识产权法的多变性并不是影响民法典稳定性的主要因素。法典的稳定性只是相对多变的现实生活而言的，并不是一劳永逸的。任何法典都必须反映不断发展变化的社会现实，随着社会生活的变化而变化，否则就不能适应社会生活，变成僵化的教条，阻碍社会的发展。而且，现今在互联网＋时代，社会生活快速地发展变化，需要民法典不断修改以适应社会发展的现实。任何以民法典的稳定性为由不主张知识产权入典实际上无视时代发展的潮流和我国民法单行法不断

---

❶ 参见费安铃. 论我国民法典编纂活动中的四个关系［J］. 法制与社会发展，2015（5）. 张玉敏. 论我国民法典设置知识产权编的理由及基本构想——以概括式立法为目标方式［J］. 甘肃社会科学，2005（5）. 马俊驹，梅夏英. 我国未来民法中设置财产权总则编的理由和基本构想［J］. 中国法学，2004（4）吴汉东. 知识产权 "入典"与民法典 "财产权总则"［J］. 法制与社会发展，2015（4）；王利明，徐国栋主编，中国民法典起草思路论战——世界民法典编纂史上的第四次大论战［M］. 北京：中国政法大学出版社，2001：105-133. 齐爱民. 论知识产权法的性质和立法方式［J］. 社会科学家，2006（5）；王崇敏，张丽娜. 论我国民法典总则中的知识产权保护规则［J］. 吉林大学社会科学学报，2008（3）；杨代雄. 我国未来民法典中知识产权规范的立法方式［J］. 上海商学院学报，2012（4）；滕锐，罗婷. 知识产权与民法典关系的思考［J］. 科技与法律，2005（3）；浩然，麻锐. 知识产权的结构与我国民法典立法体例结构［J］. 河南社会科学，2014（5）.

被修改的现实。同时，"多变"的其实是知识产权的具体规则而非其"私权本质"，亦非其与其他民事权利之间所有的共性。因此，只要知识产权的私权本质存在，就必然存在与其他民事权利相通的共性，也就必然具有能够在民法典中提取出来的"公因式"。❶（2）所谓的公法性规范和程序性规范实质上指的是管理性规范，确实在知识产权法中存在着管理性规范，但此规范不是知识产权法特有的现象，而是包括民商法在内都不同程度地规定了管理性规范，尤其是商法中存在的管理性规范并不比知识产权法中的少。比如合同法中有的合同的登记或备案，物权法中不动产登记，公司法和证券法中关于公司的成立、公司的上市和股票的发行等不一而足。（3）我国知识产权立法历史经历了逼迫、被动和自觉的过程，尤其是2008年以来我国知识产权国家意识觉醒❷，在知识产权理论研究方面取得了重要成果。不过受行政管理部门的影响，在知识产权立法中有不断强化国家管理的趋势，有淡化知识产权私权属性的弊端。"自2008年专利法第三次修订之后，强化行政执法的思潮又卷土重来。2011年，国家知识产权局颁布的《关于加强专利行政执法工作的决定》就可见一斑。"❸特别是2015年《专利法修订草案》（送审稿）大量增加了专利行政部门的权力。同时，由于知识产权研究的泛化，知识产权理论有公权化的趋向，存在着偏离私权危险，这正好可以通过知识产权法入典拨乱反正，使知识产权法回归私法本性，阻隔公权力的侵蚀。（4）知识产权法的内容并非自成一体，而是存在着权利冲突以及相似规则的重复、分散和遗漏。在知识产权法中始终存在着知识产权之间以及知识产权与其他民事权利的冲突，如"著作权法"中第48条第八项分明是侵犯姓名权，而在著作权法中被规定为侵犯署名权；商号作为企业的

---

❶ 参见朱谢群. 也论民法典与知识产权［J］. 知识产权，2015（1）：11.

❷ 参见邓社民. 中国知识产权意识的觉醒与法律保护的未来走向［J］. 科技进步与对策，2011（11）：95.

❸ 李琛. 论中国民法典设立知识产权编的必要性［J］. 苏州大学学报. 法学版，2015（4）：78.

个性化标志，本来属于广义商标法的范畴，而在民商法理论中将其作为法人人格权讨论；著作权法中将出版者与著作权人的出版合同行为作为邻接权规定，有违反合同相对性原则之嫌等。同时，在知识产权法及其司法解释中还存在着相似规则的重复、分散和遗漏。如同为涉及诉前临时措施的司法解释，商标领域的《关于诉前停止侵犯注册商标专用权行为和保全证据适用法律问题的解释》规定的是诉前临时禁令和诉前证据保全诉讼，专利领域的《关于对诉前停止侵犯专利权行为适用法律问题的若干规定》只涉及诉前临时禁令，而在著作权领域则根本没有专门颁布有关诉前临时措施的司法解释。❶（5）传统民法中有关适用于物法和债法的概念和原则完全可以适用于知识产权法，知识产权入典不可能使民法体系面临全面解体的危险。知识产权法是对专利法、商标法、著作权法等法律规范的一个总称，这一称谓是虚设的，是一种理论概括。由于知识产权的私法属性，其立法基本上都是通过民法术语如人格、财产、合同、请求权等进行表达的。"如果脱离民法的概念体系，知识产权几乎无以完成自我表达。这不仅表明我们应当破除知识产权封闭自足体系的虚设幻象，而且恰恰相反，知识产权的研究与运用都必须紧扣其所使用的民法概念的规范性、体系化的构造与机理，厘清各概念构件之间涵摄与关涉的关系，明确各概念构件在知识产权中的指向与"射程"及其在民法整体框架中的坐标，才能进而理顺知识产权这个"总称"名下的经纬条理。"❷知识产权之"特殊"是民法家族内部的"特殊"，是民法这棵大树上不同枝条之间的差异，而绝不是根基的"异类"，是与其他民事权利作为同类事物相比较而显现出的差异。

如果强调知识产权法的特殊性，只有知识产权的客体——知识财产的非物质性，确实不同于物权的客体——物的物质性。但知识产权客体的非物质性只是决定了知识产权变动不能和动产那样通过交付，

❶ 参见王迁. 将知识产权法纳入民法典的思考［J］. 知识产权，2015（10）.
❷ 朱谢群. 也论民法典与知识产权［J］. 知识产权，2015（1）：14.

通过占有公示或者不能进行事实处分而已。但与不动产权利变动规则一样，登记或者公告后权利才发生变动。根据2009年修改的《专利法》第10条第2款规定，转让专利申请权或者专利权的，当事人应当订立书面合同，并向国务院专利行政部门登记，由国务院专利行政部门予以公告。专利申请权或者专利权的转让自登记之日起生效。2014年修改的《商标法》第42条第3款规定，转让注册商标经核准后，予以公告。受让人自公告之日起享有商标专用权。这说明专利权或者专利申请权与商标权的转让自登记或者公告之日发生变动，这完全符合物权法中不动产物权变动规则。由于《著作权法》没有规定著作权转让的任何公示方法，在实务中导致了许多类似"一物二卖"的重复交易现象，即著作权人将著作财产权转让后，再次以著作权人的身份与他人签订著作财产权转让合同。由于著作财产权已经转让，在第二次交易中，转让行为属于无权处分，受让人无法取得著作财产权。因此，知识产权入典不仅可以使知识产权权利变动遵循民法规范，还可以使民法体系更加完善。（6）知识产权入典的技术困难，并不是知识产权特有的困难，而是法典化的一般性难度。"法典化与非法典化，本就是两种不同的立法模式，在技术上各有利弊。如果技术难度可用于反对知识产权入典，自然也可用于反对民法典的编纂。由于知识产权与技术发展密切联系，知识产权规范的变动频率确实也高于物权规范，但这只是影响到知识产权编的具体设计方法，其难度是技术性的。"❶同时，反对知识产权整体入典的观点无非担心知识产权的庞杂与变动和立法技术难度。其实这两点恰恰是整个民法典编纂中的普遍问题，如物权编的编纂要统合"物权法""担保法""农村土地承包经营法"和"土地管理法"，面临同样的问题，不只是知识产权法法典化所特有的。（7）尽管"近代财产权体系或是物权—债权结构作为物质化的财产权制度，成为近代民法典的编纂 "范式"。现代

---

❶ 李琛. 论中国民法典设立知识产权编的必要性［J］. 苏州大学学报. 法学版，2015（4）：76.

"范式"民法典尝试接纳知识产权制度，可以视为一大进步，但是否"范式"还有待观察。"❶任何国家的立法都与国际发展环境和本国社会现实紧密联系，没有可以照搬的固定模式，只能作为参考。因为各国立法所处的时代和本国的国情与范式民法典有所不同。知识产权成为知识经济条件下重要的财产权，物的价值主要由知识产权构成，除不动产外，动产成为知识产权的载体，物的价值实质上是知识产权价值的外在表现而已，物权呈现出知识产权化倾向。

因此，在我国民法典编纂过程中，立法者必须转变财产观念，认识到知识产权已成为财产权中重要的财产权利，将知识产权作为民事权利入典，这既是立法创新的必然要求，也是对各国民法典的一个超越。

第二，关于独立成编式。主张独立成编的立法理由包括：（1）知识产权立法较多地属于技术性立法，存在大量授权性立法。在民法典中设立知识产权编之后，并不妨碍这些具体实施细则及技术性指南的颁布施行。（2）法典化的价值追求之一就是法的体系化，体系化的本质是多中求一、以简驭繁，在多变之现象中归纳出不变的规律。如果在民法典中设立知识产权编，可以在形式上提示知识产权的体系归属，对知识产权理论的乱象有一定的约束作用，其难度是技术性的。（3）把知识产权纳入民法典，而且独立成编，不仅因为它的重要性，且基于体系逻辑观点，它是物权自由化而纳入合同法后，唯一种类法定的财产权。（4）节约资源，保护环境是90年代以来新制定宪法和民法典的趋势。❷

---

❶ 吴汉东. 知识产权 "入典" 与民法典"财产权总则" ［J］. 法制与社会发展，2015（4）：60.

❷ 参见易继明. 历史视域中的私法统一与民法典的未来［J］. 中国社会科学，2014年（5）；李琛. 论中国民法典设立知识产权编的必要性［J］. 苏州大学学报. 法学版，2015（4）；苏永钦. 民法典的时代意义［M］// 寻找新民法. 北京：北京大学出版社，2012.；徐国栋. 民法典草案的基本结构——以民法的调整对象理论为中心［J］. 法学研究，2000（1）.

此模式从知识产权的私权属性出发，让知识产权回归民法，洞察到知识产权入典的难点只是技术性的。同时，认识到知识产权客体的非消耗性，知识产权法是保障我国走可持续发展道路的重要法律依据，知识产权在民法典中不可或缺等，虽然科学合理，有一定的借鉴意义。但独立成编的知识产权是一般规定独立成编，并保留单行法，还是知识产权法整体平移独立成编，废除现行单行法，没有清晰的表述。如果将一般规定独立成编与概括式规定无异，而且也比较单薄；整体独立成编，与物权编、合同编和侵权责任编如何协调等没有提出具体的设计是很大的遗憾。

第三，关于提取公因式保留单行法模式。此立法模式的理由是：（1）概括规定式不足以充分体现知识产权的"私权"属性；独立成编式又确实会在一定程度上影响民法典的体系构建使之"难以消化"，而且也面临着如何与知识产权各单行法相互衔接的难题。（2）"在民法典中规定知识产权，既是民法典圆满其完整性、彰显其时代性的需要，也是知识产权固本强基、良性运行的需要，更是在社会主义市场经济条件下建设创新型国家的题中应有之义。"❶此观点主张将知识产权与民事权利具有共性的规则抽象出作为共同规则规定于民法典的相关编或制度中，比较详细地勾画了知识产权入典的路线图，可谓独树一帜，具有一定的可行性。但对于知识产权中哪些与民事权利没有共性的作为单行法规定未进行表述。同时，对于知识产权侵权责任问题、知识产权的转让问题以及知识产权的限制问题等如何安排没有交待，是此观点存在的主要问题。

因此，我国目前学界关于知识产权入典问题只局限于入典方式的讨论，对于知识产权在民法典中的具体安排还需要进一步加强研究。

---

❶　朱谢群. 也论民法典与知识产权［J］. 知识产权，2015（1）：11.

三、我国知识产权入典方式的立法选择

知识产权单行法游离于民法典的立法模式使知识产权法与民法典渐行渐远，同时，也为晚近民法典编纂所抛弃。概括式立法虽然为学者所推崇，因其突出了知识产权的特殊性，淡化了其私权属性，不能回应知识产权作为重要民事权利的财产权发展现实和趋势。独立成编式或纳入式虽然可以实现知识产权的完全入典，但其与民法典体系如何协调，论述不够深入。因此，我认为我国民法典编纂应该从我国实际出发，吸收域外知识产权入典经验和教训，反映21世纪财产权发展趋势，采取融合式，将知识产权融入民法典，是我国民法典编纂的现实选择，也是对其他国家民法典的超越，使其成为21世纪民法典编纂的代表之作。

（1）融合式立法是域外民法典编纂的历史教训。1942年《意大利民法典》和1992年《荷兰民法典》概括规定了知识产权的一般规定，1995年的《越南民法典》和2006年通过的《俄罗斯民法典》第四部分将知识产权作为民法典中的一编或者独立的一部分，使知识产权法回归民法典之中，在知识产权法典化历史上具有重要意义。但这种立法模式仅具有形式意义，并没有实质上使知识产权作为私权完全统一于民法典，而使知识产权成为了民法典中的独立王国自成体系，使知识产权法与民法典存在着一定程度的不协调。尤其是《俄罗斯民法典》第四部分标题称为"智力成果和法人、工作、服务与企业的个性化标识权"而不叫"知识产权"，在此部分分别使用了"专有权"、"智慧权"和"个人非财产权"等概念，使知识产权概念变得扑朔迷离。同时，将商业秘密作为专有权规定在第四部分，不符合知识产权专有权的特性，因为商业秘密从来没有取得专有权，只是其持有人依靠保密手段保护而已，不能用知识产权法保护，而只能依据反不正当竞争法保护。"法典化的本质是对法律规范进行编辑、规整、使之体系化，法典化往往以社会变革为标志，以解决社会危机或问题为前提，以确立新的法律规则，形成一个与过去不同的新社会为结果。现代意义上的法典化在于清除不合社会发展规律的旧法，创建一

种与社会变革相适应的新的法律制度。"❶因此，知识产权法典化就应当遵循法典化的要求，按照法律关系，将知识产权规定在民法典的各部分，使其与民法典融为一体。1995 年的《蒙古民法典》虽然将知识产权制度融入民法典中，即规定在传统所有权制度之中，将知识产权作为所有权的客体，与实体物和某些财产权客体被同等看待。虽然只看到了知识产权的绝对权或支配权性质，但没有深刻理解知识产权客体的非物质性与所有权客体——物的物质性完全不同，在所有权之下会发生制度冲突。因此，这种立法模式不可能为我国知识产权入典所采纳。《乌克兰共和国民法典》将知识产权的取得和支配作为民法典的第四部分紧接着第三部分所有权和其他物权等绝对权进行规定，知识产权的流转规定在第五部分相对权中，❷ 实现了知识产权的深入融合，使知识产权与民法典融为一体，为我国知识产权法入典提供了新的视角。

（2）融合式立法是尊重我国民事立法的传统。我国从清末开始，知识产权的立法一直是以单行法的形式存在，新中国成立后的1982年颁布了第一部知识产权法——《商标法》，此后的《专利法》、《著作权法》等也是以单行法形式存在。这主要是因为中华人民共和国建立以来没有民法典的缘故，在"宜粗不宜细，成熟一个制定一个"的立法思想指导下，只能先制定单行法，以适应现实生活的需要。1980

---

❶　鄢一美. 俄罗斯社会转型与民法法典化［J］. 比较法研究，2015（3）：84–85.

❷　И. А. Зенин.Проблемыросийскогоправаинтеллектуальной собственности(избранныетруды) м.:Статут, 2015. с. 118–119.

年第三次❶启动民法的起草工作，但因立法难度太大，只好在1986年制定了《民法通则》，在第五章民事权利中第一节是财产所有权和与财产所有权有关的财产权，第二节是债权，第三节是知识产权，包括著作权、专利权、商标权和发现权。《民法通则》将知识产权与物权、债权并列，说明当时学者和立法者已经将知识产权作为一项重要的民事权利。今天民法典的编纂当然要传承《民法通则》的传统，将知识产权融入民法典中，突破大陆法系财产权的物权与债权二元结构，使知识产权与物权、债权并列作为财产权，彰显知识产权的重要性和我国民法典的开放体系，为大陆法系民事立法开创新的立法模式。

（3）融合式立法是实现民法典编纂体系化、逻辑化的必然要求。法典化是大陆法系的传统，而法典化必须以体系化为表现形式，体系化不仅便于立法和法学教育功能的实现，而且便于帮助找法和法律适用。"被归类于知识产权的单行法，其权利的同构型就明显高于商法，鉴于传统民法典在人身权、债权、物权等权利类型外，并无此类具有绝对效力的'行为权''智力成果权'或'信息权'（实质上

---

❶ 自中华人民共和国成立以来，我国先后四次启动民法起草工作。第一次是1954宪法制定后，提出起草民法，但因"反右"中止。第二次是毛主席1962年指示制定刑法、民法，后因1964年"反四旧"运动中止。第三次是1980年全国人大常委会法制委员会民法起草小组出台了民法草案征求意见稿，经过修改，最终于1986年颁布了《民法通则》，《民法通则》在第五章第三节专门规定了知识产权。第四次是1997年党的十五大提出依法治国，2010年建成社会主义法律体系，全国人大着手起草民法典。至今先后形成了四个民法典草案，即2002年12月九届人大常委会第31次会议提出的《中华人民共和国民法典草案》，即汇编式草案；梁慧星主导的社科院草案，即建议中国民法典设七编：第一编总则，第二编物权，第三编债权总则，第四编合同，第五编侵权行为，第六编亲属，第七编继承；王利明主导的中国人民大学草案，即以法律关系为中心来构建民法典，包括总则、人格权、亲属法、继承法、物权、债权总则和合同法、侵权责任法等八编；厦门大学徐国栋起草的草案，即以法国式三编制（人、财产、财产的取得方法）为基础，以重要性为标准编纂民法典：第一编人身关系法，再分为第一分编自然人法、第二分编亲属法、第三分编法人法、第四分编继承法；第二编财产关系法，各编再细分为四个分编，第一分编物权法、第二分编债权法总则、第三分编各种合同、第四分编知识产权法，另外，在法典开头设一个序编，规定法律行为、代理、时效等，在法典后面设一个附编，规定国际私法。

是指智慧财产权），将其共同规则（定义、解释及行为规则等）纳入民法典应该是较为适当的体系化选择。"❶同时，现行知识产权单行法与民事基本法存在着诸多冲突和不合理的规定，导致司法者不得不在法律适用中不断出台各种司法解释，司法者既是裁判者又是立法者。因此，知识产权入典，有利于实现立法科学化和民法法源体系的重构，避免立法、司法解释的不协调乃至冲突。"中国民法典编纂所要实现的最主要愿景有两个：第一，经由民法典编纂，实现中国民事立法的科学化，消除既存民事立法中存在的冲突，不协调，废除不合理的规定，补充立法上的明显缺漏。第二，重构中国民法的法源体系，厘定立法与司法的边界，建立一个分工合理，规范有序的法律发展模式，抛弃目前存在的立法者与裁判者错位的现象，让最高法院回归其裁判者角色。"❷

（4）融合式立法是知识产权回归民法的法理选择。知识产权是民事主体通过事实行为创作或创造的民事权利，并不是知识产权行政管理部门授予的。知识产权之所以需要向相关行政管理部门申请核准或登记，主要是因为知识产权客体的非物质性，不能通过交付发生权利变动，不能通过占有公示，为了确定知识产权的归属和保障交易安全只能通过行政管理部门予以确认。因此，知识产权融入民法典，与物权、债权并列，不仅可以突出知识产权的私权属性，更重要的是防止知识产权公权化。"知识产权的注册程序有行政机关的介入，知识产权的私权属性一直被特殊对待。既存在"知识产权的私权公权化"之类不合逻辑的观点，也有把知识产权登记或注册视为行政授权的误解。再加上我国主管部门立法的传统，借着知识产权保护名义扩大公权力，一直是中国知识产权制度为人诟病的一面。知识产权行政执法与司法并行的"双轨制"，虽然不符合国际惯例，依然被作为"中国

---

❶　苏永钦．民法典的时代意义［M］//寻找新民法．北京：北京大学出版社，2012：82.

❷　薛军．中国民法典编纂观念、愿景与思路［J］．中国法学，2015（4）：59.

特色"而宣扬。如果在民法典中设立知识产权编，不仅可以宣示知识产权纯正的民事权利属性，而且在整合民事权利救济时，也有可能剔除与民事权利本性不合的知识产权救济方式，至少对日后公权力的任意扩张构成约束。" ❶

❶ 李琛. 论中国民法典设立知识产权编的必要性［J］. 苏州大学学报. 法学版，2015（4）：78.

寻找知识产权法与民法典的最佳链接

乔宜梦[*]

Seeking Best Linkage between Civil Code and Intellectual Property Law

QiaoYimeng[†]

摘要： 我国正在制定的民法典应纳入知识产权制度，却不宜就其单独设编。这样，在未来民事法律体系中，知识产权法体现为三个层次。首先是民法总则，对知识产权根本性、一般性问题做出规定；其次为知识产权通则，既统领各知识产权单行法，又在民法典与单行法之间发挥链接作用；第三为知识产权单行法，当然，亦可考虑制定知识产权法典，但这并非绝对必要。

关键词： 知识产权法　民法典　链接　知识产权通则

[*]　中南财经政法大学知识产权研究中心博士生。基金项目：本文系教育部"新世纪优秀人才支持计划"资助成果。

[†]　Ph.D Candidate of the Center for Studies of Intellectual Property Rights，Zhongnan University of Economics and Law.

千禧之际，世纪之交，伴随着入世，我国曾掀起制定民法典的热潮。❶在既成的民法典草案中，最具争议的除却人格权编，莫过于知识产权编。在这场论争中，知识产权学者跳出专业窠臼，将论域拓展到民法和民事诉讼领域，知识产权"入典"研究由此走向深入。2014年10月，党的第十八届四中全会明确提出编纂民法典，一度稍显沉寂的知识产权与民法典关系这一议题再次引发热议。笔者亦愿就此略抒管见，以求教于方家。

一、理论争议：知识产权入典方式

知识产权制度是否纳入民法典这一理论之争，始于20世纪末，盛于21世纪初。学者们对此各抒己见，虽不乏共识，却也在根本问题上分歧巨大，即知识产权制度是否应当纳入民法典，以何种方式纳入民法典？在知识产权是否纳入民法典这一问题上，曾有争议，现今渐消。即根植于私权土壤，生长于私权之树的知识产权本应为民法典的一部分，将其排斥在民法典之外，既是一种失误，也是一种落后。诸家之争主要集中在知识产权纳入民法典之方式，即单独设编与链接独制之争。

（一）单独设编方式之驳

在知识产权的入典方式中，知识产权单独设编的方式得到部分学者的支持，❷其理由归纳起来主要有以下几点：第一，民法典作为统

❶ 第四次民法典起草工作原定于2010年完成，但因中国加入WTO，全国人大及常委会深感民事法律体系的重要性，为适应世界法治发展进程，临时决定紧急起草制定民法典。详见梁慧星. 我国民法典制定中的几个问题［M］//公丕祥. 法制现代化研究. 第9卷. 南京：南京师范出版社，2004.

❷ 相关观点参见易继明. 历史视域中的私法统一与民法典的未来［J］. 中国社会科学，2014（5）. 谢鸿飞. 民法典与特别民法关系的构建［J］. 中国社会科学，2013（2）. 徐国栋. 绿色民法典草案［M］. 北京：社会科学文献出版社，2004年. 徐国栋. 民法典草案的基本结构——以民法的调整对象理论为中心［J］. 法学研究，2000（1）. 韦之，彭声. 论知识产权制度纳入未来民法典的理由［J］. 电子知识产权，2004（6）.

一私法典应当将本质为私权的知识产权设编纳入，二者可以相互促进、互为体系化。第二，民法典为知识产权设编不仅是对《民法通则》的继承，更是对知识经济时代的回应。第三，知识产权作为无体物，以智力成果的所有权为基础，故而应当将知识产权理解为一种特殊所有权，在民法典中对其单独设编并放在物权编之后。

上述观点虽不无道理，却经不起仔细推敲。首先，历经百年，知识产权已由当初的封建特权嬗变为民事私权，世界贸易组织TRIPS协议亦明确承认知识产权的私权属性。民法典确应收纳知识产权以昭然知识产权的私权属性，但这不足以成为民法为其单独设编、整体纳入的理由。一个成体系化的民法典必然有知识产权的存在，知识产权的体系化也必然需要民法典的统领，二者以何种状态互存尚需探究，但至少可以肯定的是一部合理的、成体系化的民法典必然不会充斥大量行政性、技术性规范。

其次，知识经济时代的到来凸显了知识产权的地位，我们确实应在立法中对其重视以回应时代之需，但方式并不仅限于在民法典中对知识产权单独设编；诚然，我国的《民法通则》对知识产权独立设节进行规制，但这只表明立法者在制定《民法通则》之时便意识到知识产权的重要性，而没有表达出民法典必须将知识产权制度整体纳入之意。须知，将知识产权制度整体纳入民法典的技术难度与《民法通则》简约4条之规有着天壤之别，我们需要传承的是立法对于知识产权的重视态度，而不是图有其表的体例继承。

最后，必须明晰，作为客体的财产权利与作为客体的智力成果有着本质的区别。后者是一种精神产品、一种非物质财富，其具有价值和使用价值，能为社会生产和生活提供必不可少的服务，其是社会财富的表现形式；而前者则是一种制度产品，尽管在当下权利被视为一种财富存在形式，但权利毕竟不等于社会财富或自然资源本身，我们可以对物的范围做扩张解释，但没有必要将无体物的范围延及智力成果。故而将知识产权制度设编纳入民法典的主张虽有其理由所在，却难以令人信服。

（二）链接独制方式之理

与知识产权单独设编整体纳入民法典主张相对，链接独制的方式则主张在民法典的民事权利体系中对知识产权作出概括性、原则性规定，而知识产权主要制度则另行立法，使知识产权法典和民法典呈链接状态，被学者们称为"链接式"模式。在本世纪初民法典草案与知识产权关系的学术争论中，大部分学者皆主张"链接式"入典模式，❶尽管在具体的"链接"方式上学者们观点不一，但是在民法典只对知识产权做原则性规定，而不设专编上已达共识。即近代"范式"民法典都无"知识产权编"，"知识产权编"进入现代民法典未必就是"范式"。又经十年理论沉淀，"链接式"现已近乎通说。笔者亦赞成"链接式"模式，理由在于：

第一，民法典对知识产权作出原则性规定，既可彰显知识产权私权本质，又可体现民法典统一私法典之地位。知识产权符合一般私权的确认标准，即其是私人的权利、私有的权利并保护私益，知识产权的产生、行使和保护，适用于民法的基本原则和基本规则。而民法典作为私法典范，应当以系统而健全的私权体系，奠定私法领域法律成长的逻辑关联和基础。由此而观之，知识产权作为知识经济时代的新私权类型，应当也必须被民法典收入统一私权体系之下。

第二，民法典对知识产权作出原则性规定，既符合体系化制典思维，又符合世界制典潮流。在制定民法典的过程中，我们既要坚持立法观念上的体系化，又要保证立法结构上的体系化，即我们必须将现行立法中有关民法的规范性内容通过民法典进行统合，同时也应认识到私法规范的庞杂，我们不可能将全部民法规则内容都放入民法典之

---

❶　相关观点参见吴汉东. 知识产权立法体例与民法典编纂［J］. 中国法学，2003（1）. 曹新明. 知识产权与民法典连接模式之选择——以《知识产权法典》的编纂为视角［J］. 法商研究，2005（1）. 胡开忠. 知识产权法与民法典关系论纲［J］. 法制与社会发展，2003（2）. 滕锐，罗婷. 知识产权与民法典关系的思考［J］. 科技与法律，2005（3）. 浩然，麻锐. 知识产权的结构与我民法典立法体例结构［J］. 河南社会科学，2014（5）.

中。知识产权拥有大量的行政性与技术性规范，全部纳入民法典必然冲击民法典体系与结构之美，强行剥离行政与技术性规范则又是对知识产权自身体系化的打击。正如世界知识产权组织总干事伊德里斯所言，民法典对知识产权应尽可能作出抽象和宽泛的规定，以保持知识产权法现有的独立地位。❶况且在1996年世界知识产权组织主持的华盛顿会议上，各国与会专家在"知识产权不整体纳入民法典"上也已达成共识。

第三，知识产权具体制度与民法典的分离，既承顺知识产权已成体系，又为知识产权发展预留空间。作为工业时代才出现的产权制度，知识产权制度体系具有开放性和不完整性的特点，较之于有形财产制度的规范性、系统性而言，其呈现出更常常新的状态。加上知识产权制度调整方法、调整对象、立法精神的独特性，其已形成有别于有形财产制度的独特体系。当今世界，技术发展突飞猛进，新型财产不断涌现，知识财产领域法律修订成为家常便饭。为避免民法典陷入屡改屡修之境，知识产权法离典独制不失为明智之举。

二、制典之鉴：域外法典经验与借鉴

作为舶来品，知识产权制度在我国建立时间不长，本土经验不足。在立法上处理其与民法典关系时，借鉴他国经验，在所难免。

（一）名典之制

罗马法以降，举世而观，最具影响力民法之典当属《法国民法典》与《德国民法典》。然而遗憾的是，由于历史局限，《法国民法典》与《德国民法典》都未提及知识产权制度。值得一提的是《法

---

❶ Constructive and Forward—Looking: Talks Between Director General and Russian Prine Minister, WIPO Magazine, February 1999, p.4.转引自吴汉东. 知识产权"入典"与民法典"财产权总则"［J］. 法制与社会发展，2015（4）.

国知识产权法典》。法国将知识产权制度单独编制，并先后于1992年颁布《知识产权法典》（法律部分），1995年颁布《知识产权法典》（法规部分），由此创下知识产权独立法典化之里程碑。此后，越南、埃及、菲律宾等国纷纷效仿《法国知识产权法典》制定本国知识产权法典。其中《越南知识产权法》虽无法典之名，却在一定意义上是对《法国知识产权法典》的超越，其与《法国知识产权法典》的不同之处在于设置了知识产权总则编，这一做法不仅使本国知识产权法律更具体系化，也受到诸多学者的高度评价。

《俄罗斯民法典》作为知识产权制度"完全民法典化"的代表，实现了知识产权的民法法典化。俄罗斯1994年制定民法典，历时14年之久，于2006年通过了《俄罗斯联邦民法典（第四部分）》——"智力活动成果和个性化标识权"，由此完成民法典的制定，也完成知识产权完全入典的尝试。俄罗斯民法典与知识产权部分都沿承了潘德克顿学派理论，确立了总、分的立法体例。知识产权法总则为第六十九章，其中界定了知识产权概念、划定了知识产权客体范围、并规定了智力权利的产生、处分、效力、权利保护、争议的和解和侵权责任等知识产权编共同性规则和非共同性规则。

《荷兰民法典》是20世纪90年代第三次民法典编纂运动中的杰出代表，其做法与《俄罗斯民法典》相仿，曾意图将具有私法性质的知识产权制度独制成民法典第九编，而把具有行政、程序法和刑法性质的条文另置他处。但因欧共体的反对以及立法技术上的困难，于是最终将此立法计划搁浅。《荷兰民法典》的另一创新之处在于，其在民法典中规定了财产权总则。

（二）他典之鉴

由上文所述可知，作为"分离式"代表的《德国民法典》和《法国民法典》虽为经典之作，但因一定的历史滞后性，在知识产权入典这一问题上，并不值得我们借鉴。《法国知识产权法典》的创新之举丰富了知识产权的立法体例与形式，然而其不足之处在于没有制定知识产权一般规则对众多知识产权规则进行统领和协调，如此缺乏体系化的"法典"必然被世人称为"法律汇编"并难逃常新常修的困境。《俄罗斯民法典》的大胆实践成为"纳入式"的杰出代表，然而知识产权公法性内容的纳入，必然会导致民法典私权体系的破坏；另外，《俄罗斯民法典》对知识产权范围的穷尽式列举不仅不符合成立世界知识产权组织公约的规定，更与知识产权客观发展规律相违背。《荷兰民法典》将知识产权制度中私权性质规则提取整合入民法典的做法，应属"半纳入式"的代表，但我们必须认识到这样一种做法是对知识产权自有体系的割裂，正如荷兰学者所言：知识产权不仅仅包含私法的内容，在这种情况下，将上述法律搬到新民法典第九编是不合适的，❶是委曲求全之举。

　　然而，他典之中亦有值得我们参考的地方，我们有必要借鉴各国制典之法，以形成立足我国客观现实、符合社会发展规律、迎合我国法治需要的恰当之法。法国、德国民法典的体系化思维是我们制典的思想需要和基本原则，越南对知识产权法的实质一统是我们制典的重要参考和主要追求，俄罗斯民法典的创新之举给予我们破陈之勇和开新之志，荷兰民法典财产权总则的制定提醒我们需在自我否定中不断进步升华。

三、我国选择：入典明制与离典辉映

　　经过理论之争探讨与制典之鉴考察，笔者认为，我们应当辩证地看待知识产权与民法典之间的关系，即知识产权制度既要"入典"又应独立。在知识产权"入典"的方式上，我们应当在民法总则中对知识产权作出一般规定；而在知识产权具体制度的链接上，笔者建议保留知识产权单行法同时制定《知识产权通则》以对各单行法进行统领。

---

❶ Б.Ⅱ.格里巴诺夫等. 苏联民法（下）［M］. 北京：法律出版社，1986. 转引自吴汉东. 知识产权立法体例与民法典编纂［J］. 中国法学，2003（1）.

（一）民法总则点睛知识产权制度

由上文可知，在现代民法典制定热潮中，以《荷兰民法典》为代表的部分国家民法典设立了财产权总则以规制无体财产。设立财产权总则不仅恰当的将知识产权制度安置在民法典之中，而且较好地梳理了私权权利体系，不失为一种民法制典新范式。因而自本世纪初我国民法制典热潮之始，便被部分学者所呼吁。然而随着我国侵权责任法的独立与颁布，财产权总则之法不再符合我国当下的制典现状，因而我们必须另寻它法。笔者建议在民法典总则部分中对知识产权一般问题进行规制。即在民法典总则民事权利客体中新增知识产品作为知识产权的权利客体，且在民事权利部分效仿《民法通则》为知识产权单设章节。知识产权权利应当包括著作权与相关权，专利权，商标与商业标识权，商业秘密权，及知识产权特别法中所规定知识产品上的权利。理由在于：

首先，权利客体属性决定了权利本身之属性。在民事权利客体部分新增知识产品不仅是从根本上对知识产权私权属性的肯定、对知识出产权民事权利地位的确认，也表明了知识产权法为民法典的特别法，使知识产权与民法之间真正建立起"血缘"关系。

其次，作为社会意识范畴的法律应当反应一定历史条件下的社会存在。知识经济时代下，知识产权制度作为保障"第一生产力"快速发展的重要制度，作为私法典范的民法典必须对其进行重视，但是不必在分则中为其单独设编，在民法总则民事权利部分为知识产权单设章节不仅体现了对知识产权制度的重视，同时也继承了《民法通则》的立法体例和立法思想。

第三，在民法总则中仅点睛式地规定知识产权一般问题，而不将知识产权所有共同规则尽数列入，不仅节约了立法资源而且保证了民法总则的高度精炼与体系之美。

最后，作为新型产权制度，知识产权法具有开放性并在不断的发展之中。故而应当对知识产权权利进行开放性规定，将知识产权权利补充任务交由知识产权特别法。如此不仅为知识产权特别法留下空间，亦避免了民法典因新知识产品的不断出现而陷入常新常修之境，维护了民法典的稳定性。

（二）《知识产权通则》辉映民法典

民法总则对知识产权进行一般规定为知识产权制度"入典"之基，此外我们还需完成知识产权制度与民法典的"链接"。在此问题上，有学者主张建立《知识产权基本法》，有学者主张以通则体例建立《知识产权法典》，有学者主张效仿《越南知识产权法典》制定知识产权总则并汇编知识产权单行法制定具有中国特色的《知识产权法典》。笔者认为我们可以以《民法通则》为蓝本，以它国知识产权法典为参照，制定《知识产权通则》以统领现有知识产权单行法并于民法典形成链接。理由如下：

第一，我国知识产权理论尚未成熟，《知识产权法典》制定时机未到。我国知识产权理论自20世纪八九十年代逐渐起步并在本世纪初飞速发展，虽然在短短三十余载取得长足进步，然而在知识产权基本理论方面仍存有众多争议，尚未形成统一学说。须知法典化需在理论处于相对稳定状态时应时而为，知识产权学术法尚未统一之见，知识产权法典法自然后延。

第二，通则体例相对自由，可以随知识产权理论的成熟而逐渐完善。所谓通则，指的是适用于一般情况的共同规则或法则。❶《知识产权通则》与各知识产权单行法的不同之处在于，其所规定内容应为各类知识产权所共同适用的基本规则，其相当于统领各知识产权单行法的"知识产权总则"，但却没有严苛于法典总则之形式。《知识产权通则》可以随着知识产权理论成熟而逐渐完善，即"成熟一部分纳入一部分"，如此可以适应正在发展中的知识产权理论与实践。

第三，《知识产权通则》的制定实现了知识产权制度形式与实质上的统一。理论界常将各知识产权单行法统称知识产权法，但在形式

---

❶ 引自《汉典》对"通则"的解释。详见：http://www.zdic.net/c/a/1d/46849.htm，2016年5月10日访问。

上我国却并无知识产权法的存在。统观国际社会各国之制，知识产权法之制定已为大势所趋。《知识产权通则》的制定迎合我们对知识产权法形式上统一的要求，而《知识产权通则》对各知识产权共同规则的提取又实现知识产权法实质上的一统。

第四，保留各知识产权单行法而不统一汇编，可以节约立法资源。我国近十余年科技不断进步，知识经济飞速发展，各知识产权单行法及其实施条例功不可没。迄今为止，各知识产权单行法在其领域都较好地维护了市场秩序，促进了创新与进步，并无重大问题出现。各知识产权单行法中的瑕疵与冲突可以通过《知识产权通则》进行协调一统，确无必要效仿《法国知识产权法典》对其进行统一地汇编。单行法模式不仅可以节约立法资源，而且可以更好地容纳不断发展中的知识产权，包容未来有可能出现的新型知识产权。因而《知识产权通则》更符合当下的法制现状，待时机成熟可再行制定知识产权法典。

传统文化——版权研究的宝贵资源*

杨文彬**

Culture Heritage—Precious Resource on Copyright Research

Yang Wenbin†

摘要： 版权法研究应当立足于传统。我国传统文化中有博大的创作文化、精致的署名文化、丰富的传播文化、宏大深邃的文化思想，以及丰富的印刷保护现象和成熟的文化政策，这些文化资源，对于丰富当今知识产权文化，加强版权法的本土化建设，使版权研究向更广更深推进，具有独特的文献意义和战略意义。

关键词： 传统文化版权研究　版权法本土化

历史学者何兆武说："人类的思想文化分为两类，一类是积累的，一类是非积累的。"●版权法作为文化积累的一部分，同时也作

---

* 本文曾在第一届亚太知识产权论坛（2013·苏州）会议论文集上刊登，后做较大修改。

** 安徽大学法学院副教授。地址：合肥市经济技术开发区九龙路111号。邮编：230601。单位：安徽大学法学院。E-mail：ywbycy@126.com。主要研究方向：版权法与文化。联系电话：13855128101。

† Associated professor of the Law Faculty of Anhui University. E – mail: ywbycy@126.com

● 何兆武. 历史学两重性片论［M］// 何兆武. 历史与历史学. 武汉：湖北人民出版社，2007:15.

为文化的载体，它的制度、功能和宗旨，都应该和文化传统是合拍的，而不是龃龉的甚至是反传统的。那么，究竟什么是传统呢？传统是对过去文化，主要是经典文化的积累。❶同时，传统对当下社会发生作用，并左右未来文化的走向。传统并非凭空而来，它存在于传统文化之中。因此，若要在版权立法上把握文化传统的精髓，就应当关注和研究传统文化，或者说，将版权研究和传统文化关联起来。

然而，从传统文化中去研究版权法，是不是缘木求鱼呢？寻根究源，是任何学科都必须做的功课，所谓知其本，方能索其末；得其源，始能寻其流。学术研究如此，对一切事物的探究也莫不如此。《易》曰："天下一致而百虑，同归而殊涂。"即或我国古代没有版权保护，没有现代版权制度，可是，就文化进步和增长的策略而言，古代中国文化之厚重，某些朝代（如唐宋）对文化刺激的不遗余力，必然可以对当代版权法研究具有启示和指引的作用。同时，传统文化中也有众多的史料和理论，有助于版权具体制度的研究。比如，在作品构成要件理论中，"思想性要件"颇有代表性，即作品是思想感情的表现❷，或者说，作品必须反映一定的思想感情❸。然而，"思想感情"究竟指什么呢？在法学上很难说得清楚。"诗言志"是中国很古老的传统，学者言道："志"虽说是诗人内心的心理活动，但在先秦两汉的诗学中，主要指怀抱、志向，所言多为人生之"大道"，有关政治教化；或为人生之义理，包括入世和出世两端。所以，"诗言志"无非是通过作诗表现诗人的政治意识和伦理意识。直到陆机提出"诗缘情而绮靡"。六朝人论诗，少用"言志"这一词组，而多用"吟咏性情"来替代。❹这里，"言志"、"缘情"乃至"吟咏性情"的诗学传统，或多或少可以对 "思想感情"要件说提供理论的

❶ 余英时. 论传统［M］//余英时. 文化评论与中国情怀（上）. 桂林：广西师范大学出版社，2006：122.

❷ 刘春田. 知识产权法［M］. 北京：中国人民大学出版社，2007：62.

❸ 吴汉东. 知识产权法［M］. 北京：中国政法大学出版社，2004：36.

❹ 周裕锴. 宋代诗学通论［M］. 上海：上海古籍出版社，2007：16-17.

支撑。再如，现在的很多成语，都来自于古代的作品创作和传播的活动。如"江郎才尽"，是说文学家江淹在成名后，过着优裕的生活，反而写不出好作品了，似乎"才能"用尽了。"洛阳纸贵"，据《晋书·左思传》载："（左思《三都赋》成）于是豪贵之家竞相传写，洛阳为之纸贵。""语不惊人死不休"是说不写出惊世骇俗的诗句，决不罢休。这是杜甫自信的表达和终生愿望。

申言之，我们研究版权法，可以不知道这些创作与传播的经典文化吗？并且，我们能够不顾古人对文名的无限渴求，而规定委托人可以通过合同来攫取他人的署名权吗？可以不顾古人"悔其少作"留下好名的强烈愿望，而漠视其收回以往作品的需求吗？甚至于，可以无知地认为"野水无人渡，孤舟尽日横"（寇准《春日登楼怀归》）是对"野渡无人舟自横"（韦应物《滁州西涧》）的抄袭吗？从这林林总总的经典文化事例中，我们可以清楚地看到，传统文化对于版权法研究的巨大作用和永恒的魅力。

一、博大的传统创作文化

众所周知，在版权法律关系中，创作是举足轻重的行为，它是作品产生和版权取得的前提，也是确定版权归属的依据。然而，什么是创作呢？《著作权法实施条例》第三条　"创作是指直接产生文学、艺术和科学作品的智力活动。"这个说法合适吗？什么叫"直接产生文学、艺术和科学作品"？"直接"在此又当作何解释？另外，版权法为何要"鼓励创作"？创作究竟对于人类文化有什么样的意义？这些疑问或许可以在中国传统创作文化中找到答案。

古代中国文学创作十分发达，同时，对于创作经验的研究，资料也十分丰富。按照版权理论的线索，这些资料大致可分为以下几类：

（一）何谓创作

《史记·太史公自序》有经典的论述：

太史公遭李陵之祸，……退而深惟曰："昔西伯拘羑里，演《周易》；孔子厄陈蔡，作《春秋》；屈原放逐，著《离骚》；左丘失明，厥有《国语》；孙子膑脚，而论兵法；不韦迁蜀，世传《吕览》；韩非囚秦，《说难》、《孤愤》；《诗》三百篇，大抵贤圣发愤之所为作也。此人皆意有所郁结，不得通其道也，故述往事，思来者。"❶

后世就根据这种论断，来判断作者的。比如北宋词人秦观在《韩愈论》中谈到：

自周衰以来，作者班班相望而起，奋其私知，各自名家。然总而论之，未有如韩愈者也。❷

当然，司马迁的观点，仅将思想原创和体例原创的作品看做创作的结晶，而排斥了演绎作品的创作。然而，这是不要紧的。因为，这是事物的本源，了解了这个源头，就很容易搞清楚我国传统文化中对于创作概念的沿革了。

（二）创作价值论

杜甫《偶题》诗云：

文章千古事，得失寸心知。
作者皆殊列，名声岂浪垂？❸

这是最经典的创作格言，杜诗对创作之事，给予了高度的概括，意深旨远，极为后人所推崇。本诗旗帜鲜明地表明作者对创作结晶"文章"的极力推重——"千古事"，而不是"你方唱罢我登场"的短命之作；既然是将要流传千古的文章，它的创作当然不是随随便便的，因此，作者如履薄冰，魂牵梦萦，一得一失皆"寸心知"；文章能够流传千古，那么作者也定然不同凡响——"皆殊列"；最后，用

---

❶ 司马迁. 史记·太史公自序［M］. 卷一百三十，第十册. 北京：中华书局，1959：3300.
❷ 秦观. 淮海集笺注（中）［M］. 徐培均笺注. 上海：上海古籍出版社，2000：750-751.
❸ 陈伯海. 历代唐诗论评选［M］. 保定：河北大学出版社，2003：53.

美妙文章博得的名声也绝不是浪得虚名。用现代版权理论反馈，则是：版权的对象——文章；创作的目的，决定了创作的态度（得失寸心知）——法律宗旨的范畴；权利的主体——作者；权利内容——作者身份权（名声）。像这样谈论创作价值的诗篇和著述还有很多，如曹丕的《典论·论文》，陆机的《文赋》，刘勰的《文心雕龙》，韩愈的《调张籍》（李杜文章在）等等。这些论述和咏叹，对于创作的版权法保护指向，版权法的宗旨，被引用作品与作品之间的关系等理论问题，皆可供做深入的思量。

（三）述与作

鲁迅在1928年致友人的信中有这样一段话：

我现在只译一些东西，一是应酬，二是糊口。至于创作，却一字也做不出来。❶

李白《古风》尝云：

我志在删述，垂辉映千春。

为什么李白"志在删述"？为什么鲁迅要将"翻译"与"创作"截然区分？这是我国古代士大夫所尊崇的"述作"思想的反映。《论语·述而》中说：

述而不作，信而好古，窃比于我老彭。

那么，何谓述作？为什么要区分作与述？古典文献研究者给我们揭开了巨大的思想宝库：

《礼记·乐记》云："作者之谓圣，述者之谓明。明圣者，述作之谓也。"唐孔颖达疏《礼记》道："圣者通达物理，故作者谓之圣，则尧舜禹汤是也。明者辨说是非，故修述者之谓明，则子游、子夏之属是也。" 唐颜师《汉书·礼乐志》云："作者谓有所兴造也。述谓明辨其义而循行也。"❷

---

❶ 鲁迅. 书信［M］//鲁迅全集. 第十一卷. 北京：人民文学出版社，1981：625.
❷ 詹锳著. 文心雕龙义证（上）［M］. 上海：上海古籍出版社，1989：33.

尽管，就法律地位而言，"作"与"述"同样受到版权法的保护，但是从文化的角度看，二者是源与流的关系，是原创与继承、始祖与子嗣的关系。因此，分量自有轻重之分。一方面，述，往往更见功力。纵览古今，饱读贤良，锐意褒贬，删刊存留；另一方面，作又是最可宝贵的，是文化发展的基本力量，是人类进步的阶梯。作与述的辩证关系，在版权法上一般反映为创作与传播的关系，原创与演绎创作的关系，前人作品与后世文化传承的关系等等，这些关系几乎涵盖了版权法的所有领域，其重要性自不待言。

（四）创作的动机

创作动机似乎和创作行为的判断无关，可是，却和版权法的宗旨有关。古人对于创作动机的论述非常多，或从声名不朽言之，或从个人境遇言之，林林总总，蔚为大观。曹丕《典论·论文》：

> 盖文章，经国之大业，不朽之盛事。年寿有时而尽，荣乐止乎其身，二者必至之常期，未若文章之无穷。是以古之作者，寄身于翰墨，见意于篇籍，不假良史之辞，不托飞驰之势，而声名自传于后。❶

曹丕谈论的创作动机，是为了使声名不朽。在其稍后的文人著作中也记录了魏文帝曹丕（即下文的曹子桓）的另一个重要言论：

> 曹子桓云：立德著书，可以不朽。杜元凯言：德者非所企及，立言或可庶几。故户牖悬刀笔，而有述作之志矣。常笑淮南之假手，每嗤不韦之托人。由是年在志学，躬自搜纂，以为一家之言。❷

这种创作动机，也是为了不朽，而且是从《左传》的"立德立功立言"的角度阐述的，既是文人的道德志业，又合乎儒家的正统。当然，创作动机也不可能千篇一律，不同的时代，不同的作者，可能有

---

❶ 曹丕. 典论·论文［M］//郁沅，张明高. 魏晋南北朝文论选. 北京：人民文学出版社，1996：14.
❷ 萧绎. 金楼子序［M］//郁沅，张明高. 魏晋南北朝文论选. 北京：人民文学出版社，1996（362）.

不同的创作动机。如有古人云：

> 盖闻古人遭逢，则以功达其道；若其不遇，则以言达其道。❶

这种创作动机，则是出于人生不遇，则要靠立言来实现其人生之抱负。

有时，创作动机并不是那么惊心动魄，很可能出于爱好和赏玩。萧统《文选序》云：

> 余监抚余闲，居多暇日。历观文囿，泛览辞林，未尝不心游目想，移晷忘倦。❷

昭明太子编选《文选》的原因，就是出于"居多暇日"，读了很多好书，遂萌生飨之同好的愿望。还有很多种创作的动机，如抒情遣兴，题咏唱和，描绘述史等等，往往都和功利没有什么关系。这些，对于我们规范版权法的宗旨，反思版权法在国家法律制度体系中的地位，审慎对待版权法的有限作用，都具有不可多得的启迪意义。

关于创作，在我国传统文化中，还有很多资源可以挖掘，如抄袭，因袭，点化等等，都有待于我们将研究的胸襟放大，旨趣放远，才有可能充分利用这个巨大的宝库。

二、精致的传统署名文化

以文人士大夫为主体的古代作者们所营造的署名文化，巨细兼备，博大精深，源远流长。这方面的资料对于我们构建完善的署名权制度，可以提供较为完备的文化参照。

---

❶ 王隐. 与祖纳述作［M］//郁沅，张明高. 魏晋南北朝文论选. 北京：人民文学出版社，1996（192）.
❷ 萧统. 文选序［M］//郁沅，张明高. 魏晋南北朝文论选. 北京：人民文学出版社，1996：329。

（一）以诗文名于后世——署名的绑附作用

据宋代诗话《韵语阳秋》载：

> 唐朝人士，以诗名者甚众，往往因一篇之善，一句之工，名公先达为之游谈延誉，遂至声闻四驰。"曲终人不见，江上数峰青"，钱起以是得名。"故国三千里，深宫二十年"，张祜以是得名。"微云淡河汉，疏雨滴梧桐"，孟浩然以是得名。……"野火烧不尽，春风吹又生"，白居易以是得名。❶

文人士大夫所追求的，绝不仅仅是流行一时的爽快，而是名垂身后的荣耀。即所谓"赢得生前身后名"（辛弃疾《破阵子·为陈同甫赋壮词以寄之》）。无论是"生前名"还是"身后名"，都是通过作品获得的。不过，假若作品丧失了署名，也不会有"名"的流传。我国早期文学史上有个《古诗十九首》，作者是谁，没有定论。因此，《古诗十九首》就不能给某位作者传名。所以，署名起到了将优秀作品和作者人格连接在一起的纽带作用。

另据《诗话总龟》载：

> 孟郊卒，……贾岛哭之，诗曰："身没声名在，多应万古传。寡妻无子息，破宅带林泉。冢近登山道，诗随过海船。故人相吊处，斜日下寒天。"❷

又，

> 白乐天去世，人以诗吊之曰："缀玉联珠六十年，谁教冥路作诗仙。浮云不系名居易，造化无为字乐天。童子解吟《长恨》曲，胡儿能唱《琵琶》篇。文章已满行人耳，一度思卿一怅然。"❸

---

❶ 葛立方. 韵语阳秋. 卷第四［M］//何文焕，辑. 历代诗话. 下. 北京：中华书局，1981：516-517.

❷ （宋）阮阅：《诗话总龟·伤悼门》［M］. 前集. 卷之四十五. 北京：人民文学出版社，1987：428.

❸ 阮阅. 诗话总龟·伤悼门［M］. 前集. 卷之四十五. 北京：人民文学出版社，1987：430.

以文传名，也有很好的文化效应：文人作家欲追求"身没声名在"，当然要尽可能严谨地创作，即如杜甫所言"语不惊人死不休"（《江上值水如海势聊短述》），如此，就可能产生大量优秀的作品。看来，署名的绑附作用有着深刻的社会文化意义。

（二）普通的名与署名之名

在法律上，普通的名与署名之名不同。普通的名，乃指姓名权之姓名。姓名权会随着自然人的死亡而消灭，可是，死者的姓名仍然可以因为道德伦理、历史记载、政治宣传（包括树碑立庙）等因素，而留存在人们的记忆里，古人所谓的"垂名后世"即在于此；署名之名，则是指作者的身份，它基于作品的创作而为作者享有，并不因作者的死亡而消灭，将凭着版权法而获得永久的保护。

《邵氏闻见后录》载：

李太白《侠客行》云："事了拂衣去，深藏身与名。" 元微之《侠客行》云："侠客不怕死，怕死事不成，事成不肯藏姓名。"或云，二诗同咏侠客，而意不同如此。予谓不然。太白咏侠不肯受报，如朱家终身不见季布是也；微之咏侠客欲有闻于后世，如聂政姊之死，恐终灭吾贤弟之名是也。❶

李白和元稹基于对侠客的推重所言的"名"，属于普通意义上的姓名，即声名之"名"，不是署名之"名"。杜甫《戏为六绝句》：

王杨卢骆当时体，轻薄为文哂未休。

尔曹身与名俱灭，不废江河万古流。

"王（勃）、杨（炯）、卢（照邻）、骆（宾王）"俱为大诗人，皆有不朽诗篇传世，他们的"名"随"江河万古流"，当然指署名。

尽管署名之"名"与声名之"名"不同，其权利属性和权利保护

---

❶ 邵博. 邵氏闻见后录［M］. 第十七卷. 刘德权，李剑雄，点校. 北京：中华书局，1983：136-137.

状况皆不一样。然而,在我国传统文化中,二者却趋于一致。《左传·襄公二十四年》云:

> 太上有立德,其次有立功,其次有立言。虽久不废,此之谓不朽。❶

看来,不管是立德,还是立功,还是立言,都会获得好的声名,并因此而不朽。所以,署名之"名"的支流,最终要融汇到声名流传的大河中去。这种现象值得我们在版权理论上反思:署名权制度,应结合版权法的宗旨,并兼顾到其他具体制度(如主体制度、合理使用制度),作通盘考虑,避免出现立法上顾此失彼的文化败笔。

(三)文人好名,是"以文传名"传统的折射

《宋朝事实类苑》上有一个名为"酒帝"的趣闻:

> 王逵以祠部员外郎知福州,尚气自衿。福唐有当垆老媪,常酿美酒,士人多饮其家,有举子谓曰:"吾能与媪致十数千,媪信乎?"媪曰:"倘能之,敢不奉教。"因俾媪市布为一酒帘,题其上曰:"下临广陌三条阔,斜倚危楼百尺高。"又曰:"太守若出,呵道者必令媪卸酒帘,但佯若不闻。俟太守行马至帘下,即出卸之,如见责稽缓,即推以事故,谢罪而已。必问酒帘上诗句何人题写,但云:'某尝闻饮酒者好诵此二句,言是酒望子诗。'"媪遂托善书者题于酒旗上,自此酒售数倍。王果大喜,呼媪至府,与钱五千,酒一斛,曰:"赐汝作酒本。"诗乃王咏酒旗诗也,平生最为得意者。❷

太守王逵作为一个"尚气自衿"的诗人,之所以"大喜"且赏赐老媪,完全是由于"酒帝事件"向世人证明:自己的作品(《咏酒旗》)已经流传很广,自己的"文名"可以传世了。

本则故实,是文人好名的极端表现。反馈在版权理论上,有两点值得借鉴:其一它表明了这样一个事实:文人作家不一定都好功利,

---

❶ 杨伯峻. 春秋左传注[M]. 第三册. 北京:中华书局,1981:1088.

❷ 江少虞. 宋朝事实类苑·诗歌赋咏[M]. 上海:上海古籍出版社,1981:488.

尤其是财货。或者说，文名的传扬，就是他们眼中的利。这个故事，也很轻巧地击破了当今所谓"著作人身权转让"的谬论。其二，这个故事也警示我们：靠权利保护来刺激创作的版权机制，在文化上是否可靠，须慎重谨行。

（四）署名确定了作品的归属

《史记·司马相如列传》载：

> 蜀人杨得意为狗监，侍上。上读《子虚赋》而善之，曰："朕独不得与此人同时哉！"得意曰："臣邑人司马相如自言为此赋。"上惊，乃召问相如。相如曰："有是。然此乃诸侯之事，未足观也。请为天子游猎赋，赋成奏之。"上许，令尚书给笔札。❶

署名有证明作者身份的功效，这是现代版权法的一个基本制度。而远在汉代，就存在这样的事例了。可见，我国传统文化之于版权研究是多么重要！

《唐语林》载：

> 刘希夷诗曰："年年岁岁花相似，岁岁年年人不同。"其舅即宋之问也，苦爱此两句，知其未示人，恳乞此两句，许而不与。之问怒，以土囊压杀之。刘禹锡曰："宋生不得死，天报之矣！"❷

这是一则篡夺他人作品的古代笔记资料。刘希夷和他的舅舅宋之问，都是中国历史上的著名诗人，宋之所以不惜杀死其甥来占有他的好句子，也无非是以文传名的观念在作祟。这里面，名的效应，名背后的功利因素，天地可谓大矣。

作品—署名，这两者的关系，自古既有，其间内涵，所关涉的权利、时尚好恶，乃至制度、文化，等等问题，非以一诗一文所能诠

❶ 司马迁. 史记·司马相如列传［M］. 卷一百一十七. 第九册. 北京：中华书局，1959：3002.
❷ 王谠. 唐语林校证·补遗［M］. 卷五. 下册. 周勋初校证. 北京：中华书局，1987：448.

释，须仔细计较，全盘把握。由上述几则资料，古代署名文化之丰厚，可见一斑。

三、丰富的古代传播文化

版权法有两个基点：作品创作与作品传播。其中，作品的传播关涉版权的内容、权利的限制、邻接权保护等重要制度。我国古代丰富多彩的作品传播文化，可以为版权理论研究提供深广的文化和历史参照。

（一）优秀作品、名家手笔，其传播极一时之盛

据《曲洧旧闻》载：

东坡诗文落笔，辄为人所传诵……崇宁、大观间，朝廷虽尝禁止，赏钱增至八十万，禁愈严而传愈多，往往以多相夸，士大夫不能诵坡诗，便自觉气索，而人或谓之不韵。❶

据《避暑录话》载：

余仕丹徒，尝见一西夏归明友云："凡有井水饮处，即能歌柳词。"❷

非唯诗文为人们所喜爱，名家的书法、绘画、篆刻等，更是受到追捧。

［柳］公权初学王书，遍阅近代笔法，体势劲媚，自成一家。当时公卿大臣家碑板，不得公权手笔者，人以为不孝。外夷入贡，皆别署货贝，曰此购柳书。❸

［明代大画家董其昌］自成一家，名闻外国。其画集宋、元诸家之

---

❶ 朱弁. 曲洧旧闻［M］. 卷八，［M］//李廌撰. 师友谈记，朱弁撰. 曲洧旧闻，陈鹄撰. 西塘集耆旧续闻. 孔凡礼，点校. 北京：中华书局，2002：204-205.
❷ 丁传靖. 宋人轶事汇编［M］. 卷十. 上册. 北京：中华书局，1981：466.
❸ 刘昫等. 旧唐书·柳公绰传［M］. 卷一百六十五. 第一三册. 北京：中华书局，1975：4311-4312.

长，行以己意，潇洒生动，非人力所及也。四方金石之刻，得其制作手书，以为二绝。造请无虚日，尺素短札，流布人间，争购宝之。精于品题，收藏家得片语只字以为重。❶

苏东坡的诗文，柳永的词章，柳公权的书法，董其昌的绘画、篆刻等等，都被时人奉为至宝。这些作品传播的盛况，于版权理论何涉？我们以为，文化商品的创作与流转，有着各种各样的利益关系，在文化的大市场上，版权法只是一个小摊位，这个市场绝非版权法所能够独力支撑。因此，版权立法须做好与传统观念以及社会其他制度、其他法律体系的衔接。

（二）优秀的作品养活了书坊，这是现代传播模式的滥觞

据《渑水燕谈录》载：

景中，……蔡君谟为《四贤一不肖》诗，布在都下，人争传写。鬻书者市之，颇获厚利。虏使至，密市以还。❷

鬻者，卖也。蔡君谟的流行诗作，养肥了"鬻书者"，即书坊经营者。无独有偶，《东轩笔录》载：

本朝穆修……晚年得《柳宗元集》，募工镂板，印数百帙，携入京相国寺，设肆鬻之。❸

这位"鬻书者"更牛，将《柳宗元集》当做企业经营的秘诀，大肆发行，大赚其钱。名家的作品，甚至还跨越了国界，在国外流行，也养育了国外的"鬻书者"。如《渑水燕谈录》载：

张芸叟奉使大辽，宿幽州馆中，有题子瞻《老人行》于壁者。闻范阳书肆亦刻子瞻诗数十篇，谓《大苏小集》。子瞻才名重当代，外

---

❶ 张廷玉等. 明史·文苑四 [M]. 卷二百八十七. 第二十四册. 北京：中华书局，1974：7396.

❷ 王辟之. 渑水燕谈录·名臣. 卷二 [M] // 王辟之撰. 渑水燕谈录. 吕友仁点校.（宋）欧阳修. 归田录. 李伟国，点校. 北京：中华书局，1981：15.

❸ 魏泰. 东轩笔录 [M]. 卷之三. 李裕民点校. 北京：中华书局，1983：30.

至夷虏，亦爱服如此。❶

这里的范阳当属辽国，其书肆的利润很大程度上恐怕是靠着大宋国人苏东坡的诗文赚取的。又《曲洧旧闻》载：

《醉翁亭记》初成，天下莫不传诵，家至户到，当时为之纸贵。❷

不管国内国外，只要人们喜欢，就会洛阳纸贵，这里的潜台词就是：书坊的书贵且好卖。非唯书坊得利，就连演唱歌诗的歌妓也都成了作品传播的受益者。白居易《与元九书》云：

及再来长安，又闻有军使高霞寓者，欲娉倡妓。妓大夸曰：'我诵得白学士《长恨歌》，岂同他妓哉？'由是增价。……自长安抵江西三四千里，凡乡校、佛寺、逆旅、行舟之中，往往有题仆诗者，士庶、僧徒、孀妇、处女之口，每每有咏仆诗者。❸

白居易的诗作流布民间，传唱于妇孺之口，真正是家喻户晓。以至于连歌妓因能够诵读其诗，而价格倍增。这里，已经有了营业性表演的意思了。

这众多的古代传播事例，透露出一个奇怪的信息：创作非为牟利，而传播皆出于利。这个信息，对于现代版权机制可以做深刻反思。

（三）载体——作品传播的物质媒介

欧阳修《六一诗话》载：

陈舍人从易，时偶得杜集旧本，文多脱误，至《送蔡都尉诗》

---

❶　王辟之. 渑水燕谈录·歌咏. 卷七，［M］//王辟之. 渑水燕谈录. 吕友仁，点校. 欧阳修. 归田录. 李伟国，点校. 北京：中华书局，1981：89-90.

❷　朱弁. 曲洧旧闻. 卷三［M］//李廌. 师友谈记. 朱弁. 曲洧旧闻，陈鹄. 西塘集耆旧续闻. 孔凡礼，点校. 北京：中华书局，2002：120.

❸　白居易. 白居易全集［M］. 卷第四十五. 丁如明，聂世美，校点. 上海：上海古籍出版社，1999：650.

云："身轻一鸟"，其下脱一字。陈公因与数客各用一字补之。或云"疾"，或云"落"，或云"起"，或云"下"，莫能定。其后得一善本，乃是"身轻一鸟过"。陈公叹服，以为虽一字，诸君亦不能到也。❶

可见，没有了作品的载体，或者说，载体残缺不全，则作品就不能流传，或者导致谬种流传。

古往今来，书籍的大量灭失，往往是极其惨痛的。据《隋书·经籍志》统计，中国历史上有五次书厄❷，这五次书厄还只是隋以前的事情，此后的历次战乱，都会对文化典籍造成不同程度的破坏。学者从文化史的角度阐述了古代典籍散佚的惨痛结局——

> 吾人但取《汉书艺文志》以校《隋书经籍志》，取《隋书经籍志》以校金门诏之《明史经籍志》，取《明史经籍志》以校《四库总目》，则吾人对于先人之典籍沦亡，文献难征，不将为之泫然？曹倦圃言："自宋以来，书目十有万余种，粲然可观。按实求之，其书十不存四五。"今去曹氏时，又二百余年矣，其损失可知已。❸

就文字作品而言，即或没有了载体，但假若有人能够通过背诵默写出原文，也还是可以传下去的。可是，对于书法等以形为生命的作品来说，没有了载体，就没有了作品，即便他人见过该作品，并能够摹写出来，那也只能算是临摹，而不是原作。《隋唐嘉话》载，

> 王右军《兰亭序》，梁乱出在外，陈天嘉中为僧永所得。至太建中，献之宣帝。隋平陈日，或以献晋王，王不之宝。后僧果从帝借揭。及登极，竟未从索。果师死后，弟子僧辩得之。太宗为秦王日，见揭本惊喜，乃贵价市大王书《兰亭》，终不至焉。及知在辩师处，使萧翊就越州求得之，以武德四年入秦府。贞观十年，乃揭十本以赐

---

❶　欧阳修. 六一诗话［M］//何文焕. 历代诗话. 上. 北京：中华书局，2004：266.
❷　郑士德. 中国图书发行史［M］. 北京：高等教育出版社，2000：80.
❸　陈登原. 古今典籍聚散考［M］. 上海：上海书店，1983：1.

近臣。帝崩，中书令褚遂良奏："《兰亭》先帝所重，不可留。"遂秘于昭陵。❶

《兰亭集序》已随唐太宗而葬身在墓穴了，即或还保存完好，可是，人间看不到，几乎等于载体的灭失。

载体固然不等同于作品本身，但是离开了载体，不仅作品无以传播，就是作品本身也会因之消失，正所谓皮之不存，毛将焉附？最终导致附着在作品上的版权也将随之消失——没有作品，也就无所谓版权。显然，载体之于作品和版权还是具有重要意义的。然而，在现代版权法上，竟然没有保护载体的制度，这使得版权法的作品传播制度出现一个缺口。

（四）印刷出版——作品传播的伴生史

据江少虞《宋朝事实类苑》载，

板印书籍，唐人尚未盛为之，自冯瀛王始印五经。已后典籍，皆为板本。庆历中，有布衣毕昇，又为活板，其法……，若止印三二本，未为简易，若印数十百千本，则极为神速。❷

王士禛《池北偶谈》"刊书"条：

《恕斋丛谈》云："书籍版行，始于后唐。"……予按《五代会要》，后唐长兴三年四月，敕差太子宾客马缟、太常丞陈观、太常博士段颙、尚书屯田员外郎田敏充详勘九经官，委国子监于诸色选人中，召能书人端楷写出，付匠雕刻，每日五纸，与减一选……叶梦得言：唐《柳玭训序》言在蜀见字书，雕本不始冯道，监本始道耳。《河汾燕闲录》隋开皇十三年，遗经悉令雕版，又母昭裔有镂版之

❶ 刘.隋唐嘉话.下［M］//刘餗.隋唐嘉话.程毅中，点校，张鷟.朝野金载.赵守俨，点校.北京：中华书局，1979：53-54.
❷ 江少虞.宋朝事实类苑·书画伎艺［M］.上海：上海古籍出版社，1981：680.

言。盖刊书始隋，暨唐至五代、宋而始盛耳。❶

不管板印书籍始于何时肇于何人，作为现代主要传播手段，印刷出版是作品传播发展到一定阶段的伴生物，它可以从一个侧面反映某个历史时期的作品传播状况，也正因为如此，它能够在一定程度上，成为检验现代版权机制的试金石。

（五）作品的散佚

尽管作品传播历代不绝，但是，作品的散佚仍然是不能避免的，这将导致文化的大倒退，是人类的悲哀。即便像李白杜甫这等的伟大作者，也不能避免诗作的散佚。据赵翼《瓯北诗话》载，

> 青莲诗文最多，自李阳冰作序时，已谓"当时著述，十丧其九；今所存者，皆得之他人"云。故集中转有赝作，为后人挽人者。❷

> 杜少陵一生穷愁，以诗度日，其所作必不止今所传古体三百九十首，近体一千六首而已。使一无散失，后人自可即诗以考其生平。惜乎遗落过半！韩昌黎所谓"平生千万篇，雷电下取将，流落人间者，泰山一毫芒"，此在唐时已然矣。幸北宋诸公，搜罗缀拾，汇为全编。❸

白居易眼看这等惨痛的事情不断发生，于是，自己采取了一些措施，幸运地使自己的作品完整地流传了下来。据王士祯《带经堂诗话》载：

> 古人著述诗文，一生心力所寄，必有所托，以思传于后世，如白乐天写集三本：一付庐山东林寺，一付苏州南禅寺，一付龙门香山

---

❶ 王士禛. 池北偶谈［M］. 卷十七. 下册. 靳斯仁，点校. 北京：中华书局，1982：410-411.

❷ 赵翼著. 瓯北诗话［M］. 卷一. 霍松林，胡主佑，校点. 北京：人民文学出版社，1963：7.

❸ 赵翼. 瓯北诗话［M］. 卷二. 霍松林，胡主佑，校点. 北京：人民文学出版社，1963：15.

寺。❶

不然，现在看到的《白氏长庆集》也很可能是残缺不全的。

尽管随着科学技术的不断进步，作品的传播越来越便捷，可是，由于各种各样的原因，作品仍然会不断地散佚。就像尽管人类想尽方法延长自己的寿命，可是，死亡终究还是会降临。作品的散佚，就是作品的死亡，从版权法鼓励作品创作和传播的角度看，这是传播的失败，也是版权法的失败。

四、传统宏大深邃的文化思想

（一）深邃的文化传承思想

任何文化，都是次生的，皆是在前人基础之上发展演变的，绝没有天然的毫无积淀的文化，作品创作更是如此。黄庭坚说：

老杜作诗，退之作文，无一字无来处……古之能为文章者，真能陶冶万物，虽取古人之陈言入于翰墨，如灵丹一粒，点铁成金也。❷

根据黄庭坚的说法，即便是像杜甫、韩愈这些伟大的作者，其作品中的每一个字都来自于前人的作品，即都不是"无来处"的。有人对这种创作现象做了总结：

盛唐诸公五言之妙，多本阮籍、郭璞、陶潜、谢灵运、谢朓、江淹、何逊；边塞之作则出鲍照、吴筠也。唐人于六朝，率揽其菁华，

❶ 王士祯. 带经堂诗话·自述类下［M］. 卷八. 上册. 张宗柟，纂集. 戴鸿森，校点. 北京：人民文学出版社，1963：201.
❷ 转引自钱钟书. 宋诗选注［M］. 北京：生活·读书·新知三联书店，2002：155.

汰其芜蔓，可为学古者之法。❶

具体来说：

李白诗歌以《庄子》、《楚辞》为源，广泛吸取了阮籍的渊放、郭璞的超拔、鲍照的俊逸、谢朓的清秀，并融合盛唐清新豪放的共同特点，形成了壮浪纵恣的独特风格和高远宏阔的艺术境界。❷【杜甫】"朱门酒肉臭，路有冻死骨"，此语本有所自。《孟子》："狗彘食人食而不知检，途有饿莩而不知发。"《史记·平原君传》："君之后宫婢妾，被绮縠、余粱肉，而民衣褐不完、糟糠不厌。"《淮南子》："贫民糟糠不接于口，而虎狼餍刍豢；百姓短褐不完，而宫室衣锦绣。"此皆古人久已说过，而一入少陵手，便觉惊心动魄，似从古未经人道者。❸

所以，陆机在《文赋》中表达了这样的借鉴和创作原则：

收百世之阙文，采千载之遗韵。谢朝华於已披，启夕秀於未振。观古今於须臾，抚四海於一瞬。❹

是的，要想创作出优秀的作品，必须像蜜蜂那样，尽可能地采撷花粉，然后，才有可能酿出芳醇的蜜。甚至可以这样说，只有站在传统的基础上，才能有所创新。这其中强大的文化传承力量，任何人都无法摆脱的。袁枚《续诗品三十二首·著我》：

不学古人，法无一可；竟似古人，何处著我？字字古有，言言古无。吐故吸新，其庶几乎！孟学孔子，孔学周公。三人文章，颇不相

---

❶ 王士祯. 带经堂诗话·源流类［M］. 卷一. 上册. 张宗柟纂集. 戴鸿森，校点. 北京：人民文学出版社，1963：20.

❷ 葛晓音. 唐诗宋词十五讲［M］. 北京：北京大学出版社，2003：76.

❸ 赵翼. 瓯北诗话［M］. 卷二. 霍松林，胡主佑，校点. 北京：人民文学出版社，1963：22.

❹ 陆机. 文赋［M］//郁沅、张明高. 魏晋南北朝文论选. 北京：人民文学出版社，1996：149.

同。❶

因此，成功的诗人作家，无不在继承前人的基础上，开创自己的新天地。

创作规律如此，创作的传统如此，立法当如何应对呢？要而言之，版权法不能建立在没有文化积淀的沙漠上，不能建立在与我国传统文化毫无关系的外国立法经验之上。进而具体地看来，这些文化传承思想，尤其给合理使用制度、邻接权制度等版权基本制度，提供了广阔的借鉴和思考的空间。

（二）宏大的文以载道思想

《汉书·扬雄传》载：

雄以病免，复召为大夫。家素贫，耆酒，人稀至其门。时有好事者载酒肴从游学，而钜鹿侯芭常从雄居，受其《太玄》、《法言》焉。刘歆亦尝观之，谓雄曰："空自苦！今学者有禄利，然尚不能明《易》，又如《玄》何？吾恐后人用覆酱瓿也。"雄笑而不应。❷

《太玄》《法言》都是扬雄的主要作品。古人云：书中自有黄金屋，书中自有颜如玉。如果苦心孤诣创作出来的作品，连基本的生活必需品都不能换取，那岂不是废物吗？真要像这里讲的，恐怕后人要拿来盖酱缸了。古往今来，还真有不少这样的例子。

创作究竟是为何？究竟是什么在支撑着作者继续创作？这是古往今来，作者们不断在扪心问自己的一个问题，也是读者一直追问的问题，还是统治者所关注的问题。我国古代的文人士大夫，曾就此问题做过很多有益的探索。司马迁《报任安书》言道：

"究天人之际，通古今之变，成一家之言。"（《昭明文选》卷四十一）

---

❶ 郭绍虞. 中国历代文论选［M］. 第三册. 上海：上海古籍出版社，2001：479.

❷ 班固. 汉书·扬雄传［M］. 卷八十七下. 第十一册. 北京：中华书局，1962：3585.

司马迁的表白，展示了他忍辱偷生写成《史记》这部大书的创作动机。可是，除了其个人的动机因素以外，似乎还有普遍的意义，即学者、作家的作品若都能够"成一家之言"，并能够"究天人之际，通古今之变"，那么，国家的学术和艺术创作该是多么可喜的局面啊。白居易在《新乐府序》中强调要"为君、为臣、为民、为物、为事而作，不为文而作。"后在《与元九书》中，又进一步提出创作的纲领：

"文章合为时而著，歌诗合为事而作。" ❶

这样的呼吁，这样的口号，旗帜鲜明地标榜什么样的作品是受欢迎的，当然，也暗示了什么样的作品是终遭贬斥的。韩愈、柳宗元曾提出"文以明道"的主张。韩愈一再说"修其辞以明其道"（《争臣论》），"愈之为古文，岂独取其句读不类于今者邪？思古人而不得见，学古道则欲兼通其辞。通其辞者，本志乎古道者也"（《题欧阳生哀辞后》）；柳宗元在其政治改革失败、被贬南荒之后，也主张以文来明其"道"。❷周敦颐在其《通书·文辞》中提出："文所以载道也。"❸继韩愈、柳宗元"文以明道"之后，最终提出为我国古代统治阶级乃至文人士大夫都尊崇的"文以载道"理念。

作品终究属于器的层次，版权法必须服务于统治者所认可的"道"。因此，版权法的"鼓励"机制，必定要带有一定的目的性，即是要鼓励好的作品的创作和传播。这所谓"好"的作品，不同的时代，不同的人群，不同的意识形态，都可以有自己的看法。这一点，古人已经给我们做了很好的论述，总的说来，就是"文以载道"。反过来，再好的版权法，也必须通过创作出来的作品，来实现所谓"载道"的目标。因此，版权法能否设计好法律的宗旨，能否实现这一宗

---

❶ 白居易. 白居易全集［M］. 卷第四十五［M］. 丁如明，聂世美，校点. 上海：上海古籍出版社，1999：650.

❷ 袁行霈. 中国文学史［M］. 第二卷. 北京：高等教育出版社，1999：363.

❸ 郭绍虞. 中国历代文论选［M］. 第二册. 上海：上海古籍出版社，2001：283.

旨，这是版权立法至关重要的一环。

（三）睿智的文化化育思想

我国传统文化注重风俗教化的化育作用，仁人先贤们对此不乏真知灼见。在《资治通鉴》中，司马光屡屡强调教化和风俗的重要性：

> 教化，国家之急务也，而俗吏慢之；风俗，天下之大事也，而庸君忽之。……教化安可慢，风俗安可忽哉！ ❶

相反，如果单方面强调法治的作用，而忽视教化的熏染化育功效，则于国于民皆弊大于利。公孙弘曾极言"厚赏重刑"的功利性国策的弊端：

> 上古尧、舜之时，不贵爵赏而民劝善，不重刑罚而民不犯，躬率以正而遇民信也；末世贵爵厚赏而民不劝，深刑重法而奸不止，其上不正，遇民不信也。夫厚赏重刑，未足以劝善而禁非，必信而已矣。" ❷

显然，劝民谋利而不修文德，社会的道德水平如何能够提高，社会的安定状况如何能够改善？以如此不堪之社会环境，而欲维护某某权利，又如何能够实现呢？《孟子·梁惠王上》云："君子所以教民者，亦仁义而已矣，何必利！" ❸

我们说，教化乃国之安危兴衰所系，治国者，虽履冰蹑霜尚难以成其万一，怎能废弛甚至惘闻呢？《易》曰："观乎人文以化成天下。"以人文教化天下，这是一个长期而艰巨的过程，要在政策、制度、法律等一切方面兢兢业业，力争形成一个完善的体系。尤其是法律层面，应该在规范具体行为的基础之上，能够兼顾到化育民众的宏观使命。版权法作为具有重要文化功能的法，天然地负有文化化育的

---

❶ 司马光. 资治通鉴·汉纪 [M]. 卷第六十八. 第5册. 北京：中华书局，1956：2173-2174.

❷ 司马光. 资治通鉴·汉纪 [M]. 卷第十八. 第2册. 中华书局，1956：594.

❸ 朱熹. 四书章句集注 [M]. 北京：中华书局，1983：201.

使命。这个使命，应该通过版权法的总则以及具体的制度，得以体现。我国《著作权法》第11条规定：创作作品的公民是作者。这个短小的陈述，却具有很好的教化作用。它明确地告诉国民：只要你创作了作品，你就当然地成为作者，而不论这部作品的种类、权利的归属以及创作者与其所在单位的关系，更不论你这个人在社会上的地位如何卑微，甚至道德水平如何低下，等等。这更是一种宣言，宣示了公民自由创作的权利，及国家对这种权利的强有力地维护。这种教化作用，承继了我国的传统文化因素，和上文所谈论的以文传名以及下文的表达神圣等等传统理念，是一脉相承的。

另外，传统文化中的文化化育思想，对于我国建设知识产权文化，具有特别重要的启迪意义。知识产权是舶来品，要在我国生根开花结果，实非易事。光靠法律的强行推进，收效甚微。必须借助教化的力量，以潇潇春雨，滋润民情，达到使老百姓自觉自愿地遵守法律，尊重他人的知识产权，在这样的法律秩序中，对知识产权的保护，就如顺水行舟，要顺畅很多。

（四）"不平则鸣"的表达神圣思想

任何作品，不论其短长，不论其体裁，也不论其种类，皆无非是思想感情的表达。我们知道，版权法的保护只延及表达，而不延及作品的思想。然而，在具体的案讼中，欲分清孰是表达，孰是思想，确属不易。意大利美学家克罗齐曾经引用过一个比喻：概念在艺术作品里好比"一块糖溶解在一杯水里，在每滴水里都还存在着而且起着作用，可是人们再找不出那块糖来。"❶在美国"尼科尔诉环球电影公司"一案中，Hand法官曾断言"未曾有人能够并且永远不会有人能够划出那条界线"❷，这即是指思想与表达的界线。可见，不仅我们国人拿捏不准这个原理，即便是在版权理论比较成熟的西方国家，也不能轻松应对这个问题。

---

❶　转引自：朱光潜美学文集［M］．第四卷．上海：上海文艺出版社，1982：679．
❷　转引自王春燕．作品中的表达与作品之间的实质相似［J］．中外法学，2000（5）．

然而，我们若将目光投向我国传统文化领域，则攻克这个难关，却很值得期待。古人很看重表达，在我国传统文化中，谈及表达的论著汗牛充栋，金玉之言比比皆是。《论语·阳货》：

> 子曰："小子，何莫学夫《诗》？《诗》可以兴，可以观，可以群，可以怨。迩之事父，远之事君。多识于鸟兽草木之名。"❶

其中，"诗可以怨"就是在说表达的问题。"怨"，既可以是政治上的怨刺，也可能是情感上的宣泄。❷韩愈云：

> 大凡物不得其平则鸣。草木之无声，风挠之鸣；水之无声，风荡之鸣——其跃也或激之，其趋也或梗之，其沸也或炙之；金石之无声，或击之鸣。人之于言也亦然，有不得已者而后言。其謌也有思，其哭也有怀，凡出乎口而为声者，其皆有弗平者乎？……人声之精者为言；文辞之于言，又其精也，尤择其善鸣者而假之鸣。❸

"不平则鸣"是说通过文学创作释放被压抑的各种情绪，得志而"鸣国家之盛"，失意而"自鸣其不幸"。❹"鸣"，也就是表达，通常可以具体化为呐喊、呼吁、讽刺、讴歌等等，这是人的社会性的体现，即人不能不鸣，有时是不得不鸣。现代版权制度，对于"鸣"的成果即作品，提供权利保护。韩愈的《送孟东野序》，本身就是一篇精美的表达，其思想核心即是"不平则鸣"。我们可以从其反复论证的各种表达的形式中，揣摩表达的丰富内涵。

欧阳修《梅圣俞诗集序》：

> 盖世所传诗者，多出于古穷人之辞也。凡士之蕴其所有，而不得施于世者，多喜自放于山巅水涯。外见虫鱼草木风云鸟兽之状类，往

❶ 朱熹. 四书章句集注［M］. 北京：中华书局，1983：178.
❷ 周裕锴. 宋代诗学通论［M］. 上海：上海古籍出版社，2007：56-57.
❸ 韩愈. 送孟东野序［M］//孙昌武，选注. 韩愈选集. 上海：上海古籍出版社，1996：202－203.
❹ 周裕锴. 宋代诗学通论［M］. 上海：上海古籍出版社，2007：57.

往探其奇怪；内有忧思感愤之郁积，其兴于怨刺，以道羁臣寡妇之所叹，而写人情之难言，盖愈穷则愈工。然则非诗之能穷人，殆穷者而后工也。❶

欧阳修在此处传达的是作者个人之"穷"与表达之"工"的某种必然联系，这个我们姑且不去论断，不过，由此却可以窥探表达的由头和表达的去向。《毛诗序》云：

诗者，志之所之也。在心为志，发言为诗。情动于中，而形于言。言之不足，故嗟叹之。嗟叹之不足，故永歌之。永歌之不足，不知手之舞之，足之蹈之也。❷

无论是辞赋还是歌行，无论是音乐还是舞蹈，皆是表达。"居庙堂之高"，"处江湖之远"（范仲淹《岳阳楼记》），这种忧君忧民的情怀也是表达。"桃李春风一杯酒"（与下文"江湖夜雨十年灯"，皆为黄庭坚《寄黄几复》诗句）的风采，是表达；"江湖夜雨十年灯"的黯然，亦是表达。版权法通过保护版权，也在一定程度上保护了自由表达的权利。表达的形式有无数种，表达的需要却都是一样的永恒和神圣，这是人类最基本的精神需求。而由表达滋生出的各样权利（包括版权），则是附带的，次要的东西。版权法在保护权利的同时，务必要权衡好这种主干与仆从的关系。

五、丰富的印刷保护现象

（一）古代的"版权现象"

版权史研究者往往以《书林清话》中所载的宋元时期禁止擅镌的

---

❶ 欧阳修. 梅圣俞诗集序［M］//陶秋英，编选. 宋金元文论选. 虞行，校订. 北京：人民文学出版社，1984：92.

❷ 郑玄. 毛诗注疏［M］. 卷第一. 上册. 孔颖达，正义. 朱杰人，李慧玲，整理. 上海：上海古籍出版社，2013：6-7.

几则事例，来评判我国古代是否存在版权保护的制度。且不说是否仅仅根据这些史料就能够得出相应的结论，单单就研究对象而言，是否对于古代社会，仅仅追问其有没有版权保护的制度和法律，就终结了版权史学的研究呢？这里有一个问题：即便没有版权保护的制度，那么，古代的作品创作、作品传播，印刷、拓印等复制手段的采用，以及作者、读者、传播者这个创作–传播关系是否值得版权学者去研究呢？

不言自明，学术研究如果仅仅局限于眼目所及的范围，那终究是短浅的，学术成果也必然是短命的，甚至是毫无意义的。因此，我们认为，上述的版权"之外"的领域，版权法研究者也应该适当光顾，至少可以做到：在研究自己本领域的课题时，注意到上述领域的问题，尽可能兼顾到有关的冲突、原则和重大的命题。如此，方可保证不会犯过多过快的错误。这应该是比较谨慎的研究态度。基于此，我们认为，古代中国的作品创作活动、传播活动、印刷活动，以及与之配套的一系列相关活动是客观存在的。这些作品创作和传播的活动，我们称之为版权现象。研究版权史，势必要研究这些"版权现象"，不管这些现象最终被判定为什么现象，属于什么学科。

（二）古代的禁止擅镂

当然，在此处，我们还是针对古代印刷保护的史实，做一些专题的研究。不过，就资料而言，也绝非《书林清话》那几则事例可以言尽。在古代历史上，还有很多印刷保护或者禁止的事例。

文化史研究者注意到，两宋时期，国家多次颁下各种诏令，禁止擅镂：

宋人罗璧《识遗》载："宋兴，治平以前犹禁擅镂。"刻书必须向国子监申请同意后，方准雕印。直到神宗时书禁才开始放宽，但禁令仍时松时紧。哲宗元祐五年（1090）仍下令：除不得擅自雕印会要、实录外，"即其他书籍欲雕印者，选官详定，有益于学者方许镂版"；还规定"诸戏亵之文不得雕印"，违者打一百大板……宋室南渡以后，乃三令五申：书籍必须审查后方准出版。高宗绍兴十五年（1145）十二月十七日、绍兴十七年六月十九日、孝宗淳熙七年（1180）五月己卯、光宗绍熙元年（1190）、绍熙四年六月十六日等，都曾下达禁书毁版的命令。光宗绍熙元年下达建宁府的诏令尤为严厉："将书坊日前违禁雕卖策试文字，日下尽毁版。"（《宋会要》）❶

这些禁止擅镂的政策，其在法律上到底是什么性质，尚须仔细斟酌，不能一概而论这个时期有没有版权保护。

六、成熟的文化政策

（一）尊儒崇文

宋代是一个非常尊重知识和优待知识分子、十分重视文教事业建设的封建王朝，最高统治者始终执行"重文轻武"亦即"兴文教，抑武事"的方针政策。宋太祖曾立誓碑，内容之一就是誓不诛戮士大夫及上书言事之人，两宋三百余年间，历朝皇帝也确实极少直接下令处死过士大夫知识分子。至于俸禄之厚，赏赐之多，前代也无法比拟，这在《宋史·职官志·俸禄制》中有着非常具体的记载，所谓"恩逮于百官者惟恐其不足"（赵翼《廿二史札记·宋制禄之厚》❷），确非夸大之辞。

据《续资治通鉴·宋纪》载：

太宗淳化二年（九九一）冬，十月辛巳，翰林学士承旨苏易简续《翰林志》二卷以献，帝嘉之，赐诗二章，御笔批云："诗意美卿居清华之地也。"易简愿以所赐诗刻石，帝复以真、草、行三体书共其诗，刻以遍赐近臣。又飞白书"玉堂之署"四大字，令中书召易简付之榜于厅额。帝曰："此永为翰林中美事。"易简曰："自有翰林，

❶ 杨渭生. 两宋文化史［M］. 杭州：浙江大学出版社，2008：429.
❷ 赵翼. 廿二史劄记校证［M］. 订补本. 下册. 卷二十五. 王树民，校证. 北京：中华书局，2001：534.

未有如今日之荣也。"帝尝夜幸玉堂，易简已寝，遽起，无烛具衣冠，宫嫔自窗格引烛入照之，窗格上有火燃处，后不更易，以为玉堂盛事。❶

宋太宗对翰林学士苏易简的尊宠，令古代知识分子钦慕不已，奉为极至。由此，宋王朝对知识分子的优厚可见一斑。

（二）养士

《资治通鉴》载：

[玄宗天宝十三载（七五四）]唐初，诏敕皆中书、门下官有文者为之。乾封以后，始召文士元万顷、范履冰等草诸文辞，常于北门候进止，时人谓之"北门学士"。中宗之世，上官昭容专其事。上即位，始置翰林院，密迩禁廷，延文章之士，下至僧、道、书、画、琴、棋、数术之工皆处之，谓之"待诏"。❷

不仅尊重"文章之士"，对于在"僧、道、书、画、琴、棋、数术"等方面有异能的士人，也都搜罗在翰林院，谓之"待诏"，使他们发挥更大的作用，有更好的创作条件。唐初的这个措施，对于这些领域的文化事业，势必会起到积极的推动作用。

（三）搜求故典，编撰典籍

由于战争及其他原因，国家的藏书在经历战火之后，少之又少。于是，一些统治者认识到古代典籍的重要性，大开访书、献书之门，广泛搜求散落民间的重要书籍。《汉书·艺文志》载：

汉兴，改秦之败，大收篇籍，广开献书之路。迄孝武世，书缺简脱，礼坏乐崩，圣上喟然而称曰："朕甚闵焉！"于是建藏书之策，置写书之官，下及诸子传说，皆充秘府。至成帝时，以书颇散亡，使

---

❶ 毕沅. 续资治通鉴·宋纪［M］. 卷十六. 第1册. "标点续资治通鉴小组，校点. 北京：中华书局，1957：372.
❷ 司马光. 资治通鉴·唐纪［M］. 卷二百一十七. 第15册. 北京：中华书局，1956：6923.

谒者陈农求遗书于天下。诏光禄大夫刘向校经传诸子诗赋，步兵校尉任宏校兵书，太史令尹咸校数术，侍医李柱国校方技。❶

西汉不仅访书求书，还校书，这样，确保了国家秘府中藏书的文献价值。到了宋代，在搜集散佚书籍，编撰大型典籍方面，更有大的建树——

淳化三年（992），在崇文院中堂新建秘阁，收藏珍贵图籍和文物。……《宋史·艺文志》著录图书九千九百十九部，十一万九千九百七十二卷，在数量上大大超过宋以前任何一个朝代。宋代三馆一阁不仅藏书，而且储才。馆阁学士以及在馆阁的其他人员，待遇优厚，地位清高，是政府选拔高级官员的对象。"治平、熙宁之间，公卿侍从，莫不由此途出。"（程俱：《麟台故事》卷三）太宗时期，下令编撰《太平御览》、《文苑英华》各一千卷，《太平广记》五百卷。真宗时，又编撰《册府元龟》一千卷。是为北宋著名的四大书。❷

（四）科举制极大刺激士子的读书热情

科举制是中国封建社会创立的一种以考试成绩高下为主要标准，面向社会公开竞争，并以进士科为主要取士科目的选官制度。这种制度曾被誉为"中国的第五大发明"，其影响深远，广被世界。❸既要应试，就得读书，拼命攻读，从而形成一股读书的风气。"老去功名意转疏，独取瘦马取长途。孤村到晓犹灯火，知有人家夜读书。"（晁冲之：《夜行》）科举引起全社会的关注，显示了文化知识的重要，读书受到人们的尊重，大大刺激士人去读书应举，这对宋文化发展的巨大推动是不可低估的。❹

---

❶　班固．汉书·艺文志［M］．卷三十．第六册．北京：中华书局，1962：1701．
❷　杨渭生，等．两宋文化史［M］．杭州：浙江大学出版社，2008：11 – 12．
❸　杨渭生，等．两宋文化史［M］．杭州：浙江大学出版社，2008：365．
❹　杨渭生，等．两宋文化史［M］．杭州：浙江大学出版社，2008：380．

非唯两宋，几乎在唐朝之后的历代王朝，科举制都或多或少地推动了当时文化的发展。上述这些文化政策，并不等于版权法或者版权政策，可是，版权法的很多制度，原本就是若干文化政策演变的（如我国的稿酬制度、出版制度等），因此，了解和研究这些古代的文化政策，对于观察版权法的政策效应、宏观方向等，都具有一定的意义。

余论：放眼版权法

我国传统文化，应该和国外的经典立法、理论和判例一样，成为版权法研究的宝贵资源。古人云："他山之石可以攻玉"，传统文化，这本非当然的版权法学术资源，让我们暂且把它打入"另册"，权且充当"他山"的石头吧。它究竟宝贵在哪里呢？就版权法的创作与传播这两个基本点而言，传统文化中方方面面的理论和史料，都可以对这两个基本点，供给养分。其广阔和深邃，本文不能言其万一。

然而，这样一个金灿灿的碗，在我国版权法研究者手中，却被当作"南辕北辙"的弃物，以至于他们不得不向国外去"讨饭"。鉴于此，笔者还要就版权法的研究视野多饶几句舌。

梁启超尝云：

凡学问之为物，实应离致用之意味而独立生存，真所谓正其谊不谋其利，明其道不计其功，质言之，则有书呆子，然后有学问也。●

当代学人余英时也认为：

现代中国人对科学的追求主要还是出于功利的动机，而不是对科学知识本身有真正的兴趣，更没有注意到科学背后的文化凭藉。科学

● 梁启超. 梁启超论清学史二种［M］//梦溪. 传统的误读. 石家庄：河北教育出版社，1996：185.

是西方文化特显其超越精神之所在，然而它不是功利思想的产物。相反地，西方人"为真理而真理"的精神才是科学家的真正源头。……牛顿的数学、物理学在当时并没有什么实际用途，牛顿研究物理是要证明上帝创造的世界如何完美。……科学的"用"是从"真"衍生出来的，……如果不具备"为真理而真理"的精神，科学是不会在中国生根的。❶

学术研究的"有用"与否，与人们认可的范围通常是有联系的，假若某项研究在通常的范围以内，则被认为是有用的；若完全在惯常范围以外，则打入另类，百无一用。比如，我国有一门学问谓之"鲁迅研究"，应该是现代文学史领域的一个分支。试问，"鲁迅研究"一般要研究什么呢？只要你翻开专业刊物《鲁迅研究》，便明白，鲁迅研究，并不仅仅是对鲁迅本人及其作品的研究，而是对与鲁迅有关的一切的人、事、作品以及社会和历史的研究。比如，对周作人的研究，对鲁迅的朋友、弟子，乃至论战对手的研究，就是其中很大的一个部类。而这些，咋看上去，似乎与"鲁迅研究"风马牛不相及。

基于以上种种，本文认为，版权法的研究范围应该是一个广袤的学术原野：

其一，凡是版权法的各个领域涉及的概念、制度、术语，以及其各自背后的文化和历史，都可以纳入研究的范围。学术视野广阔，发现学术问题的机会就多，解决问题的可能性也会增大。反观当前版权法的学术范围，只关注国内外的立法、判（案）例，最多还涉猎一些国外的版权法著述，而对与版权立法颇有干系的文化背景、历史背景、政治氛围等，概不涉及。如此局促的池塘，怎能孕育出大鱼呢？

其二，严肃的学术研究，不存在无稽之谈。海纳百川，有容乃

---

❶ 余英时. 论文化超越［M］//余英时［M］//文化评论与中国情怀. 上. 桂林：广西师范大学出版社，2006：218.

大。学术研究绝不可孤芳自赏，而应该"兼容并包"，允许"另类"和"异端"的存在。表面上看，某些研究似乎是"无关的问题"、"无用的讨论"，可是，从长远看，宏观上看，它们共同构成了庞大的学术体系，其历史作用将不可小觑。

反不正当竞争法的变与不变

——也论《反不正当竞争法》的修订

刘一舟*　余梦菲**

Changed and Unchanged—On the Adaptation of the Unfair Competition Law

Liu Yizhou[†]　Yu Mengfei[††]

摘要：随着《反不正当竞争法（修订草案送审稿）》的公布，《反不正当竞争法》即将迎来制定二十年后的首次修订。《反不正当竞争法》对于市场竞争秩序的维护以及对其他知识产权法律的补充性作用，决定了其所特有的抽象性和包容性特征。笔者认为，无论《反不正当竞争法》未来将发生怎样的变化，其与知识产权法之间的关系、立法初衷以及抽象性的基本特征都将始终如一。

关键词：反不正当竞争法　诚实信用原则　送审稿

---

*　华诚律师事务所律师。
**　华诚律师事务所律师。
[†]　Lawyer of Watson & Band Law Offices.
[††]　Lawyer of Watson & Band Law Offices.

从360❶到加多宝❷，行业大咖之间的纷争把原本寂寂无闻的《反不正当竞争法》推到了风口浪尖。一时间，越来越多的人开始认识和关注这部法律，其在知识产权体系中的重要作用也逐渐显现。事实上，《反不正当竞争法》在知识产权的争议解决中始终都扮演着不可或缺的角色，其重要作用从未发生改变。在笔者事务所承办的案件中，也经常会运用到这部法律。如《六大门派》手游著作权侵权及不正当竞争案❸、宝钢商标与企业字号不正当竞争案❹等等。

2016年2月25日，国务院公布《中华人民共和国反不正当竞争法（修订草案送审稿）》使这部法律再次成为了万众瞩目的焦点。1993年施行至今二十余载，《反不正当竞争法》的修订可谓众望所归。

修法是对部分法律条文的调整，其所谓"变"。而在另一方面，每部法律的宗旨、定位和精神又都始终如一，其所谓"不变"。本文将以此为视角，浅议此次《反不正当竞争法》送审稿（下称《送审稿》）中的变与不变。

一、变的需求与不变的理由

无论是此次《送审稿》所带来的变化，还是《反不正当竞争法》二十多年来从未修订的不变，都各有道理在其中。

---

❶ 2010至2014年间，奇虎360与腾讯QQ之间曾发生一系列纠纷。其中，奇虎公司诉腾讯公司滥用市场支配地位纠纷案被称为"互联网反不正当竞争第一案"。参见最高人民法院（2013）民三终字第5号民事判决书。
❷ 广药集团"王老吉"与鸿道集团"加多宝"之间争夺"红罐凉茶"的擅自使用知名商品特有包装装潢纠纷案。该案被称为"中国包装装潢第一案"。参见最高人民法院（2015）民申字第2802号民事裁定书。
❸ 完美世界（北京）软件有限公司与上海野火网络科技有限公司等著作权及不正当竞争纠纷案。参见上海市杨浦区人民法院（2015）杨民三（知）初字第55号民事判决书。本案被评为2015年上海法院知识产权司法保护十大案例之一。
❹ 参见江苏省高级人民法院（2014）苏民终字第0124号民事判决书。

（一）变的需求

1.《反不正当竞争法》所处的整体环境发生了变化

一直以来，《反不正当竞争法》的产生和发展都伴随着市场和经济环境的变化。在资本主义商品经济产生和发展的早期，当市场竞争关系还比较简单的时候，首先纳入法律保护范围的是技术发明，然后是作品。这就是欧洲各国的专利法和版权法相继产生于17、18世纪的原因。到了19世纪中叶，随着欧美各国市场竞争关系的日益成熟和复杂，才出现了制止不正当竞争的需要。❶

20世纪九十年代初至今，无论是整体的市场竞争环境，国家的立法环境还是侵权行为的复杂程度，都发生了巨大的变化。

首先，市场环境经历了翻天覆地的改变。回顾《反不正当竞争法》制定时，我国社会主义市场经济体制刚刚确立，市场经济发展中的许多问题还没有充分暴露出来，更难以反映到法律中去。❷比如对于自然人是否属于"经营者"的问题，曾出现过两种不同的理解：一种认为经营者应当是从事商品经营或者营利性服务的民事主体。自然人并非经工商登记的个体经营者，故不属于反不正当竞争法所规定的经营者。另一种则强调从事经营活动的行为，❸只要其行为属于商事活动中的行为，则该行为人即属反不正当竞争法规定的"经营者"。之所以会出现这样的分歧，是因为我国的反不正当竞争法颁布时间比较早，对部分文字和问题的推敲缺乏预见性，仅从文意上理解第二条已无法满足目前知识产权保护的要求。最终，最高院通过司法解释等方式，对反不正当竞争法中的"经营者"概念做了扩大解释：凡是从事市场交易的行为人，不论其是否经过工商登记，不论其是合法经营

---

❶ 李明德. 关于反不正当竞争法的几点思考［M］. 知识产权，2015（10）.

❷ 参见法制网. 反不正当竞争法长跑23年迎来首修［EB／OL］. http://www.legaldaily. com.cn/index_article/content/2016-04/19/content_6592717_3.htm. 2016-04-19.

❸ 参见吴汉东. 论反不正当竞争中的知识产权问题［J］. 现代法学，2013（1）.

还是违法经营，均属于反不正当竞争法所规范的经营者。❶

其次，我国法律体系较之过去也有了很大程度上的完善。与《反不正当竞争法》二十多年始终不变相比，我国《著作权法》《商标法》《专利法》等知识产权法则进行了多次修改。不仅如此，《反垄断法》的出台、《消费者权益保护法》的修订、新《广告法》的施行等等。各法律之间功能的划分日益明确和具体，而对于《反不正当竞争法》中与之规定相重叠的部分亦亟待相互区分。以《反不正当竞争法》与《价格法》《反垄断法》三部同为公平竞争法律为例，其中存在的重叠与冲突、漏洞和空白颇多，甚至影响到具体的执法工作。❷

第三，竞争行为的表现形式也呈现出多样化态势。包括竞价排名、间接诋毁商誉、各类新型"搭便车"等行为层出不穷。特别是涉及互联网的不正当竞争行为呈现出类快速增长的态势。北京法院2014年度案件网络不正当竞争纠纷的收案数量较2013年度增长了近50%。❸由于网络具有高科技性、虚拟性与即时性的特点，网络环境下不正当竞争行为不仅损害了相关经营者的合法利益，而且严重地破坏了网络经济秩序，需要反不正当竞争法给予回应。❹

2. 实践对《反不正当竞争法》的适用需求发生了变化

伴随着时间的推演，《反不正当竞争法》不断的经受着来自实践的考验。在以其高度的灵活性特征维持市场平衡的同时，由于前述大环境的日新月异，《反不正当竞争法》也开始受到各方的一些质疑。其中尤以一般条款的适用、具体不正当竞争行为的局限性以及行政执法难度大的三个问题最为突出。

其一，一般条款的适用。我国对不正当竞争行为的规定，采用了

❶ 钱光文. "审理反不正当竞争案件中的难点问题"讲座综述［EB／OL］.（2016-04-19）. http://www.lawyers.org.cn/info/37c487980aa34541b9ff8ac6909baeb6.

❷ 黄晋. 三部公平竞争法律亟待修改完善［N］. 经济参考报，（2015-12-22）.

❸ 陶钧. 涉网络不正当竞争纠纷的回顾与展望（一）——近五年北京法院审判的总体概况［EB／OL］.（2016-04-21）. http://www.zhichanli.com/article/8012.

❹ 吴汉东. 论反不正当竞争中的知识产权问题［J］. 现代法学，2013（1）.

概括和列举相结合的立法方式。一般条款的意义在于对所列举行为的补充，因为立法者不可能预见到所有的不正当竞争行为并一早就体现在法律中。也正是因为一般条款具有的弹性特征，司法实践中对此条款的适用往往采取较为谨慎的态度。最高院的相关意见中曾指出，要严格把握反不正当竞争法原则规定的适用条件。❶尽管如此，受到现有不正当竞争行为种类的局限，对于一般条款的适用需求也逐渐明显。时至今日，司法裁判中队该条款的运用甚至一度出现了"泛滥"的情况。2010年至2015年4月，仅北京的一审法院在处理涉及到网络的不正当竞争案件中，适用一般条款规制具体不正当行为的比例高达37%，超过其他条款居于首位。❷可见，一般条款是《反不正当竞争法》具体适用的难点之一。

其二，不正当竞争行为的有限性。有观点指出，随着经济发展日新月异，经营者使用的竞争方式越来越多，这十一种具体行为早已远远不能涵盖当前的竞争行为。❸这在一定程度上反映了实践中增加不正当竞争行为类型的需求。其中最为突出的需求出现在互联网领域之中。由于我国网络等新兴产业在市场竞争领域还处于野蛮生长的状态，现行反不正当竞争法的规定又过于笼统和原则，解释和适用都存在很多问题。❹网络市场要求立法者在修订《反不正当竞争法》时要特别注意对网络市场上的竞争行为考虑其中。❺

其三，行政执法难度较大。现行《反不正当竞争法》第3条规定：工商行政管理部门对不正当竞争行为进行监督检查，但法律、行政法

---

❶ 最高人民法院《关于充分发挥知识产权审判职能作用推动社会主义文化大发展大繁荣和促进经济自主协调发展若干问题的意见》（法发〔2011〕18号）第24条。

❷ 陶钧. 涉网络不正当竞争纠纷的回顾与展望（一）——近五年北京法院审判的总体概况〔EB / OL〕.（2016 - 04 - 21）. http://www.zhichanli.com/article/8012.

❸ 李昌麒. 经济法〔M〕北京：中国人民大学出版社，2011：135.

❹ 参见法制网. 互联网领域不正当竞争现象井喷〔EB / OL〕.（2016 - 04 - 19）. http://www.legaldaily.com.cn/fxjy/content/2016-04/19/content_6592186.htm.

❺ 孙向齐，杨柳.《反不正当竞争法》的局限与完善——以规制网络市场竞争行为为例〔J〕. 人民论坛，2014（26）.

规规定由其他部门监督检查的，依照其规定。实践中，一些行业、部门利用这一规定，在制定行业或部门监管法时专门通过立法摆脱《反不正当竞争法》对其的调整，在事实上形成对《反不正当竞争法》的肢解，使该法作为规范竞争行为、维护市场竞争秩序的基本法律地位受到动摇或名不符实。❶除此之外，法律对不正当竞争方法和行为的规定过窄，使得执法机构处置某些不正当竞争行为无法可依，❷也是行政执法过程中遇到的难题之一。相比之下，对于需要《反不正当竞争法》规制而未列入法律中的行为，法院可以根据个案情况运用一般条款，但行政执法机关只能就法有明文规定的不正当竞争行为予以查处。❸

由此可见，《反不正当竞争法》之"变"可谓顺应时势的需求，对其中的不足之处进行完善。而在另一方面，不管该法的具体修订方式和程度如何，《反不正当竞争法》之根本"不会改变"。

（二）不变的理由

1. 反不正当竞争法与知识产权法之间的关系不会改变

尽管《反不正当竞争法》的出现绝大多数情况下都会与知识产权捆绑在一起，但对于《反不正当竞争法》是否属于知识产权法之范畴的问题，各界始终未能达成统一意见。厘清反不正当竞争法与知识产权法之间的关系，有助于更深入的理解这部法律本身。

反不正当竞争法的诞生源于对假冒商标行为的制止。19世纪，法国法官为了保护诚实的商人，创造性地将1804年的《拿破仑民法典》第1382条和第1383条中关于侵权法的一般规定用于制止经济生活中的

---

❶ 王显勇.《反不正当竞争法》完善研究——以行政执法为视角［J］. 经济法论丛，2010（2）.

❷ 黄晋. 三部公平竞争法律亟待修改完善［N］. 经济参考报，（2015－12－22）.

❸ 张平.《反不正当竞争法》的一般条款及其适用——搜索引擎爬虫协议引发的思考［J］. 法律适用，2013（3）.

不正当行为，后来逐渐发展而成为一项独立的法律制度。❶1896年，德国制定了世界上第一部《反不正当竞争法》，旨在规范误导、贬低、商业诋毁、仿冒等不正当竞争行为。英美法系中的美国，也是在制止商标欺诈和商标仿冒的基础上，发展出了制止不正当竞争的法律规则。❷可见，《反法》产生的初衷，就是对于商业标识的保护。

　　此后，与知识产权有关的国际公约也将制止不正当竞争纳入保护范畴。《保护工业产权巴黎公约》（《巴黎公约》）第一条规定工业产权的保护对象包括制止不正当竞争。在第十条之二中进一步列举了具体的不正当竞争行为：仿冒、商业诋毁和虚假宣传。《与贸易有关的知识产权协定》（TRIPS协议）第39条在《巴黎公约》的基础上，又进一步规定了对商业秘密的保护。❸国际公约中的前述规定也成为了"不正当竞争属于知识产权体系"观点的主要依据之一。

　　无论从起源还是从国际公约中的规定，都体现了反不正当竞争法与知识产权法之间的关联性，但这并不代表就能将二者混为一谈。知识产权法侧重于建立智力成果及相关成就的所有权制度，明确地规定成果所有人相对于其他人的权利和义务。可以说这是从静态的角度来规范智力成果及相关成就引起的法律关系。而不正当竞争法则是在特定的竞争关系中约束经营者的行为。它直接依据诚实信用、公序良俗等原则来评价经营行为是否正当。❹因此，与知识产权法提供的"强保护"、"窄保护"相比，反不正当竞争法提供的只能是一种"宽保护"和"弱保护"。

　　这两种不同的制度设计之所以会产生联系，原因在于二者都对智

---

❶　韦之. 论不正当竞争法与知识产权法的关系［J］. 北京大学学报（哲学社会科学版），1999（6）.

❷　李明德. 关于反不正当竞争法的几点思考［J］. 知识产权，2015（10）.

❸　郑友德、焦洪涛.《反不正当竞争的国际通则——WIPO《反不正当竞争示范条款》述要［J］. 知识产权，1999（2）.

❹　韦之. 论不正当竞争法与知识产权法的关系［J］. 北京大学学报（哲学社会科学版），1999（6）.

力成果提供了保护。受知识产权保护的客体，往往只有在进入市场之后才能发挥其价值。而一旦涉及到市场主体间行为的正当性，就有可能归入反不正当竞争法的领域之内。与此同时，不正当竞争行为又不仅仅局限于对智力成果的侵害，诸如商业诋毁、虚假宣传等行为都是基于违反商业道德才为法律所禁止。

总之，反不正当竞争法与知识产权法之间既存在密切关联，但又有所区别。知识产权法明确但缺乏灵活性的特征，与反不正当竞争法抽象但包容性强的特点决定了二者之间应当是一种相互补充的关系。诚如郑成思先生所说:对知识产权给予"反不正当竞争的附加保护"，只是要求反不正当竞争法中订有足够的条款去补知识产权单行法之"漏"。至于反不正当竞争法在此之外还应当有什么其他内容，则是知识产权法不加过问，也不应过问的。❶归根结底，反不正当竞争法只能对知识产权提供有限的兜底性保护。凡知识产权专门法已作穷尽性保护的，不能再在反不正当竞争法中寻求额外的保护，否则就会对本来属于公有领域的技术或信息给予专有性保护，妨碍创新和竞争自由。❷

2. 反不正当竞争法的立法宗旨不会改变

现行《反不正当竞争法》开宗明义，在第一条规定：为保障社会主义市场经济健康发展，鼓励和保护公平竞争，制止不正当竞争行为，保护经营者和消费者的合法权益，制定本法。

可见，反不正当竞争法着眼于对经营者和消费者免受不正当竞争行为侵害的保护。经营者是市场竞争行为的主体，市场行为应当具备的标准是衡量竞争行为是否正当的直接标准。而消费者是竞争行为的作用对象，是竞争结果和市场产品的承受者，提升消费者福利是法律追求的最终目标，认定竞争行为是否正当最终要看是否有利于提升消

---

❶ 郑成思. 论知识产权的附加保护［J］. 法学，2003（11）.

❷ 最高人民法院原副院长曹建明：《全面加强知识产权审判工作 为建设创新型国家和构建和谐社会提供强有力的司法保障——在全国法院知识产权审判工作座谈会上的讲话》（2007年1月18日）。

费者福利，是否使消费者根本上得到实惠。❶与此同时，反不正当竞争法还体现了对公共利益的保护。其中的缘由不仅在于消费者本身就是社会公众的一部分，更是在于竞争秩序是整个社会秩序的最重要的组成部分之一，反不正当竞争法对公平秩序的追求本身就使得公共利益得以维护。

需要指出的是，反不正当竞争法并没有创设一类"公平竞争权"作为保护的基础。其保护的客体更接近于一种法益。❷如前所述，反不正当竞争法提供的是一种消极且被动的保护。只有当知识产权专门法的保护不足，且不予保护将有悖于正当竞争之精神的情况下，才能够适用反不正当竞争法予以禁止。

3. 抽象性和包容性的特征不会改变

纵观我国《反不正当竞争法》的条文规定以及其在实践中的应用，原则性和抽象性无疑是该法所体现出的最主要特征。当然，这或许就是反不正当竞争法的天然属性。❸因为反不正当竞争法的规制对象是市场中存在的各类竞争行为，而行为的不确定性必然导致相应的法律规定需要具备相当的弹性和包容性，使之更好的适应层出不穷的各类行为方式。此种情况下，立法者只能通过概括性、原则性的立法模式来应对实践中不可预见的行为。

与此同时，由于反不正当竞争法是对知识产权法的必要补充，这一角色定位也对这部法律所具备的包容性提出了要求。正如世界知识产权组织（WIPO）所说："仅有工业产权法还不足以确保市场上的公平竞争。范围广泛的不公平行为，如误导广告和侵犯商业秘密，通常并不为工业产权的特别法所涉及。因此，反不正当竞争法有必要要么补充工业产权法，要么对这些法律未予保护的情形给予某种保护。

---

❶ 孔祥俊. 反不正当竞争法的创新性适用［M］北京：中国法制出版社，2014：73.
❷ 郑友德，胡承浩，万志前. 论反不正当竞争法的保护对象——兼评"公平竞争权"［J］. 知识产权，2008（5）.
❸ 孔祥俊. 反不正当竞争法的司法创新和发展——为《反不正当竞争法》施行20周年而作［J］. 知识产权，2013（11）.

为实现该功能，反不正当竞争法必须是灵活的，由此给予的保护必须不具有诸如注册之类的任何形式要求。尤其是，反不正当竞争法必须能够适应任何新类型的市场行为。这种灵活性并不必然意味着缺乏可预见性。当然，反不正当竞争法从来不可能像专利法或者商标法那样具体；但是许多国家的经验业已表明，形成一种既有效和灵活、同时又确保足够的可预见性的反不正当竞争法律制度是可能的。"❶有鉴于此，我国《反不正当竞争法》最终采取了一般条款和具体行为相结合的立法模式，来规范经营主体间违反诚实信用原则，侵害消费者利益的行为。

除此之外，我国现行《反不正当竞争法》的包容性也与立法之初的时代背景有着密不可分的联系。《反不正当竞争法》所禁止的不正当竞争行为中，既包括了对智力成果的保护，同时又体现了部分垄断法所规制的内容，如企业滥用独占地位行为、政府及所属部门的限制竞争行为、掠夺性定价行为等。因此，有学者亦称其为一部混合法。❷之所以会出现这样的结果，与当时立法环境的不完善但又急需对该些行为作出规制不无关联。❸彼时，我国对反不正当竞争法立法奉行的理论基础是"综合调整模式"。根据这种立法模式，反不正当竞争法并不是单一的规制不正当竞争行为的专门法，而是一部包括反不正当竞争、反限制竞争以及某些反垄断行为的综合性法律。❹随着我国《反垄断法》2007年的出台，调整《反不正当竞争法》中相关规定的想法也就呼之欲出了。

综上所述，《反不正当竞争法》所处的经济、法制等社会整体环境发生了变化，使得实践中对此的适用要求也在不断提升，从一般条

---

❶ WIPO: Protection Against Unfair Competition (Geneva 1994)，P13。转引自孔祥俊. 反不正当竞争法的创新性适用［M］北京：中国法制出版社，2014：2.

❷ 李明德. 关于反不正当竞争法的几点思考［J］. 知识产权，2015（10）.

❸ 当时的大背景在于：1992年，我国与美国就知识产权保护达成《谅解备忘录》，约定我国在1993年底以前通过法律对美国知识产权（主要是技术秘密）予以保护。

❹ 吴汉东. 论反不正当竞争中的知识产权问题［J］. 现代法学，2013（1）.

款、具体行为再到行政执法等各方面的需求，都希望能反映在《反不正当竞争法》的修订之中。尽管如此，《反不正当竞争法》作为调整市场主体间竞争行为的法律，其根本的定位、立法宗旨、包容性特征以及对知识产权法提供的附加性保护都将始终如一。

二、变化之中看不变

我国现行《反不正当竞争法》共五章33条，本次《送审稿》对其中的30条进行了修改。总体上删除7条，新增9条，最终共35条。修订部分主要涉及一般条款以及具体的不正当竞争行为。从形式上看，条文内容发生了变化，但变化中的本质仍然体现了《反不正当竞争法》中不变的精神。以下将就《送审稿》中的三大变化为例进行分析。

（一）边界的厘清与定位不变

《送审稿》变化：删除《反垄断法》中有所体现的内容。

第六条　经营者不得利用相对优势地位，实施下列不公平交易行为：

（一）没有正当理由，限定交易相对方的交易对象；

（二）没有正当理由，限定交易相对方购买其指定的商品；

（三）没有正当理由，限定交易相对方与其他经营者的交易条件；

（四）滥收费用或者不合理地要求交易相对方提供其他经济利益；

（五）附加其他不合理的交易条件。

本法所称的相对优势地位，是指在具体交易过程中，交易一方在资金、技术、市场准入、销售渠道、原材料采购等方面处于优势地位，交易相对方对该经营者具有依赖性，难以转向其他经营者。

厘清《反不正当竞争法》与《反垄断法》之间的边界，无疑是本次《送审稿》的主要任务之一。因此，《送审稿》删除了《反垄断法》中已经规定的4种限制竞争行为，即公用企业滥用独占地位、政府及其所属部门滥用行政权力排除限制竞争、掠夺性定价和搭售。同时又引入了对滥用相对优势地位的规制。

《反不正当竞争法》与《反垄断法》在立法上的重复问题一直都受到各界的质疑，而之所以会出现此种情形也是与《反不正当竞争法》立法时的特殊定位所造成。在《反垄断法》出台后，《反不正当竞争法》原本肩负的部分任务有了专门的立法，其中的相应条款也随之应当调整。《送审稿》的此处调整，说明《反不正当竞争法》与其他法律相辅相成，在各自领域内对公平合理市场秩序的维护。

（二）消费者概念的引入与宗旨不变

《送审稿》变化：消费者概念的引入。

第二条　　经营者在经济活动中，应当遵循自愿、平等、公平、诚实信用的原则，遵守公认的商业道德。

本法所称的不正当竞争，是指经营者违反本法规定，损害其他经营者或者消费者的合法权益，扰乱市场秩序的行为。

本法所称的经营者，是指从事或者参与商品生产、经营或者提供服务（以下所称商品包括服务）的自然人、法人和其他组织。

本次《送审稿》将消费者和经营者共同作为保护对象予以明确。此前，我国《反不正当竞争法》被认为与消费者的保护没有直接关系。❶这一变化与《反不正当竞争法》保护经营者、消费者利益的根本宗旨是一致的。

如前所述，消费者是经营者在市场竞争中争夺的对象，因此不正当竞争行为是围绕着消费者进行的。❷各国《反不正当竞争法》立法实践也都将消费者纳入其中。事实上，我国《反不正当竞争法》的保护目标一直以来都没有局限在经营者的范围之内。现行《反不正当竞争法》第1条明确规定本法保护的是经营者和消费者的利益。可见，《送审稿》中对消费者的增加仍然体现了《反不正当竞争法》一直以

---

❶ 李明德. 关于反不正当竞争法的几点思考［J］. 知识产权，2015（10）.

❷ 参见王先林. 论反不正当竞争法调整范围的扩展——我国《反不正当竞争法》第2条的完善［J］. 中国社会科学院研究生院学报，2010（6）.

来秉承的立法宗旨。

（三）涉及互联网领域与包容性不变

《送审稿》变化：增加互联网不正当竞争行为。

第十三条　经营者不得利用网络技术或者应用服务实施下列影响用户选择、干扰其他经营者正常经营的行为：

（一）未经用户同意，通过技术手段阻止用户正常使用其他经营者的网络应用服务；

（二）未经许可或者授权，在其他经营者提供的网络应用服务中插入链接，强制进行目标跳转；

（三）误导、欺骗、强迫用户修改、关闭、卸载或者不能正常使用他人合法提供的网络应用服务；

（四）未经许可或者授权，干扰或者破坏他人合法提供的网络应用服务的正常运行。

《送审稿》新设的不正当竞争行为之一，就是对于互联网环境中行为的规制。新行为的引入很好的体现了《反不正当竞争法》与时俱进的强大包容性。

腾讯与奇虎之间的3Q大战❶可谓是该条设立的背景之一。最高院在终审判决中指出，奇虎专门针对QQ软件开发、经营扣扣保镖，以帮助、诱导等方式破坏QQ软件及其服务的安全性、完整性，减少了被上诉人的经济收益和增值服务交易机会，干扰了被上诉人的正当经营活动，损害了被上诉人的合法权益，违反了诚实信用原则和公认的商业道德。同时还进一步指出，经营者采取哪一种商业模式，取决于市场竞争状况和消费者选择。❷

该案体现了法院对互联网环境下市场规范与自由竞争的平衡，同时也反映出技术进步所致不正当竞争行为的多样化需要法律亦能够体

---

❶ 最高人民法院（2013）民三终字第5号民事判决书。
❷ 最高人民法院（2013）民三终字第5号民事判决书。

现出与之相适应的包容度。此次《送审稿》第13条的规定正是反映了《反不正当竞争法》所具有的包容性特征。

三、结语

无论是对于知识产权的保护，还是对于市场竞争关系的维护，《反不正当竞争法》自诞生至今始终都扮演着十分重要的角色。《反不正当竞争法》以其高度的灵活性适应着变化了的市场竞争需求，不断适用于新的市场竞争行为和市场领域，迄今仍未到非修改不可的地步。❶这也许就是《反不正当竞争法》经历二十多年都未曾有所改变的原因。

国务院此次发布的《送审稿》，预示着《反不正当竞争法》修订的正式启动。无论《送审稿》中的内容与现行立法有多少变化，也不管最终修订的新《反不正当竞争法》会有多么不同，《反不正当竞争法》的立法本意，其所坚持的抽象性和包容性特征都不会改变。在"变与不变"之间，《反不正当竞争法》既维持了逻辑上的一致性，又适应了市场竞争的新发展和新需求，保持必要的与时俱进和生机活力。❷就是对我国《反不正当竞争法》最好的总结。

---

❶ 孔祥俊. 反不正当竞争法的司法创新和发展——为《反不正当竞争法》施行20周年而作［J］. 知识产权，2013（11）.

❷ 孔祥俊. 反不正当竞争法的创新性适用［M］北京：中国法制出版社，2014：265.

关于商标侵权刑事维权问题研究

赵文卿*

Research on Enforcement of Rights of Trademarks against Trademark Infringements through Criminal Proceedings

Zhao Wenqing†

摘要： 本文主要从商标权利人维权的角度，分析了在商标权利人选择通过刑事程序维权时可能涉及的罪名的犯罪构成和适用条件，并根据实际案例对商标权利人在通过刑事程序维权过程中应注意的事项提出建议。

关键词： 商标侵权　刑事犯罪　证据

一、通过刑事程序对商标侵权行为进行维权的总述

对于商标权利人来说，打击仿冒品的最终目的在于制止仿冒品的继续生产销售，并对其他可能生产销售仿冒品的人产生震慑作用，从而防止仿冒品在市场上再次出现。为了达到这一维权目的，商标权利人往往更倾向于选择通过刑事程序追究制假者刑事责任的方式的维

---

* 华诚律师事务所律师。

† Lawyer of Watson & Band Law Offices.

权，这是由于刑事责任将涉及犯罪嫌疑人的人身自由，能够给制假者带来更大的威慑。但同时，也正是由于刑事责任涉及犯罪嫌疑人的人身自由的特点，在法律上的判断标准和适用条件更为严格。

根据我国《刑法》规定的"罪刑法定"原则，只有当犯罪嫌疑人的行为完全满足了《刑法》所规定的犯罪构成要件时，司法机关才能对其定罪量刑以追究其刑事责任。而根据我国《刑法》规定的"无罪推定"原则，证明犯罪嫌疑人/被告人构成犯罪的举证责任在公诉方/自诉方。

因此，必须对商标侵权行为可能涉及的罪名及其构成要件进行分析和明确。

二、各罪名的犯罪构成与适用条件

根据我国《刑法》的规定，规制未经注册商标所有人的许可而仿冒产品的商标侵权行为可能涉及的罪名包括第213条"假冒注册商标罪"、第214条"销售假冒注册商标的商品罪"及第215条"非法制造、销售非法制造的注册商标标识罪"。下面分别就上述罪名进行分析和讨论。

1. 【假冒注册商标罪】

第213条 未经注册商标所有人许可，在同一种商品上使用与其注册商标相同的商标，情节严重的，处三年以下有期徒刑或者拘役，并处或者单处罚金；情节特别严重的，处三年以上七年以下有期徒刑，并处罚金。

根据本条规定，构成本罪应具备以下条件：

（1）行为人使用他人注册商标未经注册商标人许可。"注册商标所有人"，即商标注册人。在我国，凡依法提出商标注册申请，并经商标局核准的商标注册申请人即成为注册商标所有人。本条规定的"未经注册商标所有人许可"，是指行为人使用他人注册商标时，未经注册商标所有人同意。

所谓使用，是指将注册商标或者假冒的注册商标用于商品、商品包装或者容器以及产品说明书、商品交易文书，或者将注册商标或者假冒的注册商标用于广告宣传、展览以及其他商业活动等行为。

（2）行为人在客观上要实施了在同一种商品上使用与他人注册商标相同的商标的行为，即①与权利人的注册商标相同，并且②使用该注册商标的商品与注册商标的核定使用商品构成"同一种商品"。因此，如果行为人在同一种商品上使用与他人注册商标近似的商标，或者在类似商品上使用与他人注册商标相同的商标，或者在类似商品上使用与他人注册商标近似的商标，均属商标民事侵权行为，不构成本罪。

关于如何认定仿冒品的商标与权利人的注册商标相同的问题，根据《最高人民法院、最高人民检察院关于办理侵犯知识产权刑事案件具体应用法律若干问题的解释》的规定，刑法第213条规定的"相同的商标"，是指与被假冒的注册商标完全相同，或者与被假冒的注册商标在视觉上基本无差别、足以对公众产生误导的商标。具体来说，具有下列情形之一的，可以认定为"与其注册商标相同的商标"：

（1）改变注册商标的字体、字母大小写或者文字横竖排列，与注册商标之间仅有细微差别的；

（2）改变注册商标的文字、字母、数字等之间的间距，不影响体现注册商标显著特征的；

（3）改变注册商标颜色的；

（4）其他与注册商标在视觉上基本无差别、足以对公众产生误导的商标。

而关于如何认定"同一种商品"的问题，根据2011年《关于办理侵犯知识产权刑事案件适用法律若干问题的意见》的规定，名称相同的商品以及名称不同但指同一事物的商品，可以认定为"同一种商品"。"名称"，是指国家工商行政管理总局商标局在商标注册工作中对商品使用的名称，通常即《商标注册用商品和服务国际分类》中规定的商品名称。"名称不同但指同一事物的商品"，是指在功能、用途、主要原料、消费对象、销售渠道等方面相同或者基本相同，相关公众一般认为是同一种事物的商品。认定"同一种商品"，应当在权利人注册商标核定使用的商品和行为人实际生产销售的商品之间进行比较。

曾办案件及启示

在我们曾经办理过的仿冒品刑事案件中，发生过因制假者的行为未同时满足（1）"在同一种商品上"（2）"使用相同的商标"这两个条件，法院最终没有认定制假者构成刑事犯罪，案情简要如下（所涉公司及商标以"A公司""AB"商标代称）：

A公司注册了"AB"文字商标，核定使用商品包括A商品；同时注册了"○AB"商标，核定使用商品包括B商品。两个注册商标的文字相同，区别仅在于后者多了一个图形。A公司在实际使用中，在A商品上使用了"○AB"商标，之后遭到了他人仿冒。A公司对仿冒者通过刑事程序对仿冒者采取了维权措施，在案件进入法院刑事审判阶段时，法院认为"仿冒者的行为是在A商品上使用了'○AB'商标，就'AB'文字商标而言，虽然仿冒品与华诚公司的产品构成同一种商品，但商标并不构成相同商标；就'○AB'商标而言，虽然仿冒者使用的商标与'○AB'商标相同，但是A商品与'○AB'注册商标核定使用的B商品不构成同一种商品"，最后法院没有认定仿冒者的行为构成假冒A公司注册商标罪。

该案不仅极具代表性地展示了假冒注册商标罪必须满足的两个犯罪构成要件，同时也给予权利人以启示：仿冒者在生产仿冒产品时往往是直接依照权利人的使用方式进行仿冒的，因此权利人自己使用商标时就应注意严格依照注册的内容使用，如权利人自己使用不规范，可能导致仿冒者的行为（仅能构成民事侵权）反而不能满足假冒注册商标罪的构成要件。

（3）行为人即使实施了上述行为，也必须达到"情节严重"。这是区分罪与非罪的界限，也是决定刑事程序能否启动的关键之一。根据最高人民检察院、公安部《关于公安机关管辖的刑事案件立案追诉标准的规定（二）》，未经注册商标所有人许可，在同一种商品上使用与其注册商标相同的商标，应予立案追诉的情形包括：

a. 非法经营数额在五万元以上或者违法所得数额在三万元以上的；

b. 假冒两种以上注册商标，非法经营数额在三万元以上或者违法所得数额在二万元以上的；

c. 其他情节严重的情形。

根据上述规定，判断本罪情节轻重采用了"非法经营数额"和"违法所得数额"两种标准并行的机制。这里出现了"非法经营数额"和"违法所得数额"这两个不同的概念。

关于"非法经营数额"，根据《最高人民法院、最高人民检察院关于办理侵犯知识产权刑事案件具体应用法律若干问题的解释》第12条规定，"'非法经营数额'，是指行为人在实施侵犯知识产权行为过程中，制造、储存、运输、销售侵权产品的价值。已销售的侵权产品的价值，按照实际销售的价格计算。制造、储存、运输和未销售的侵权产品的价值，按照标价或者已经查清的侵权产品的实际销售平均价格计算。侵权产品没有标价或者无法查清其实际销售价格的，按照被侵权产品的市场中间价格计算。"

而关于"违法所得数额"，参照《工商行政管理机关行政处罚案件违法所得认定办法》第2条规定，"工商行政管理机关认定违法所得的基本原则是：以当事人违法生产、销售商品或者提供服务所获得的全部收入扣除当事人直接用于经营活动的适当的合理支出，为违法所得。"以及《最高人民法院关于审理非法出版物刑事案件具体应用法律若干问题的解释》中，"违法所得数额"指获利数额的规定，可以认为"违法所得数额"指获利数额，也即"非法经营数额"减去实际经营成本后的金额。

在实践中，鉴于仿冒者的经营成本往往难以查清（比如没有查获仿冒者生产经营的账册或被查获的账册记录不规范、缺乏其他证据印证等），而对于"非法经营数额"的认定已有较为详细的规定，可操作性强，通常公安机关在侦查时会根据"非法经营数额"的标准判断仿冒者的行为是否构成犯罪。

2.【销售假冒注册商标的商品罪】

第214条 销售明知是假冒注册商标的商品，销售金额数额较大的，处三年以下有期徒刑或者拘役，并处或者单处罚金；销售金额数额巨大的，处三年以上七年以下有期徒刑，并处罚金。

构成本条规定的犯罪，应具备以下条件：

（1）行为人主观上必须是明知，即明知是假冒他人注册商标的商品仍然销售，从中牟取非法利益。行为人是否明知，是本罪与非罪的重要界限。适用本条规定时，必须有证据证明行为人明知其销售的商品是假冒他人注册商标的商品，如果行为人不知是假冒注册商标的商品而销售，不构成犯罪。

实践中，主要从以下几个方面认定或推定行为人是否明知：

1）知道自己销售的商品上的注册商标被涂改、调换或者覆盖的；

2）因销售假冒注册商标的商品受到过行政处罚或者承担过民事责任、又销售同一种假冒注；

3）伪造、涂改商标注册人授权文件或者知道该文件被改造、涂改的；

4）行为人曾被告知所销售的商品是假冒注册商标的商品；销售商品进货价格和质量明显低于市场上被假冒的注册商标商品的进货价格和质量；

5）非从正常渠道取得商品后销售的；

6）根据行为人本人的经验和知识，能够知道自己销售的是假冒注册商标的商品；

7）其他能够推定行为人知道是假冒注册商标的商品的情形。

（2）行为人在客观上实施了销售明知是假冒注册商标的商品的行为。这里的"销售"应是广义的，包括批发、零售、代售、贩卖等各个销售环节。"假冒注册商标"，是指假冒他人已经注册了的商标。如果将还未有人注册过的商标冒充已经注册的商标在商品上使用，不构成本条规定的犯罪，而是属于违反注册商标管理的行为。

本罪与"假冒注册商标罪"的关系

本罪与"假冒注册商标罪"在"假冒注册商标"行为的判定标准上是一致的，即"未经注册商标权利人许可，在同一商品上使用相同的商标"，而在具体的行为表现上，本罪仅适用于"明知并销售"的行为，而"假冒注册商标罪"适用于在假冒商品上"使用"注册商标的行为，包括生产、宣传、销售的各个环节。因此，"假冒注册商标罪"涵盖的犯罪行为外延大于本罪的外延，在假冒产品的生产者和销售者为同一主体时，应当适用"假冒注册商标罪"的有关规定。这一点在《最高人民法院、最高人民检察院关于办理侵犯知识产权刑事案件具体应用法律若干问题的解释》第十三条中亦有明确体现。

而从权利人的角度来说，最先发现的仿冒行为往往是仿冒品的销售行为，在这种情况下，如果权利人急于维权，仅根据发现的仿冒品销售的情况启动刑事程序，则有可能打草惊蛇，最终仅仅追究了仿冒者部分的犯罪行为，打击仿冒品的效果可能会打折扣。因此，在拟定通过刑事程序打击仿冒者的计划时，建议先尽量通过前期调查来确认假冒产品的生产情况，如能够确定销售假冒产品的仿冒者同时也是假冒产品的生产者的，在启动刑事程序时应根据其生产仿冒品的线索以"假冒注册商标罪"全面地追究仿冒者生产、宣传、销售仿冒品的刑事责任，以达到断绝相应的仿冒品的再生产的目的和效果。

（3）销售金额必须达到数额较大，才构成犯罪。这也是罪与非罪的重要界限。根据最高人民检察院、公安部《关于公安机关管辖的刑事案件立案追诉标准的规定（二）》，销售金额在五万元以上的；尚未销售，货值金额在十五万元以上的；销售金额不满五万元，但已销售金额与尚未销售的货值金额合计在十五万元以上的，应予追诉。

如果行为人销售的商品假冒了他人的注册商标，同时商品本身是伪劣产品，构成生产、销售伪劣商品罪的，应依照刑法规定的处罚较重的规定处罚。

本罪存在"犯罪未遂"的可能

根据最高人民法院、最高人民检察院、公安部发布的《关于办理侵犯知识产权刑事案件适用法律若干问题的意见》第8条，销售明知是假冒注册商标的商品，具有下列情形之一的，以销售假冒注册商标的商品罪（未遂）定罪处罚：

1）假冒注册商标的商品尚未销售，货值金额在15万元以上的；

2）假冒注册商标的商品部分销售，已销售金额不满5万元，但与尚未销售的假冒注册商标的商品的货值金额合计在15万元以上的。

与此对应，最高人民检察院、公安部《关于公安机关管辖的刑事案件立案追诉标准的规定（二）》，销售金额在五万元以上的；尚未销售，货值金额在十五万元以上的；销售金额不满五万元，但已销售金额与尚未销售的货值金额合计在十五万元以上的，应予追诉。

根据上述规定可以看到，本罪的犯罪未遂主要针对的是仿冒者尚未将仿冒品销售或已销售部分金额不满5万元的情况，此时若其已销售金额与尚未销售的仿冒品的货值金额合计达到15万元的，则构成本罪的犯罪未遂，亦应当承担相应的刑事责任。

而在实践中，虽然权利人可以通过工商投诉或向公安机关举报，对销售仿冒品的门店进行查处，但是要证明仿冒产品已销售的情况往往是比较困难的。这是因为仿冒品的销售者往往不会留有较为完整的销售记录，即使查获相关销售单据或账册，其记录的形式也较为多样，很可能无法仅依据这些记录认定其确实销售了仿冒品的事实，以如下两种记录方式为例：

仅记录了销售产品的名称，无法判断产品上的商标使用情况；

（以"AB"商标为例）将销售的产品记录为"AB型产品"，由于对于此种记录亦可理解为该产品型号与AB正品相同，因此亦无法直接证明该"AB型产品"上确实使用了"AB"商标。

可见，工商部门或公安机关对销售仿冒品的门店进行查处以后，由于往往难以确认仿冒品的实际销售情况，难以根据构成本罪需要达到的销售金额5万元定罪，因此，公安部门很可能根据查获的仿冒品存货情况，采用构成本罪犯罪未遂的货值金额15万元进行处理，如货值金额未达到15万元则认为不构成犯罪。这种情况实际上提高了构成本罪所必须达到的金额标准，对于权利人来说显然是不愿意看到的，所以，权利人在拟定通过刑事程序打击仿冒者的计划时，应当尽量在前期调查中根据仿冒品销售门店的仿冒品来源确定仿冒品的生产情况，并对仿冒品的生产者采取法律行动，此时对于其生产仿冒品的行为是否构成犯罪，可以依据"假冒注册商标罪"所规定的非法经营数额5万元的标准对仿冒品生产场地查获的仿冒品进行估值和判断。

3.【非法制造、销售非法制造的注册商标标识罪】

第215条：伪造、擅自制造他人注册商标标识或者销售伪造、擅自制造的注册商标标识，情节严重的，处三年以下有期徒刑、拘役或者管制，并处或者单处罚金；情节特别严重的，处三年以上七年以下有期徒刑，并处罚金。

本条规定了两种行为。第一种是伪造、擅自制造他人注册商标标识的行为。第二种是销售伪造、擅自制造的注册商标标识的行为，下面分别进行分析。构成本条规定的犯罪，应具备以下条件：

（1）构成这一犯罪，行为人必须实施了伪造、擅自制造的行为。"伪造"，是指按商标所有人的商标标识进行仿制的行为。商标标识本身就是假的。"擅自制造"，主要是指商标印刷单位在与注册商标所有人的商标印制合同规定的印数之外，又私自加印商标标识的行为。商标标识本身是真的。"商标标识"，是指在商品本身或者在商品的包装上使用的附有文字、图形或其组合所构成的商标图案的物质实体，如商标纸、商标的包装、装潢、服装上的商标织带等。而"销售"伪造、擅自制造的注册商标标识包括批发、零售，既包括在内部销售，也包括在市场上销售。

（2）上述行为，必须达到情节严重的程度才构成犯罪，这是罪与非罪的重要界限。根据最高人民法院、最高人民检察院《关于办理侵犯知识产权刑事案件具体应用法律若干问题的解释》，这里的"情节严重"包括如下情形：

（1）伪造、擅自制造或者销售伪造、擅自制造的注册商标标识数量在二万件以上，或者非法经营数额在五万元以上，或者违法所得数额在三万元以上的；

（2）伪造、擅自制造或者销售伪造、擅自制造两种以上注册商标标识数量在一万件以上，或者非法经营数额在三万元以上，或者违法所得数额在二万元以上的；

（3）其他情节严重的情形。

"情节特别严重"包括下列情形：

（1）伪造、擅自制造或者销售伪造、擅自制造的注册商标标识数量在十万件以上，或者非法经营数额在二十五万元以上，或者违法所得数额在十五万元以上的；

（2）伪造、擅自制造或者销售伪造、擅自制造两种以上注册商标标识数量在五万件以上，或者非法经营数额在十五万元以上，或者违法所得数额在十万元以上的；

（3）其他情节特别严重的情形。

根据以往的司法实践，"情节严重"还包括经工商行政管理机关处罚又非法制造、销售他人注册商标标识的；非法制造、销售已经注册的人用药品商标标识及造成恶劣影响等情况。

三、在商标侵权刑事案件中制作、提交证据的相关问题

对于权利人拟将移送刑事的案件，首先要通过公安机关的立案审查。立案审查，是指公安机关对已受理的立案材料进行核对调查，对线索进行甄别，依照规定的程序采取必要的调查措施，以确定是否达到立案条件的一项审查工作。就打击仿冒品这类知识产权刑事案件，立案审查的目的在于查证案件的线索是否属实，确认有无犯罪事实发生，分析、评判是否需要追究行为人的刑事责任。在立案审查中，一般要审查如下内容：其一，权利人的知识产权；其二，侵权方是否实施了侵犯权利人知识产权的行为；其三，该行为是否到达法定情节。

因此，就上述审查内容，权利人可以从以下几个方面准备材料和收集证据：

（1）权利人的知识产权证明，包括权利人的主体身份信息的证明。在仿冒商标的刑事案件中，最主要的权利证明即在中国国家商标局注册的商标注册证；

（2）侵权人的基本情况，即证明侵权人（侵权人为自然人）身份信息（如姓名、身份证号等）或（侵权人为法人）主体信息（如工商局登记的基本信息）的证据；

（3）侵权人何时开始使用仿冒品的证据，可根据前期调查的线索尽可能提供；

（4）制造/销售仿冒品的来源、去向、数量、价格及其成本价和违法所得的证据，可根据前期调查的线索尽可能提供；

（5）权利人被仿冒后的经济损失的证据，可初步根据权利人因仿冒品的出现而导致销售量减少所产生的损失进行统计。

（一）关于取证手段的选择

由于公安机关在立案后，应当进行侦查，收集、调取犯罪嫌疑人有罪或者无罪、罪轻或者罪重的证据材料。权利人在取证工作上，主要需要提供的是能证明犯罪事实存在的初步证据，使公安机关受案并立案。

（1）自行取证和委托取证

权利人可以自行取得一些易于取得的证据，但由于知识产权案件专业性较强，由权利人自行取证，想要对取证的方向和范围把握的十分准确会有一定的难度。一般说来，委托律师、打假公司、调查公司调查取证比自行取证方便，收集证据的范围也更加广泛、精确。

（2）申请公证机关进行证据保全

公证机关的业务之一便是"保全证据"。公证证据具有推定为真的效果。《民事诉讼法》第69条规定："经过法定程序公证证明的法律事实和文书，人民法院应当作为认定事实的根据，但有相反证据足以推翻公证证明的除外。"可见，公证机关对证据进行保全，其证据效力也较高。

（3）申请行政机关（工商部门或海关等）搜集证据

通过行政机关的行政查处，可获得权利人不便获得的数据（例如合同、账簿、侵权数量等材料）。在查处案件的过程中，行政机关人员可以根据需要依职权调查收集有关证据。可以查阅、复制与案件有关的合同、账簿等有关文件；询问当事人和证人；采用测量、拍照、摄像等方式进行现场勘验。在此过程中，权利人可以事先准备，引导工作人员的取证方向。

在当权利人发现有侵权嫌疑的货物即将进出口时，可向货物进出境地海关提出扣留侵权嫌疑货物的申请，借助海关对被扣留的货物是否侵权进行的调查及认定来保留相关的证据。

（二）关于行政机关的证据在刑事诉讼中的效力

《关于办理侵犯知识产权刑事案件适用法律若干问题的意见》第2条规定了关于办理侵犯知识产权刑事案件中行政执法部门收集、调取证据的效力问题。行政执法部门依法收集、调取、制作的物证、书证、视听资料、检验报告、鉴定结论、勘验笔录、现场笔录，经公安机关、人民检察院审查，人民法院庭审质证确认，可以作为刑事证据使用。行政执法部门制作的证人证言、当事人陈述等调查笔录，公安机关认为有必要作为刑事证据使用的，应当依法重新收集、制作。

之所以对行政执法机关收集、调取的证据作出上述区别对待，主要是因为证据的性质不同。行政执法部门依法收集、调取、制作的物证、书证、视听资料、检验报告、鉴定结论、勘验笔录、现场笔录，具有较强的客观性。而对于行政执法部门制作的证人证言、当事人陈述等调查笔录，由于取证的主体是行政执法部门，且属言辞证据，可变性较强，在办案中，公安机关认为有必要作为刑事证据使用的，则必须依法重新收集、制作。

在实践中，由于权利人的证人一部分是由打假公司、调查公司的人员或者侵权人的临近商户，进入刑事程序后，证人会有各方面的顾虑而选择放弃作证或与行政执法中的证言不一致。因此，权利人应采取有效措施，防止和应对证人的变化。

（三）制作鉴定书时的注意点

办理侵犯知识产权犯罪过程中多会涉及鉴定问题，权利人或其委托人在处理侵犯知识产权案件中出具的鉴定报告，没有严格的称谓限制，可称为鉴定书、鉴定结论、鉴定意见等。以假冒注册商标罪为例，构成此罪的两个关键问题：一是商品或标识属于假冒注册商标的商品或标识；二是非法经营额或者违法所得数额达到严重程度。在实践中，鉴定书中内容对应的分别是真伪鉴定、价格鉴定。

1. 真伪鉴定

（1）商标权利人或其委托人能否出具真伪鉴定意见

在侵犯商标权刑事犯罪案件中，商标权利人或其委托人出具涉案商品真伪鉴定的现象十分普遍。在公安机关、检察机关和审判机关的法律文书中，一般也以该鉴定书作为主要证据。这种做法的原因在于：

首先，根据日常生活经验法则，商标权利人对自己许可谁使用相关商标，生产者对自己商品具备哪些特性，以及涉案商品是否自己生产，有发言权，也有一定鉴别能力。所以，商标权利人或其委托人参与鉴定有其合理性。在仿冒品制造商假冒他人注册商标、厂名、厂址等情况下，权利人对这方面信息和产品的生产工艺、材质特征的掌握最直接、全面、准确，执法部门需要权利人出具这方面的鉴定结论来协助办案。

其次，权利人或其委托人进行真伪鉴定并非无法可依。在国家工商行政管理总局商标局《关于假冒注册商标商品及标识鉴定有关问题的批复》中规定，"在查处商标违法行为过程中，工商行政管理机关可以委托商标注册人对涉嫌假冒注册商标商品及商标标识进行鉴定，出具书面鉴定意见，并承担相应的法律责任。被鉴定者无相反证据推翻该鉴定结论的，工商行政管理机关将该鉴定结论作为证据予以采纳。"由于我国双轨制的处理方式，行政机关采纳的权利人或其委托人的鉴定意见，进入司法程序后也能作为一项重要的证据。

（2）商标权利人或其委托人真伪鉴定的范围

根据《关于假冒注册商标商品及标识鉴定有关问题的批复》，商标权利人或其委托人的鉴定范围是有限制的，范围限缩在"涉嫌假冒注册商标商品及商标标识"的鉴定，具体而言，可以包括：一是涉案商品是否自己生产，即对产品特性（包括产品成分、商品厂名、厂址等）真伪的鉴定；二是涉案商品上标注的相关商标或标志，是否经其许可使用，即对商标授权真伪的鉴定。这是因为部分产品特性大多属于生产企业最重要的商业秘密，其他任何单位和个人均无从知晓，而商标的许可使用情况，也只有企业自身最为清楚。

（3）真伪鉴定书是否因利害关系而不具有法律效力和证明效力

许多案件中，被告人除了会以商标权利人或其委托人不具有鉴定资质为由提出抗辩之外，还会提出鉴定人与被侵权人具有利害关系，鉴定意见不具有法律效力。不能否认的是，这种抗辩所依据的事实是客观存在的，然而，具有利害关系并不能直接否认该鉴定意见的法律效力和证明效力。

首先，从证据形式上，权利人或其委托人出具的鉴定书本质上并不属于刑事诉讼证据分类中的鉴定意见，而是属于当事人的陈述或证人证言。鉴定意见是指有专门知识的鉴定人对案件中的专门性问题进行鉴定后提出的书面意见，这就要求鉴定人必须是中立的，与案件无利害关系。而权利人或其委托人具有显而易见的利害关系，在主体上无法满足作为鉴定意见的要求。相反，由鉴定机构作出的鉴定意见则是构成诉讼证据分类中规定的鉴定意见。❶

所谓当事人的陈述，是指案件的直接利害关系人向人民法院提出

---

❶　最高人民法院、最高人民检察院、公安部《关于办理侵犯知识产权刑事案件适用法律若干问题的意见》第三条第2、第3款：公安机关、人民检察院、人民法院在办理侵犯知识产权刑事案件时，对于需要鉴定的事项，应当委托国家认可的有鉴定资质的鉴定机构进行鉴定。公安机关、人民检察院、人民法院应当对鉴定结论进行审查，听取权利人、犯罪嫌疑人、被告人对鉴定结论的意见，可以要求鉴定机构作出相应说明。

的关于案件事实和证明这些事实情况的陈述。所谓证人证言，是指证人以口头或书面方式向人民法院做出的对案件事实的陈述。可见，权利人或其委托人出具的鉴定书更应属于当事人的陈述或证人证言，其中，当鉴定书系商标权人自己做出时，其性质属于当事人的陈述；当鉴定书系商标权人委托授权的第三人做出时，其性质属于证人证言。

其次，从审判实践上看，除非明显不符合法定形式，法院是认可权利人或其委托人出具的鉴定书的，即使该鉴定书具有瑕疵，法院也会综合案件其他情况，而非否认该鉴定书的法律效力和证明效力。总结如下表：

案号	被告抗辩意见	法院观点
（2013）济阳刑初字第95号	公诉机关认定假冒注册商标的商品的鉴定证明及说明，系由山东营养源食品科技有限公司出具，而该公司既非法定鉴定机构，相关鉴定人员更无鉴定人员资格，且还是本案中的利害关系人，故该鉴定证明及说明不具有法律效力。	公安机关委托山东营养源食品科技有限公司对产品质量进行检测，并出具的鉴定证明，有失公允，程序违法，该鉴定证明不具有证明力。但从发货地点、购买价格、质量反映、证人的陈述以及山东营养源食品科技有限公司出具的说明，并结合被告人钟某某的供述与辩解，足以认定其所销售的系假冒的"鲜峰"牌香蕉催熟剂，而无需另行鉴定。

（续　表）

（2013） 东三法知刑 初字第8号	苹果公司与本案有利害关系，依法不能由其出具鉴定报告，且鉴定报告中没有相关有资质的鉴定人签名，鉴定报告存在重大瑕疵，不足以认定被告人生产的是假冒注册商标的商品。	出具鉴定报告的苹果电脑贸易（上海）有限公司苹果公司经商标注册人苹果公司（APPLEINC.）的确认及授权，具备充分知识和技能对是否假冒苹果公司的产品进行鉴别，……现其出具的鉴别报告客观完整，本院依法予以采纳。
（2013）鱼刑 初字第577号	贵州茅台酒股份有限公司及其打假人员均不具有鉴定资质，由其出具的鉴定意见不能作为定案证据使用。	商标真伪不同于一般的专门性问题，其属于商业秘密的范畴，注册商标所有人或授权使用人生产的商品各类性能标准只有其自己掌握，外人并不掌握，故由商标所有人或者授权使用人鉴定符合客观实际，对贵州茅台酒股份有限公司出具的鉴定意见，本院予以采纳。

（续 表）

（2014）汕中法知刑终字第1号	原审判决关于确定硒鼓和墨盒上商标真假的《鉴定报告》等证据存在严重瑕疵，不具有证明力；	经查，"hp"商标注册人惠普公司已出具《授权书》，授权创品公司的辜某生和蔡某鹏为其产品安全顾问，该顾问有权代表惠普公司提供准确合法的专家鉴定书。因此，创品公司出具的《鉴定报告》是具有证明力的，汕头市物价局价格认证中心的《价格鉴定结论书》根据创品公司的《鉴定报告》等材料及公安机关提供的相关物证作出价格鉴定结论，鉴定机关及鉴定人均具有法定资质，检材充足、可靠，鉴定程序符合法律法规的规定，鉴定意见明确，并不存在瑕疵。

（4）鉴定书内容须完整无误

作为鉴定过程的一个重要环节，鉴定书的制作质量直接影响到鉴定书的使用。质量不佳的鉴定书会带来严重的后果。在广东省广州市中级人民法院审理的刘某甲、彭某假冒注册商标罪一案中，被告人刘某甲雇佣被告人彭某，收购过期、废弃惠普牌硒鼓、墨盒，加贴其通过网上购买等方式获得的假冒惠普防伪标后重新包装出售，但原公诉机关并没有出示相关证据证实涉案物品为过期、废弃的物品，中联知识产权调查中心、中国惠普有限公司均在案发当日出具了鉴定证明，但证明内容只是笼统认定涉案物品为假冒惠普公司hp注册商标的产品，没有实物照片，没有对涉案物品逐一鉴别，且证明中的物品数量与扣押清单不一致，中国惠普有限公司在2013年10月31日出具的《说明》中认定本案所涉及的硒鼓墨盒产品包括六种情况，仍未对涉案物品逐一鉴别，广州市人民检察院在本院开庭审理时亦未能出示物证，因此，原公诉机关指控上诉人刘某甲、彭某构成假冒注册商标罪证据不足，不能认定上诉人刘某甲、彭某有罪。❶

在制作鉴定书时要注意其基本内容是否完善、是否存在遗漏、偏颇，只有具备上述内容要求，得到的鉴定结论才能采信。鉴定书中一般包括以下内容：鉴定产品、鉴定日期、鉴定过程、鉴定方式、分析说明、鉴定结论、鉴定人和鉴定单位的签字盖章等，如果正品具有防伪标志，也可在鉴定书中列明。另外，仿冒品如能与正品对应，也应一一列明对比图和正品市场价，这有助于价格鉴定，确定犯罪金额。以下为某地行政机关人员推荐的一份《鉴定书》，供参考。

《鉴定书》

委托单位：

委托日期：×年×月×日

委托事项：对被查获产品进行真伪鉴定

鉴定产品：按序号、产品名称、图片、产品号、数量列表

鉴定日期：×年×月×日

一、鉴定过程：

1. 我公司，Y（中国）公司，地址x市x路x号。我公司是Y公司的独资子公司，受母公司Y公司委托办理对Y商标在中国境内保护事宜，包括对Y公司产品真伪做出鉴定。

Y公司在国际分类第7类上注册了Y注册商标，指定产品包括空气

---

❶ （2014）穗中法知刑终字第8号刑事判决书。

压缩机及其零部件等。x年x月x日，贵局依法对位于x市x制造厂进行了执法检查。我公司就贵局查获的带有Y商标的上述产品进行了鉴定。

2. 鉴定方式：通过实物的外观对比方式进行鉴定。

二、分析说明（分别对每一产品进行对比说明）

例：产品88290003-111对比说明

查获产品金属网是白色的、菱形网格。Y公司产品的金属网是黑色的、圆形网格。

查获产品的密封条紧贴内圈。Y公司产品的密封条位于内外圈之间的中间位置。

查获产品金属底板喷漆。Y公司产品底板是金属本色。

查获产品金属底板有凸边。Y公司产品没有凸边。

查获产品的商标及产品号是由喷印的。Y公司产品的商标及产品号是激光打码的。

三、鉴定结论

综上所述，经我公司鉴定，被鉴定产品均非我公司生产的产品，是伪造我公司的产品。

我公司谨此声明，我公司及关联公司从未与×公司发生任何业务往来。同时，我公司从未以任何明示或默示的方式授权上述公司使用Y商标。

鉴定人：

鉴定人：

鉴定单位（章）：Y（中国）公司

授权签字人：

鉴定日：×年×月×日

2. 价格鉴定

进入刑事司法程序后，除了委托鉴定涉案商品的真伪之外，司法机关可能还会委托物价部门对涉案商品的市场中间价进行鉴定。根据《最高人民法院、最高人民检察院关于办理侵犯知识产权刑事案件具体应用法律若干问题的解释》第12条的规定，"非法经营数额"是指行为人在实施侵犯知识产权行为过程中，制造、储存、运输、销售侵权产品的价值。已销售的侵权产品的价值，按照实际销售的价格计算。制造、储存、运输和未销售的侵权产品的价值，按照标价或者已经查清的侵权产品的实际销售平均价格计算。侵权产品没有标价或者无法查清其实际销售价格的，按照被侵权产品的市场中间价格计算。

故在实践中，一旦遇到无法查实涉案商品的实际销售价格的情况，鉴定机构在在制作鉴定书中，除了注明涉案商品的真伪之外，还须注明涉案商品中是否有与正品相同或者相似的商品，以及此种正品的型号、图片等，物价部门将对这些有对应正品型号的涉案商品，进行市场中间价的鉴定。

四、小结

通过刑事程序对商标侵权行为进行维权，是一种通过国家公权力对于程度较重、涉嫌犯罪的商标侵权行为进行打击的维权手段。对于权利人来说如果能够成功启动刑事程序，通常可以对侵权人产生较大的震慑作用，使用不敢轻易再度实施侵权行为，从而取得较为明显的维权效果。

但是，在权利人借助国家公权力对侵权行为进行遏制的同时，亦必须保证权利人不会滥用其权利，因此，公安机关启动刑事程序进行商标侵权维权的部门，受案和立案标准较为严格，从权利人维权的角度来说，建议根据法律规定对侵权人可能涉嫌的犯罪罪名及其构成要件建立一个初步的预判，并在此基础上有针对性地准备相关证据和采取维权行动。而在制作、提交证据过程中，亦应当注意证据的内容和形式保持严谨，从而尽可能保证证据的有效性，提高通过刑事程序维权的成功率。

专利法研究

绿色专利法下的汽车零部件再制造问题研究*

郑友德**　谢小添***

Study on the Reconstruction of Auto Parts from the Perspective of Green Patent

Zheng Youde[†]　Xie Xiaotian[††]

摘要：汽车零部件再制造与再造的关系暧昧不清，现行专利法下的侵权判断也并未突破对私权过度保护的窠臼，使得专利侵权成为阻碍其发展的法律瓶颈。而国家政策层面却出台各种规定鼓励汽车零部件再制造的发展。专利法作为公共政策目标实现的工具，是否需要纳入环保节资理念以实现制度功能修复，绿色专利法又该作出怎样的制度安排，体现环境资源的利益诉求，促进汽车零部件再制造产业的可持续发展。

关键词：汽车零部件再制造　专利侵权　绿色专利法　环境保护

＊　本文系国家自然科学基金项目《我国清洁能源产业的绿色知识产权战略研究》（项目编号：71173080）的阶段性研究成果。

＊＊　华中科技大学知识产权与竞争法中心教授。

＊＊＊　中铁第四勘察设计院集团有限公司资本运营部雇员。

†　Professor of the Intellectual Property Rights and Unfair Competition Law Study Center of Huazhong University of Technology and Sciences.

††　Staff of the Financial Operation Department of China Railway Siyuan Survey And Design Group.

资源节约

一、问题的提出

随着环境保护与资源节约利益需求的扩张，实现废弃物循环再生利用的可持续发展模式已成为趋势。汽车保有量持续攀升，因汽车使用而耗损、报废的汽车零部件也随之增加，将废旧汽车零部件回收并加工制成再制造产品的市场缝隙逐步扩大，后汽车市场的竞争与利益分割异常激烈。然而大部分的汽车零部件，如发动机、离合器等，其本身或在组合发明项下受到发明专利、外观设计专利等排他性权利的保护，潜在或既存的专利侵权风险，势必成为阻碍汽车零部件再造产业发展的法律瓶颈。

虽然从环保节资的公共政策安排来看，废弃汽车零部件的循环再利用应当被鼓励，汽车零部件再制造也得到相关政策的扶持，但是专利法仅承认流通领域专利产品出售后的使用与再销售行为的适法性❶，因此，汽车零部件再制造的外在行为模式并未突破专利权的拘束力范围，不能直接依据《专利法》第69条关于专利权用尽之规定排除侵权。如何在保护专利权与环保节资的公共政策目标之间实现利益的平衡，专利法又该作出怎样的制度安排，是需要厘清的重要课题。

二、汽车零部件再制造与再造侵权的区别

由于再制行为的复杂性，再制造与再造的关系一直暧昧不清，致使再制造长期被放置于再造侵权的范畴内讨论，专利侵权判断误入歧途，因此有必要明晰二者的关系。国家发改委相关政策明确定义了汽车零部件再制造的概念：将废旧汽车零部件等进行专业修复的批量

---

❶　陈蕙君. 论专利产品再生利用与专利权保护之调和［J］. 铭传大学法学论丛，2011：1-40.

生产，使之能够达到与原有新品相同的质量和性能❶。而"再造❷"行为的概念可追溯至1961年美国最高法院Whittaker法官在"帆布车顶案"作出的经典定义，"专利产品整体报废后，实质制造了一个新产品的重新制造❸。"我国2003年最高人民法院的司法解释会议讨论稿❹也涉及再造，其将再造放置于制造的概念之下，并排除了物之使用目的的更换修理行为。二者在概念和行为本质上均具有很大的区别，具体如下。

1. 客体对象的不同

再造的对象范围较为宽泛，并不一定需要具备可循环利用性。而再制造的原材料具有可循环利用性，通常是报废的产品设备及其零部件，再制造的原材料一般符合循环经济理念，具有可再次利用的属性。如汽车离合器，即便其报废，其组件和原材料也具有可循环利用的价值。而美国认定为再造的"棉花捆扎带案"，涉及的金属片则不具有可循环利用的属性。

2. 主体资格的不同

从再造的主体来看，我国政策法规并未对其作出相应的限制性规定，任何民事主体均可能实施再造行为。而再制造的主体，依据发改委《汽车零部件再制造管理办法》，限定了14家汽车生产商和零部件再制造企业作为试点单位的市场准入资格。还具体规定了汽车零部件再制造商所应具备的资质，如技术装备和生产能力，技术质量标准和生产规范，污染防治设施的能力，检测旧部件性能的技术手段等。因

---

❶ 国家发展改革委等：《关于推进再制造产业发展的意见》，发改环资[2010]991号。

❷ 再造（Reconstruction），也有翻译为重作、重制等，《布莱克法律辞典》（第九版）将其定义为一个专利法上的概念："以制造一个新产品的方式，重建或修复一个已破损、不能再用的专利产品，从而导致侵权。"但在我国法律上并没有明确出现"再造"一词，通常作为与修理行为相对的一个概念而存在，即理论上的再造侵权行为。

❸ Aro Manufacturing Co. v. Convertible Top Replacement Co., 365U.S. 336(1961).

❹ 最高人民法院：《关于审理专利侵权纠纷案件若干问题的决定》（会议讨论稿），2003年10月。

此，如果不满足相关资格条件的主体从事汽车零部件再制造，因其不具备从事再制造的资质自然会受到相应的限制和行政处罚。

3. 工业流程与技术质量标准的不同

一般的再造行为，采用的简单的尺寸修复，表面工程和换件修理等为主，目的仅在于旧部件的功能恢复，采用的技术也是传统的机械工程制造技术。而绿色再制造，在旧部件回收后，需要经过清洁化的拆卸、清洗和检测等技术手段，并严格采用先进技术和产业化生产的手段，要以实现产品节能减排等绿色性能提高为目标，并将循环经济和理念贯穿在产品的整个生命周期中。工业流程和技术质量标准需要具有降低资源能源消耗和循环再利用等绿色特点。

4. 社会与环境效益的不同

再制造具有节约资源、环境保护的效益。与一般再造通常都是造成侵权不同的是，再制造还附属着诸多的社会效益。再制造采用先进的技术，对废旧产品进行再加工、再制造，使其恢复到产品相当或高于原产品的性能与质量的过程总和，比如在节能减排方面性能的提升。从循环经济论的角度，在减少能源消耗，节约资源以及环境保护等方面有着突出的社会效益，符合循环经济的"3R"标准。

5. 行为结果的不同

虽然二者关系暧昧不清，在行为模式上甚至具有高度的相似性，但再制造行为并不一定构成专利侵权。汽车零部件再制造的技术流程大致包括：对废旧汽车零部件的回收行为；对废旧汽车零部件的修理和更换行为；利用废旧汽车零部件的再加工、再制造的生产行为；再制造的零部件的销售行为等。虽然符合"专利产品整体报废后，实质制造了一个新产品的重新制造"的定义，且落入专利权利人在生产领域未耗尽的排他性范畴内，但其行为结果是否必然构成专利侵权呢？答案显然是否定的，除法定的不视为侵权的情形，在对其进行侵权判断时，至少还需经过权利要求比对，并进行利益平衡的分析和公共政策的考量。并非一概认定为侵权行为。

25

三、现行专利法下再制造侵权判断的困境

（一）专利权用尽适用范围的局限性

专利权用尽，是指专利产品首次销售后，专利权之排他效力不及于对该专利产品进行再销售和使用的行为。从专利权的内容看，专利权人的独占实施权主要包括有对专利产品的制造权、使用权、销售权、进口权和许可销售权等。专利权用尽的本质是对专利权的限制。因专利产品首次销售时，权利人已通过收取使用费的对价实现了利益，为保证流通市场的自由度和交易安全，专利法限制权利人重复收费的行为。但需要注意的是，权利人在生产领域的制造权并未被耗尽。因此，如果第三人以专利产品为对象，从事以生产经营为目的的制造行为，因该种独占性的权利仍然属于专利权人的权能范围，并且对专利权人造成实质性的损害，这种行为在专利权用尽的范围之外，就可能会构成专利权侵权。

关于专利权用尽的法律效果，根据我国专利法的规定，对于专利权用尽范围内的行为，属于法律拟制的不侵权，无需承担侵权责任，专利权人也无权对该行为加以限制。而对于专利权用尽范围外的再制造行为，是否就一定构成侵权呢？从我国《专利法》的规定来看，至少存在非生产经营目的、现有技术、先用权、临时过境、科学研究和实验、Bloar例外等不侵权和不视为侵权的情形。其次，依据《专利法》和《专利法实施细则》的规定，如果行为不满足专利侵权实质性要件，即被控侵权物"未落入权利要求保护的范围"，同样不构成专利侵权。此外，还可以通过专利权滥用的抗辩对抗专利权，以及基于契约行为否定侵权责任的承担等。

从汽车零部件再制造与权利用尽的关系来分析，只有部分再制造行为可以落入权利用尽范围内，如基于物之合理使用对的汽车零部件的更换修理，再制造商单纯的回收废旧部件行为等，可以获得法律拟制的不侵权。而再制造工业流程中的大部分行为，由于涉及到专利权人未耗尽的制造权，不能依据专利权用尽原则豁免侵权。可见，专利

权用尽原则的适用范围是有限的，并不能直接对非流通领域的再制造行为提供适法性依据。

虽然有部分学者提出，可以基于环境资源利益保护，并借鉴某些国家扩张专利权用尽适用范围的立法及司法趋势，对绿色再制造行为可以采取专利权绝对用尽。但是笔者认为，专利权用尽制度创立的目的是要对专利权加以限制，保证市场交易秩序。为什么权利人的制造权并未耗尽，因为制造过程涉及到对专利技术方案的接触，是专利价值的核心所在，侵权与否是需要更严格的专利侵权判断制度来调整的，专利权用尽原则的范围及效力不可能溯及。如果简单的从环境资源利益角度，就一律做出绝对的权利用尽制度改变，首先这不符合专利权用尽制度的趣旨和限制要求；其次，对于复杂专利侵权行为的分析从本质上仍然需要通过专利侵权理论的判断，才能实现专利制度的功能。虽然公共利益需要保护，但是专利法的目标是要实现权利人利益和公共利益的有机平衡，在能够不侵权的情况下去进行再制造行为。因此，专利权用尽适用范围的局限性并不能完全为汽车零部件再造侵权之豁免给予完整的法理支持，仍然需要从专利侵权理论的角度寻求出路。

（二）过分区分修理与再造的理论束缚

修理与再造的区分标准，已经成为专利侵权判断的固有套路，通过分析整合美国日本等国家判例确立的各种标准，进而将符合再造标准的行为归入侵权的行列，而将构成修理、类似修理的行为排除在侵权之外。但是，修理与再造标准的区分，本质上仍然是在分析是否在专利权用尽范畴内。换言之，专利法相关规定的立法趣旨并非因行为本身构成修理而豁免侵权，而是基于对专利权的限制法理，拟制专利权用尽范围内的行为不构成侵权。此外，由于二者的区分标准非常复杂，考虑因素较多，且没有统一标准，在司法实践中可操作性并不有利于司法裁判的统一性。因此，本文并不主张对修理和再造进行过多的区分，而应当回归专利法本身，以专利权用尽原则为中心，区分专利权用尽范围内和范围外的再制造行为，结合专利侵权法律规定和相关理论进行判断。

从美国的判例来看，修理与再造的法理基础仍然是专利权用尽理论，对基于物之合理使用目的或者其延伸的修理行为、类似修理行为赋予适法性的依据，而再造行为则将构成侵权。此外，对构成再造侵权除了原则性规定外，还从此后不同的案例中总结出综合考虑的相关因素和标准。

行为性质的判断：（1）以功能恢复为目的对专利产品损坏部件更换，构成修理；（2）改造原产品中不成熟的技术，构成类似修理；（3）将整体报废的专利产品通过重新组装的方式，最后变为一个新的产品，构成再造侵权。

判定修理与再造的综合考虑因素：（1）比较零部件与产品整体的寿命关系态样。当零部件是一种易耗品的情形，由于需经常更换，则为允许的修理行为；（2）被更换零部件占专利产品整体价值比重。如果零部件更换价值相当于重新购买整个产品，则应解释为再造；（3）更换零部件的难易程度。如果更换的程序和步骤是复杂的，使用的技术水平和加工过程与新的制造相当，则可能被认为是再造；（4）市场的需求情况。如果市场需求较大，说明其存在具有合理性，往往就不会构成再造，而是法律允许的修理行为；（5）专利权人之意图。如果权利人明知或承认其专利产品某部件需要更换，则偏向认定为修理。如果专利权人明确表示不同意第三人进行部件更换，则要根据具体案情判断，并不会直接因专利权人此意图而一概认定构成专利侵权。

笔者认为，关于修理与再造的区分，对本文研究的汽车零部件再制造问题并不具有现实的借鉴意义。因为再制造行为从行为的外在形式，与再造行为同样达到制造一个新产品的程度。其次，尽管出现类似修理行为豁免侵权承担的相关判决，但是正如前文所分析的，再制造行为与传统的制造行为有本质的区分，其合理性的本质意义在于对社会环境的正效应，将其简单的归属在类似修理的范畴不符合循环经济的利益诉求，不能体现再制造产业发展的价值。此外，美国法院判例确定的上述标准，虽然具有一定的参考价值，但是在适用时缺乏统一且具体的标准，往往都是依靠法官的自由裁量权所衍生。因为专利侵权判断的基础本来就应当以专利法的规定为基础，上诉标准仅是区分是否属于修理和再造，而即便构成再造也并不必然导致专利侵权。

因此，关于修理与再造标准的界定，以及理论界的过分区分不仅不能从根本上解决汽车零部件再制造问题，反而在理论上混淆了侵权的判断，实际上是将再制造侵权判断问题放置于传统再造侵权的窠臼，束缚了对该问题的研究。

（三）汽车零部件再制造专利侵权判断的复杂性

1. 专利权利要求比对过于原则

我国《专利法》第11条规定了直接实施侵犯专利权的行为，"未经专利权人许可，以专利产品或专利方法为对象，进行制造、使用、许诺销售、销售和进口等实施行为"。在司法实践中，又分为形式要件和实质要件，实质要件即实施行为是否属于专利权的范围。根据我国《专利法》第56条第1款规定，应当以专利权利要求的内容为依据，确定专利权的保护范围。需要对比被控侵权物与专利物的技术特征，分析再制造产品是否落入原专利产品之专利权利要求的范围内，只有仍然落入专利权利要求的范围内才有可能构成专利侵权。而专利权利要求一般以说明书及附图为载体，在具体解释时，根据最高人民法院《关于审理侵犯专利权纠纷案件应用法律若干问题的解释》，我国采纳了字面侵权与等同侵权相结合的折衷解释原则。在具体侵权判断时，立法和司法实践确立了等同原则、全面覆盖原则、禁止反悔原则、多余指定原则和捐献规则等标准。由于汽车零部件再制造行为的复杂性，根据上述原则进行侵权判断时专业性强且过于原则。

根据等同原则，如果再制造零部件属于对专利权利要求载明的全部必要技术特征的等同替代，则构成专利侵权。比如一项关于汽车减速器装置的技术方案，该装置的齿轮构造是其创新所在，如果该减速器装置报废后，再制造企业对其进行修复，在比较二者技术方案时，即便再制造产品只是将齿轮的储油槽的深度稍作更改，以略微提升其润滑性能，而其余的技术特征相同。在侵权判断时，就会因为该技术方案在机械领域的普通技术人员看来，是无需经过创造性劳动就可以想到的。因此，如果没有其他抗辩事由，这种类似功能修复型的再制造行为仍然会构成专利侵权。

在全面覆盖原则下，对于封闭专利权利要求形式的组合专利，当被控侵权物包含了原专利权利要求载明的其他技术特征，会因专利技术特征并未被全面覆盖，专利权的保护范围不能对其产生拘束力❶。具体到汽车零部件再制造侵权的判断中，首先应当将再制造零部件与原专利产品进行比对，只有再制造产品包含了原专利产品的全部技术特征，才可能构成专利侵权；其次，因专利权人一般仅对汽车整车申请组合专利，而对于零部件或者零部件中的部件往往是没有单独申请专利的，而再制造的零部件往往在功能或者性能方面有改良和提升，如通过再制造实现节油减排的功能改良等，因此，如果再制造的零部件在原有技术特征基础上包含了其他的技术特征，因为没有覆盖原专利方案的全部技术特征，则没落入专利权的保护范围，不构成专利侵权。

禁止反悔原则是避免专利权人为获得专利授权而将权利要求做较窄的解释，但是侵权诉讼中却将权利要求扩大解释，此乃基于专利权人先行不当行为之惩戒，如果专利权人无此种不当行为，该原则无从适用；其次，专利权人明示放弃保护的内容，一般不是专利的核心技术特征，汽车零部件再制造的过程如果涉及到专利权人未明确放弃的技术内容，仍然会落入专利权保护范围，进而构成专利权侵权。

综上所述，专利权利要求比对，虽然在现行立法和司法实践中对专利侵权判断具有不可取代的作用，但是由于其专业性太强，且过于原则，没有考虑和衡量汽车零部件再制造行为的复杂态样，行为外延所涉公共利益等因素，会把某些不该构成侵权的行为视为侵权，而对

---

❶ 孔祥俊，王永昌，李剑．《关于审理侵犯专利权纠纷案件应用法律若干问题的解释》的理解与适用，［J］．人民司法，2010（2）．

某些刻意规避侵权的行为予以忽视。

2. 专利间接侵权适用的困难

通过权利要求比对，一般只有在被控侵权物或方法完全再现了专利权利要求所载明的所有技术方案之每一项技术特征，并且技术特征之间需要一一对应，才可能认定构成专利侵权。可是现实中，存在如专利权人仅对整车享有组合专利，对其中的零部件并不具有专利权等情形。因此，依据全面覆盖原则，很难完全满足专利权利要求范围所要求的要件，并且也存在将专利产品拆分成几个部分再组合在一起等规避专利直接侵权的行为，根据现行专利法无法进行直接侵权的认定。

为了修复专利侵权制度的功能性缺陷，进而更加充分的保护专利权。国外部分国家采用了"间接侵权"理论或制度。就间接侵权发展最早和最完善的美国而言，《美国专利法》第271条和法院的判决主要派生出"帮助侵权"和"诱导侵权"两大规则，而"实质性非侵权用途"标准，即产品生产的唯一目的是否用于侵权，更是被美国法院一直坚持和完善作为判断行为合法与否的原则性标准。

然而间接侵权理论在我国的适用仍然存在两方面的问题。首先，我国虽然在司法实践中出现了大量间接侵权的案例，但却始终没有出现间接侵权的相关法律制度。法院对于这类案件的处理，基本也是回归到民法上的共同侵权理论，因此部分学者从解释论的角度否定了间接侵权立法的必要性。其次，关于间接侵权独立说与从属说的分歧。从属说认为需要直接侵权行为的成立才能认定间接侵权存在的可能。一般情况下，构成直接侵权的前置要件是"以生产经营为目的"的成立，而专利产品使用者基本是出于个人使用之目的的更换零部件，几乎很难认定使用者直接侵权责任的成立，因此根据从属说，间接侵权也不可能构成。

虽然美国和日本等国家在立法和司法实践中都逐渐摒弃了从属说，即认为间接侵权的成立不以直接侵害的存在为前提，这确实是更全面的保护了专利权人的权利，也克服了现行专利法的功能性缺陷，有利于激励创造。但是，对专利权保护范围的这种扩张，权利的延伸，是否会侵害到公共利益，怎样找到二者的平衡点，仍然是需要进行利益的衡量与考虑的。

四、汽车零部件再制造专利侵权判断的路径

从现有文献和研究内容来看，主要都是以美日判例出发，通过构建修理与再造的区分标准来判断侵权与否。在域外司法实践尚未确立统一标准，仍需结合个案的多因素分析背景下，盲目的借鉴和引用不仅不能从根本解决侵权判断的思路，落入传统套路的窠臼反而闭塞研究的视野。因此笔者认为，关于汽车零部件再制造是否侵犯专利权的问题，应当重构侵权判断的路径。

（一）将环保节资理念纳入专利法

1.环保节资理念纳入专利法的必要性

（1）知识产权公共物品属性的内在要求

经济学上将物分为公共物和私有物，二者的区别在于私有物在使用和消费状态上具有排他性特征，而任何人对公共物使用并不会减损该公共物，也不会排斥他人享有该物之能力❶。知识产权因兼具二者之特征而具有特殊性。但知识产权客体非物质性的本质属性决定知识产权具有更多的公共物品的本质。知识产权不同于罗马法上区分的有体物和无体物，其作为抽象物基础上设定的权利，通过物化的知识产品为载体呈现知识。一旦产生并公之于众，是无法控制其被传播和复制的。与此同时就会出现搭便车的投机行为，导致市场失灵。因此，设立知识产权法律制度的目的就在于解决知识产权客体非物质性的公共物品本质，通过权利化的激励制度，赋予权利人期限内享有垄断性的排他权利，进而鼓励知识的创造和使用。但是，因为知识产权本质

---

❶ US Department Of Justice/Federal Trade Commission， Antitrust Enforcement And Intellectual Property Right: Promotion Innovation And Competition， 2007， P.4

上公共物品的属性，其在期限界面后便会回归公有领域，丰富和积累社会的知识数量，为社会创造更多的福祉；其次，则是基于社会公共利益的衡量会对权利加以限制，诸如合理使用制度、权利用尽制度等。

综上所述，专利权的本质属性决定专利制度创设发明人独占性的排他权，是为了实现公共利益的需求，激励的本质是要促进社会总体福祉的增加。因此，在环境保护、资源节约等公共利益诉求日益强烈的当下，专利制度需要发挥其内在的环保节资等绿色观念，及其公共物品的本质属性，为社会和全人类创造更大的福祉，实现制度本身的价值取向。

（2）专利法价值观的转变

专利法作为工业经济发展的产物，突出私权的保护从其产生就得到坚守。从近代专利法的制定来看，作为欧洲工业中心的威尼斯于1447年颁布的《专利法》，是服务于当时经济技术发展的工具；到英国1624年实施《专利垄断法规》，并将保护的客体限定为新的产品和制造方法，明确赋予专利权私权属性，契合了资本主义制度逐利性的需求；再到1790年美国制定《专利法》，均体现了专利权作为私权的权利本位主义❶。再到后期，随着经济发展模式的转变，专利权的过分垄断，私权保护客体的范围不断扩张，专利制度意识到此种排他性的垄断私权会损及社会的总体福祉。因此，各国现代的专利制度均强调专利法的利益平衡性，一般都采取了"垄断+公开"的制度模式，即赋予权利人期限内的排他权，期限届满则回归公有领域。除了期限性的限制，还制订了诸如权利用尽、强制许可、合理使用等对专利权私权属性的限制性规定。

面对环境污染、资源过度使用等现实情况，环境资源的利益诉求越来越得到重视，各国纷纷制定相关的法律，修改原有知识产权制度

---

❶ 柳福东，朱雪忠. 专利法的低碳观及其对技术创新的影响研究［J］. 情报杂志，2012（4）.

的一些不合理规定。很多国家也在专利制度安排上对环境资源保护的公共利益作出回应。专利法的价值观开始转向实现生态文明的社会功能。

（3）专利制度应对环境负面效应的功能修复

科学技术与社会经济发展推进了工业化的进程。与此同时，因为技术使用过程中忽视了环境利益的保护，给人类生存环境带来巨大的危害，地球有限的资源被掠夺性的消耗，生态环境日益被破坏并持续恶化。这种以牺牲环境利益的非理性的滥用行为，使得技术环境造成了负面影响。

作为规范技术发明的专利法也同样存在对环境的负面效应。专利法通过创设期限内的排他性权利，为发明人的创造活动提供诱因，专利权人可以获得市场先占利益，实现经济层面的趋利性。尽管专利法也强调其终极目的是希望通过诸如期限届满后，发明创造回归公有领域，实现社会的总体福祉。但是由专利权的私权属性所延伸的独占和排他性权利，专利权保护被过分强化，如果其价值导向忽略了环境因素，势必会对环境利益造成损害。如日本再生墨盒案，法院判决最终强调对专利权人的全面保护，但是却忽视了废旧墨盒本体以及残留墨汁的不当处理，会对环境带来不可逆转的破坏。再如本文所探讨的汽车零部件再制造，专利权人的权利固然应当保护，但是如果废弃零部件没有循环利用的市场机制，那么往往可能被直接弃置于人类生存的环境中，不仅会污染环境，更是对资源的浪费。面对这样的现实情况，一种更利于资源节约与环境保护，体现公共利益价值取向，同时也是国家政策所鼓励的产业行为，却被直接认定为侵权行为，显然是与公共利益相悖的。这就需要专利法应该对环境负面效益作出制度功能修复。

专利制度经历了一个从激励创新、公平正义到社会修复的嬗变。欧洲专利局在《未来知识产权制度的愿景》阐明，面对全球危机，专利制度应当有效化解社会对技术依赖以及体制风险的威胁，并且更好地反应技术和社会的需求❶。面对社会出现的问题，专利制度应当通过对技术创新与人权保护之间的社会关系作出调整，起到对社会关系的修复功能。专利法基于破坏环境的负面性和公共利益需求的功能修复，主要来内在和外部两个层面的诱导因素。在内部，专利制度创设时就已考虑到利益平衡的机制，诸如《专利法》第5条对违背公序良俗和公共利益的发明创造予以否定；对专利权的限制的权利用尽、现有技术、bolar例外，以及强制许可实施制度等。从外部层面看，现行专利法忽视的环境因素，仍然需要借助专利制度本身，并结合公共政策作出相应的功能修复。

专利权的行使绝对不会是以牺牲环境利益来实现。汽车产品从生产、使用到报废整个周期都会对环境带来负面效应，如果专利法对其视而不见，极致地固守专利权的私权属性，这是与专利法的价值导向与社会功能相悖的。只有作出相应的功能修复，才能寻求权利保护、经济利益和环境利益的平衡。

2. 环保节资理念纳入专利法的可行性

（1）法律生态化的演进

物质生活变迁会影响人类价值观念的转变，而法律制度也会做出相关的回应。面对资源的掠夺性消耗和环境污染、日益严重，"人类中心主义"的伦理观，已经无法保障人类生存所需资源的持续供给，人们意识到不应当在资源掠夺的过程中成为纯粹的受益者，开始不断审视生态环境所发挥的正能量，注重人与自然发展的协调。人类此种观念的转变，在法律制度安排层面所体现出来的，就是法律生态化理念的不断演进。

法律生态化作为环境伦理观念的发展模式，其本质是将环境等生态观念体现在法律制度中，实现环境公平正义的价值取向，实现以生态环境为中心的跃迁。法律生态化遵循的是生态本位观，强调法律制

---

❶ 欧洲专利局（EPO）. 未来知识产权制度的愿景［M］. 北京：知识产权出版社，2008.

度应当通过权利的合理配置，尽可能减少环境利益同其他个体利益的冲突。法律生态化理论逐渐在立法层面得到反映，并在部门法学中得到具体彰显，世界各国也纷纷通过法律制定契合环保利益诉求。而专利法的生态化，即将环境资源等因素纳入专利法中，也正是在法律生态化的演进中不断彰显其价值。

绿色专利法作为法律生态化演进的具体体现，其旨在通过制度安排来促进绿色技术的研发推广，应对气候变化等环境问题。从国外实践来看，包括快速通道、可专利性绿色标准、绿色共享机制和激励制度等。而关于专利侵权的救济，如将环境资源因素作为侵权抗辩的事由等，研究还比较缺乏。但是，专利侵权制度作为绿色专利制度的具体内容，为了应对环境污染和资源消耗等公共问题，同样应当在制度安排中体现环保节资的理念。

（2）专利法与环境政策的功能耦合

专利法生态化作为法律生态化的演进形式，需要专利法与环境政策实现有效的对接，实现经济效益、社会效益和环境效益之间的协调。考虑环境等绿色因素的绿色知识产权制度不仅在国内外理论研究中已经具备一定基础，在美国、日本等国家的知识产权制度中也有相关的制度安排。由此可见，知识产权法与环境政策其实可以实现有机的统一，符合环保节资时代的需求。

虽然环境法和专利法作为不同的部门法调整着不同的社会关系，规范的手段也不尽相同，甚至有时会存在矛盾。但是专利法作为实现公共政策的一种工具，可以利用环境政策的目的导向性，与环境政策有效对接。环境政策的目的在于协调经济的发展和环境保护的矛盾，实现人类社会的可持续发展。而从专利法的角度来看，技术的发展会给环境带来损害，因此社会需要发展节能减排技术，来避免对环境的负面效应。而强调环保节资不仅能够激励节能减排等绿色发明的创造，给发明人提供积极的诱因，进而推进技术的进步，实现产业经济的发展。同时，基于环保节资激励制度下所创造的技术，本身也可以给人类社会带来福祉，缓解环境资源和人类社会发展的矛盾，推进可持续的发展❶。因此，虽然专利制度具有注重私权保护的一面，但从本质上讲，并不会表明专利制度是排斥环保节资的，相反，二者可以通过有效的平衡机制，实现协调的发展，并相互补充，最终实现专利法调和权利人垄断利益和公共利益的愿景。

相比环境政策规制的事先预防，事后控制的机制，行政力量的介入也显得更具有强制性，但也正因为行政管制的不足，才会诱发诸多的环境污染，资源浪费的情况。与此而言，专利制度将环境资源因素考虑在内，可以实现二者的互补性。由于二者的目的导向并不存在矛盾，甚至在共同应对环境问题，实现生态文明中趋于共同的目标。因此，专利制度可以补充对环境技术的风险防范和控制，同时，将环境政策强调的资源节约与环境保护因素纳入专利制度，实现专利制度作为公共政策的一种价值取向，如避免污染环境，浪费资源的技术获得专利权，对于具有循环利用价值的专利产品，应通过制度安排鼓励相关技术的推广和应用，在专利侵权的判断和救济中实现人类社会的总体福祉。

（3）立法与司法实践考虑环境资源因素的趋势

在环境日益破坏和资源耗竭的现实情况下，环境资源利益作为人类赖以生存的基本人权，与专利制度自身蕴含的环保节资导向是不存在矛盾的。相反专利制度会与环境政策的安排在制度功能上产生契合。

将环境因素纳入专利制度，在国际公约和发达国家立法中已有实践。比如，TRIPS协议就规定了环保问题。TRIPS协议第7条，说明知识产权保护的目的在于促进技术革新和传播应用，最终是要有利于经济和社会福祉，实现生产者和使用者利益的平衡；第8条第2款则指出，为了维护公共利益，可以采取必要措施防止知识产权的滥用；第27条规定，成员国可以维护公共利益，避免环境严重损害，不授予

---

❶　参见金明浩，闫双双，郑友德. 应对气候变化问题的专利制度功能转变与策略［J］. 情报杂志，2012（4）.

专利权。从TRIPS协议的规定来看，作为私权的知识产权虽然需要保护，但损及环境的保护，资源的节约等关于人类社会福祉的利益问题时，是可以对专利权加以必要限制的。此外，绿色专利制度，如加快绿色专利审查、可专利性绿化以及绿色专利共享等，在欧盟等发达国家已经萌发。国际公约和域外立法所蕴含的环保节资内涵，说明环境资源因素是可以被纳入专利法的。

世界保护知识产权协会（AIPPI）在2008年关于环保时代的专利权用尽问题的问卷调查❶显示，多数国家的法律制度都将环境资源因素纳入考虑范畴。如法国明确环境保护因素应被纳入专利侵权的考虑。在法国宪法关于环保的章节以及欧盟关于废品和各种产品回收所制定的相关指令，都是为了促使经营者考虑到新的生态环境问题。美国的各个州都有回收利用法律，法律注重回收利用的环保和资源节约价值，并且在1994年就已经将打印机墨盒等专利产品的再生利用纳入环境保护法之中。而在欧洲，欧盟于2002年通过的《电子垃圾回收法律》，明确拒绝一次性的打印墨盒，禁止打印机生产商在墨盒中加入一体化芯片，妨碍墨盒的循环利用。日本已制定了诸如《促进资源有效利用法》《关于建立物料友好循环型社会基本法》《垃圾处理与公共清洁法》等回收利用法律。此外，瑞典组建议协调排他性权利与环境、社会、经济或其他关于建立理想的生态社会相关政策之间的平衡。

在司法实践中，更是出现将环境因素纳入专利侵权制度的判决。比如2006年美国普锐斯公司诉日本丰田汽车公司一案。德克萨斯州法院虽然经陪审团确认丰田汽车公司混合动力汽车是侵犯了普锐斯公司专利的这一事实，判定构成专利侵权；但是更为重要的是，在侵权责任承担方面，法院考虑了环境因素，认为丰田公司混合动力汽车有利于环保产业的发展，给消费者带来巨大的福利，因此，法院最终援引

---

❶ Shoichi Okuyama, Jochen Bühling: Question Q205 Summary Report: Exhaustion of IPRs in cases of recycling and repair of goods, AIPPI, 2008.

公共利益，否定了停止侵权责任的承担（永久性禁令），而是判决支付许可使用费。之后联邦巡回上诉法院于2007年驳回了普锐斯公司的上诉，实际上也是认可了地方法院的此种判决。就我国而言，湖北省高级人民法院对一起商标侵权案❶作出终审判决，法院就该案认为停止侵权目的之实现，仅需对被控侵权产品上的被控侵权标识进行剔除即可实现，所以无需采用销毁的方式，否则不仅造成资源浪费和环境污染，而且销毁的成本也是高昂的。最后一审和二审法院都没有支持原告提出的销毁被控侵权产品的请求。

（二）基于公共政策的综合考量

1. 知识产权法的政策目的导向

在政策科学的视阈下，公共政策是指，"以政府为主导的公共机构，在一定时期内为实现特定目标，通过政策成本与政策效果之比较，对社会中的公私行为所作出的具有选择性的指引和约束，其通常表现为一系列的法令、条例、规划、计划、措施等❷"；从国家层面而言，"知识产权制度是一个社会政策的工具"。知识产权的制度选择和安排需要国家根据现实发展状况和未来发展需要所作出❸。英国知识产权委员会对知识产权本质属性分析中指出，"无论对知识产权进行怎样的称呼，都应当将其视做公共政策的一种手段，授予私人或组织机构某些经济特权，是为了实现更大的公共利益，而这些排他性的特权并非目标本身，而只是实现目标的一种手段❹。"

我国《专利法》开篇阐明专利制度的趣旨，授予专利权之目的在于，通过激励创造发明，促进科学技术创新与推广，进而实现社会经

---

❶ 关文宝、东莞宏利木品厂有限公司诉浙江武义宇亨门业有限公司、胡月亮侵犯商标专用权及不正当竞争纠纷案。参见湖北省高级人民法院（2011）鄂民三终字第114号民事判决。

❷ 吴鸣. 公共政策的经济学分析［M］. 长沙：湖南人民出版社，2004（4）.

❸ 吴汉东. 知识产权本质的多维度解读［J］. 中国法学，2006（5）.

❹ 英国知识产权委员会. 知识产权与发展政策相结合委员会关于知识产权的报告，第6页。

济的发展。从经济学上关于成本效益的分析，选择公共政策来解决知识资源配置与知识财富增长的问题，较之于市场自发解决问题所产生的社会成本更低而带来的收益更高❶。知识产权虽然在私法领域占据着私权固有的排他属性，但是从本质上看，它是全人类公有的物质财富。但是随着科学技术的发展，知识产权保护的强化，知识产权的私权属性也在过分的扩张，这将损害到社会公共利益。这种矛盾作为知识产权制度的自身的缺陷，需要通过公共政策的介入，来协调矛盾，通过对知识产品市场的干预手段，来实现社会利益的平衡。而政策的目的导向则取决于决策者对公共政策问题的认知及其利益倾向。

知识产权本身具有的公共政策属性，这说明专利法是可以被视为促进如环境保护和资源节约等公共政策目标实现的一种工具，而单从私权属性角度考虑的知识产权制度显然无法实现这一目标，因此需要对专利权的私权属性加以限制，合理界定其权利保护范围。这从本质上就决定了专利制度的选择和安排，是应该以平衡专利权人利益和公共利益为宗旨，而要实现此种平衡既需要专利制度对作为私权的专利权在内部加以限制，同时必须受制于公共政策目标，实现人类社会的共同福祉。

2. 汽车零部件再造的现有政策安排

国家政策对汽车零部件再制造产业是鼓励和扶持的，制定了一系列的政策规范与促进再制造产业的发展，其出发点是为了更好的建设资源节约型、环境友好型社会。有关汽车零部件再造的现有政策规定，从国家战略层面的政策包括，全国人大于2011年审议通过的《十二五规划纲要》，更明确将"再制造产业化"作为发展循环经济的重点工程之一，推进资源节约型、环境友好型社会的建设。2012年12月，国务院通过《"十二五"循环经济发展规划》，为了应对我国面临资源约束强化，气候变化压力加大等形势，强调从源头减少资源消耗和废弃物排放，实现资源高效利用和循环利用，通过循环发展带

---

❶ 吴汉东. 利弊之间：知识产权制度的政策科学分析［J］. 法商研究，2006（5）.

动绿色发展、低碳发展。从法律层面，我国《循环经济促进法》，在第四章再利用和资源化中明确提到，国家支持企业开展机动车零部件再制造，并对再制造产业的发展作出规范性条款设计。而关于汽车零部件再制造的具体政策规定，参见表1：

表1：汽车零部件再制造相关政策一览表

颁布时间	政策名称	政策内容	颁布单位
2005年11月	关于组织开展循环经济试点(第一批)工作的通知	将再制造确定为循环经济的重点领域	国家发改委等6部委
2006年2月	汽车产品回收利用技术政策	明确提出将汽车产品的回收利用率指标纳入汽车产品市场准入许可管理体系，将汽车生产企业的责任延伸到报废汽车回收利用领域	国家发改委、科技部、国家环保总局
2007年10月	关于组织申报汽车零部件再制造试点企业的通知	拟在全国选择有代表性、具备再制造基础的汽车整车生产企业，或汽车零部件再制造企业开展再制造试点工作	国家发改委
2007年12月	关于组织开展循环经济示范试点(第二批)工作的通知	对循环经济试点工作进行了总结和回顾，并指出鼓励再制造在地方开展试点	国家发改委等6部委
2008年3月	关于组织开展汽车零部件再制造试点工作的通知	确定14家企业首批试点	国家发改委

2010年2月	关于启用并加强汽车零部件再制造产品标志管理与保护的通知	汽车零部件再制造产品应在产品外观明显标注国家发改委设计的汽车零部件再制造产品标志	国家发改委、国家工商总局
2010年5月	关于推进再制造产业发展的意见	提出深化汽车零部件再制造试点	国家发改委等11部委
2010年6月	关于印发《再制造产品认定管理暂行办法》的通知	规范再制造产品的认定申请、评价等程序，并将符合认定要求的纳入《再制造产品目录》公布，规范再制造产品生产，引导再制造产品消费	工业和信息化部
2010年9月	关于印发《再制造产品认定实施指南》的通知	加强再制造产品认定管理，明确认定要求，规范认定程序	工业和信息化部
2011年1月	关于组织推荐再制造工艺技术及装备的通知	为推进再制造产业发展，引导再制造技术装备研发，推动先进适用工艺技术及装备示范应用和推广，提升再制造产业技术水平，开展重大再制造工艺、技术和装备征集工作	工业和信息化部
2011年9月	国家发展改革委办公厅关于深化再制造试点工作的通知	提出对再制造试点单位的扶持措施，并提出扩大汽车零部件再制造产品范围	国家发改委

3. 专利权保护与公共政策的调和

从公共政策的角度，国家政策对于汽车零部件再制造是鼓励与扶持的。汽车零部件再制造作为循环经济中"再利用"的高级形式，不仅可以降低成本和节约资源，而且对于我国资源节约型和环境友好型社会的建设具有深远意义。此外，在环境污染、生态破坏以及资源浪费等急迫形势下，专利法自身也需要逐步强化其作为环境政策工具的作用，实现其价值功能。

因此，如何在《专利法》和国家相关政策中找到平衡点，既要有效的保护专利权以激励创造，又要结合公共政策的安排，促使知识产权公共属性的回归。综合知识产权法的公共政策目标，以及知识产权利益平衡的观点，笔者建议将环境保护和资源节约等"绿色"因素纳入专利侵权制度，通过绿色专利制度设计，如将其作为专利侵权的抗辩事由等，以发挥专利法的生态功能，促进我国汽车零部件再制造产业的发展。

（三）专利法上利益平衡机制的重构

专利法作为协调和平衡知识产品利益关系的利益平衡机制，其调整的法律关系为利专利权人的垄断利益与其他利益主体之利益。其核心是通过专利制度规定权利人、所有人和使用人的权利义务，实现三者利益的平衡，达到经济秩序稳定，激励创造积极性，科学技术与经济发展，满足人类总体福祉的目标。具体而言，专利法的利益平衡机制要求：保障公众可以适当接近专利技术；专利权的保护范围要适度合理；平衡专利技术的垄断与推广应用❶。

针对汽车零部件再制造问题，涉及的利益关系主要包括：专利权人、汽车产品使用者、再制造商和环境资源利益等。专利法的利益平衡机制重构，就是要将利益的平衡更多的倾向于环境资源利益的保护。

---

❶ 冯晓青. 专利法利益平衡机制之探讨［J］. 郑州大学学报（哲学社会科学版），2005（5）.

专利法的终极目的并非最大限度保护权利人经济利益，而是最求更大的社会利益。专利权的过度保护，会使技术领域的准入更难，不仅浪费资源和阻碍技术进步创新，甚至出现权利滥用现象，破坏了有序的市场竞争环境，不利于技术推广应用，最终与知识产权制度的初衷背道而驰，反而阻碍了社会的进步发展。因此，专利权人的合法利益需要保护，但是在利益平衡机制下，还应当与公共利益进行协调。应当明确专利权的排他性是有限的，需要对权利保护范围更合理的界定。专利权的行使不应当限制公众正常的接近，合理的使用专利技术和知识信息，同时不妨碍承载专利技术的专利产品在市场的自由流通。

汽车零部件再制造产品具有消费市场，是因其价格优势和产品性能的提升，给消费者带来了实惠。如果将所有的再制造产品都认定为侵权产品，会导致一种悖论：消费者在政策和舆论渠道了解到的信息是国家鼓励再制造产业，但是再制造产品是侵权产品，那如果明知是侵权产品仍选择购买又将违反法律规定。这显然这是不符合法律制度安排的初衷。因此，在判断汽车零部件再造侵权与否，体现公共利益的消费者合法利益也是需要考虑的因素。

汽车零部件再制造问题最凸显的矛盾其实是具有直接竞争关系的再制造商和专利权人。如果再制造不具有分割权利人市场利益的能力，权利人根本无须浪费个人资源去阻止这种行为。二者利益冲突表现在：专利权人希望通过更加严格专利侵权判断标准，扩大对其专利权的保护范围；而再制造企业则需要侵权的豁免，冲破专利权人授权对其在后汽车市场的准入所形成的枷锁和钳制。但再制造会损害到专利权人创造的积极性，没有足够的诱因激发其进行创造和技术革新，因此法律必须对专利权人的利益加以保护。正如本文分析的，在判断再制造是否构成侵权的情况下，需要坚持以法定的专利侵权理论为基础，专利法不可能仅依据公共政策的目的，就对一切侵权行为采取漠视的态度，其仍然需要对再制造行为加以规范，没有必要无端牺牲专利权人的利益，汽车零部件再制造产业应当在尽可能不侵犯专利权的情况下进行发展。

汽车零部件再制造不但因其发展前景的巨大而给社会带来显著的经济效益，同时对环境效益和社会效益也具有积极的作用。国家发改委的研究表明：再制造比新产品制造可以节约70%的原材料，降低60%的能耗，成本节约可达50%，并且固体废弃物产生量极低，还降低了约80%的大气污染排放量，明显比制造新产品减少了对环境的负面影响❶。因此从环境资源利用角度出发，专利权人和再制造企业间进行利益平衡，需要借助公共政策的考量，兼顾激励创新和资源的可持续利用。比如主体资格限制，现有政策仅限14家试点企业；再制造对象限制，以及行为是否具备侵权的必要性判断等，即如果在不侵犯专利权的情况下就可以实施该再制造技术方案，那么对侵权的判断就应该更严格；而如果只能通过覆盖原专利产品的技术方案才能实现再制造，则可以从宽判断侵权。但是，侵权救济与豁免的最终目的，必须是再制造的产品是有利于资源的节约和环境的保护。否则就会违背专利制度的本质。

综上所述，对于汽车零部件再制造问题，在专利权人的利益与环境资源发生冲突时，不论是美国等国家的判例，还是日本等国家立法政策，甚至是我国的专利制度和环境政策，都是强调作为私权的专利权需要在特定情况下让步于更大的利益需求，即作为公共利益的环境资源利益。

五、促进汽车零部件再制造产业发展的绿色专利法设计

关于绿色专利制度的建构问题，郑友德教授概括了专利制度生态化重构中应当考虑的问题，如对绿色专利的快速审查通道；环境保护和资源节约因素对专利授权，即可专利性的参考价值；专利产品再造

---

❶ 李育贤. 中外汽车零部件再制造产业发展现状分析［J］. 汽车工业研究，2012（3）.

能否将绿色因素作为抗辩事由；以及绿色专利开放共享和绿色专利权的用尽条件等❶。并对绿色专利制度构建的基本框架，包括可专利性考虑环保标准、基于环境利益的强制许可、将环境因素纳入技术转移的评价范畴、侵权判断与救济中环境因素的考量和生态专利的共享❷。而很多国家专利法也作出制度的转变，如美国、日本等国家已经实施的绿色专利申请快速通道；IBM等推行的生态专利共享计划，以及知识共享和开放创新机制；基于公共利益、公共健康的强制许可制度等。

针对汽车零部件再制造问题的绿色专利法，其设计重点在于专利侵权判断和救济，专利权人义务承担等方面体现环境保护和资源节约的理念。而国内关于此部分的研究还比较欠缺，虽然在司法实践中存在少数案件，参考了环境因素和公共利益因素，如对侵权责任承担之救济，限制停止侵权适用范围。然而有关"环保节资"因素成为专利侵权抗辩的具体研究仍较少，在法律制度中更未得到体现，在法律的适用中便无法援引获得救济。那么汽车零部件制造商一旦被控侵权，因现行的法律无法为其提供救济的机制，就有可能背负专利侵权的责任。基于环境保护和资源节约理念的专利制度重构，需要对这一问题作出积极的回应。

笔者在本章将基于理论界关于绿色专利制度构建的框架体系，旨在促进汽车零部件再造产业的可持续发展，具体设计能够有效适用于汽车零部件再造侵权判断，或者解决其发展困境的绿色专利制度。

（一）专利权人环保节资义务的设立

专利权作为法律赋予的排他性权利，专利权人在此种制度安排中获得了期限内垄断性的权利，从权利义务的对等性的法理基础来看，权利的享有应当与义务的承担形成对接。随着科学技术跨越式的发展，就汽车产业而言，汽车及其部件的发明与制造，不仅依靠大量的

---

❶ 郑友德. 顺应环保要求的绿色知识产权［J］. 检察日报，2011 – 03 – 10.
❷ 万志前，郑友德. 知识产权制度生态化重构初探［J］. 法学评论，2010（1）.

自然资源作为生产原料，在汽车产品的使用过程中还会消耗大量的能源，排放的废弃物会加剧温室效应，废弃物填埋污染自然环境等。专利产品自身已是环境污染和资源浪费问题指向的矛头，专利权的不当行使更会加剧对环境资源的危害性。因此，应当在现行专利法基础上对专利权利人苛以更多的法定义务，保证私权的行使不至于损害到环境资源保护的公共利益。

1. 发明创造阶段的环保节资义务

虽然关于环保节资义务的具体标准界定较复杂，但结合世界可持续发展工商理事会等机构和绿色知识产权相关理论研究，以及汽车零部件再造行业具体情况，笔者认为，这种环保节资义务在发明阶段应该反映以下几个方面：降低资源和能源的消耗；减少有毒物质的排放；提高产品耐用性，降低因报废产生的废弃物；产品设计具备可回收利用和再制造性等。在专利产品包装设计方面，同样应当符合绿色理念，保证包装可以得到回收和再生利用，避免对生态环境的损害。

2. 产品制造生产的环保节资义务

在产品制造过程中除了对生产成本和产品质量的考虑，更应该坚持绿色清洁生产标准，使专利产品在制造过程将对环境污染和资源浪费减少到最小的范围。汽车产品的制造应当优先使用再制造零部件；对生产过程中产生的废弃物合理处置；生产所消耗的能源采用清洁能源，使用无环境危害性的设备和技术；积极开展零部件的回收利用和循环再制造等。

3. 产品报废处理的环保节资义务

制造商应当对报废的整车或者零部件负有回收和再生利用义务。制造商也可以委托具备资质的专门从事回收和再制造的企业分担其责任。但是出于对环境资源利益的负责，生产者应当承担此种义务，避免因废弃产品的不当处置，而给环境带来的负担。同理，为了避免专利权人对私权的不当行使，基于专利权人的环境保护和资源节约义务，在判断汽车零部件再制造行为是否构成专利权的实施行为，应当以再制造行为对环境资源带来的积极效益，以及专利权的利益平衡等因素综合考虑，即专利权人权利的行使是否会损害到环境和资源的利益需求。

（二）发明实施者责任延伸制度

1. 发明实施者责任延伸制度基本概述

发明实施者责任延伸制度，是笔者在生产者责任延伸制度（Extended Producer Responsibility）的理论基础上，由发明实施者在法律上应当承担的环境保护和资源节约责任出发，借鉴域外的立法与实践操作，大胆构想出的一项绿色专利制度设计。

EPR作为一项重要的环境政策❶，如前文所论述的，是可以被专利制度所借鉴和利用的。从概念上分析，它是指生产者法律责任的承担，应溯及产品整体生命周期，而非局限于产品生产的单一过程中。随着循环经济、清洁生产等相关理论的完善发展，EPR的域外实践也在不断拓展。经合组织在2001年的政府工作指引中明确生产者对其生产的产品的责任，从产品生命周期角度要延伸至消费后阶段。欧盟的相关规定也同样加大生产者的责任，产品废弃后需要负责回收和再生处理等。美国则规定为产品责任延伸，以产品为中心，将废弃物品的回收责任延伸至产品整体生命周期，从产品设计到报废整个过程避免资源的浪费和环境污染❷。

2. 德国和日本的实证分析

德国作为汽车生产和消费的大国，对于循环经济的发展高度重视。在1986年《废物限制和废物处理法》确立的废物处理"减量化、再利用和循环利用"基本政策，一般视作生产者责任的雏形；1991年《包装废弃物的处理法令》正式确立该制度，责任由产品拓展到产品的包装，强制性规定生产者应当对回收包装物并循环再利用负有责任，并且规定可委托专门从事回收处理的公司来处理废弃物品及包

---

❶ Thomas Lindhquist: Extended Producer Responsibility in Cleaner Production-Policy Principle to Promote Environmental Improvements of Product Systems, Lund University, 2000.

❷ 参见陈文. 论我国汽车业生产者责任延伸制度的建构［J］. 中共郑州市委党校学报，2012（2）.

装，以此分解其责任；1996年《循环经济和废物处置法》，则对该制度作了更详细的规定，产品设计阶段就要顾及产品在生产和使用时要尽量减少废弃物产生，生产过程要对再生材料和再利用的废物优先使用，并要保证产品使用后是可以进行回收再利用处理的，还要将回收再利用等信息附于产品说明书中等❶。此外，德国结合不同行业的实际情况，制订了《废旧汽车处理规定》、《废旧电池处理规定》和《饮料包装押金规定》等法律法规，将该制度的适用范围拓展到更多的领域，明确生产者回收废弃物的责任。

日本作为汽车保有量和报废数量较多国家，已经意识到报废汽车的填埋处理方式对环境的危害性，在其汽车产业界已自发成立促进废旧汽车回收的中心，并积极推行废旧汽车处理中生产者责任的延伸制度。日本对生产者责任延伸制度的立法规范，以2000年生效的《促进建立循环型社会基本法》为基础，从减少废弃物、回收利用、物质循环和废物适当处置等方面，降低产品从生产、消费到废弃整个过程对环境的危害。并具体规定，生产者应改进产品设计，便于回收利用，以及企业采取措施抑制产品变成废弃物，使其具备可循环利用性❷。并通过《资源有效利用促进法》和《固体废弃物管理和公共清洁法》等综合性法律，要求企业在产品设计、制造加工、销售、维修和报废整个阶段要落实循环经济3R原则，促进资源有效利用。并于2004年实施《汽车循环法案》，规定了生产者责任延伸制度的具体实施，如扩大汽车制造商回收废旧汽车的责任，并确立了"谁使用谁负责"的原则，与德国和英国规定由制造商承担回收费用不同的是，日本该法规定汽车产品消费者要对相关回收处置缴纳一定数额的费用❸。

---

❶ 参见牛睿. 生产者责任延伸制度的不足与完善［J］. 人民论坛（电子杂志），2012（6）（中）.

❷ 参见张海燕. 生产者责任制度研究［D］. 华东政法大学硕士学位论文，2011.

❸ Thomas Lindhquist: Extended Producer Responsibility in Cleaner Production-Policy Principle to Promote Environmental Improvements of Product Systems, Lund University, 2000.

3. 促进我国汽车零部件再制造产业发展的制度借鉴

我国对汽车零部件回收处理的规范主要有《废旧汽车回收管理办法》和《汽车产品回收利用技术政策》等法规，我国2009年实施的《循环经济促进法》，该法第15条❶一般视为对生产者责任延伸制度的规定，从该规定来看，我国采取的是以生产者责任为基础的责任延伸制度，并非像美国那样以产品为中心的责任延伸制。就其对汽车零部件再制造产业发展的指导价值而言，在一定程度上具有指导作用。

但是在汽车零部件再制造侵权的问题上，首先在法律的适用上，仍然需要从《专利法》以及相关司法解释和实施细则等来进行判断，不可能直接适用《循环经济促进法》来判断专利侵权的成立与否。其次，我国对生产者责任延伸制度的现有规定发展较晚，还有待进一步完善，如责任承担的阶段来看，主要针对的是废弃后阶段的回收、处置，并未规定产品设计阶段和制造阶段的绿化责任，未起到预防资源浪费和环境污染的产业发展标准。此外，在我国汽车产业尚处发展阶段，回收处理的技术水平并未达到发达国家的先进水平，再制造产业也刚刚起步，既不可能像美国那样由市场主导，企业自发回收废旧汽车，也无法像欧洲国家那样由制造商承担全部的责任，即便做出这样的制度安排，具体实施和实效性也不会特别好，而环境污染和资源浪费一旦产生便难以控制。因此，我国生产者责任延伸制度，除了规定在废弃后的回收处理责任，还因借鉴德国和日本的相关规定，在产品的设计和制造阶段就要考虑到产品的可回收、再制造功能，以起到环境污染和资源浪费的事前防范作用。笔者建议将生产者责任延伸制

---

❶ 《中华人民共和国循环经济促进法》第15条：生产列入强制回收名录的产品或者包装物的企业，必须对废弃的产品或者包装物负责回收；对其中可以利用的，由各该生产企业负责利用；对因不具备技术经济条件而不适合利用的，由各该生产企业负责无害化处置。对前款规定的废弃产品或者包装物，生产者委托销售者或者其他组织进行回收的，或者委托废物利用或者处置企业进行利用或者处置的，受托方应当依照有关法律行政法规的规定和合同的约定负责回收或者利用、处置。对列入强制回收名录的产品和包装物，消费者应当将废弃的产品或者包装物交给生产者或者其委托回收的销售者或者其他组织。

度，作为一项公共政策引入专利法的范畴内，规定类似于该制度的"发明实施者责任延伸制度"。

4. 发明实施者责任延伸制度设计

具体到汽车零部件再制造而言，发明实施者责任延伸制度应当包含以下几方面的内容：（1）发明者在发明创造时，就应当考虑到产品的设计应当具备可回收利用和再制造的性能，对国家政策规定准入的具备资质的汽车零部件再制造企业对该专利产品的再制造行为视作默示的许可，除非权利人明确表明只能由其承担再制造的责任；（2）制造专利产品的过程中，避免对再制造的必要技术措施限制，并应当遵循清洁生产，通过相关技术尽可能避免零部件变为废物，产品的结构应当在产业具有再制造的可行性；（3）专利权的授予，专利审查部门应当审查申请的专利是否具备可回收利用、再制造等"绿色标准"，否则不授予专利权；（4）产品报废后，制造商应当对废弃专利产品负责回收，或委托具备专业资质的回收企业、再制造企业进行绿色再制造加工。当然，这里有一个前置性的条件，那就是该零部件产品在产业上确实具有可循环再制造的市场需求，并且具备环境保护和资源节约的绿色价值。当然，这需要根据国家相关的政策法规来进行判断。

根据这一制度设计，对国家政策规定准入的具备资质的汽车零部件再制造企业，如《开展汽车零部件再制造试点工作的通知》确定的14家再制造试点单位，对该专利产品的再制造行为，从专利侵权的角度，由于专利权人在设计阶段就已经考虑到专利产品被制造出来就会被用于再制造，并且政策也对这些再制造商的资质加以审核和政策的扶持。因此，汽车零部件再制商的行为不会构成传统专利法中再造侵权；其次，对于汽车制造商明确表明只能由其进行再制造，由于无论再制造的主体是谁，其对环境资源都起到了积极作用，汽车制造商的此种限制行为仅是基于产业竞争利益的角度作出，因此需要经过汽车制造商的许可或委托才可以合法进行。笔者认为，这既符合专利权作为公共物品的本质属性，对专利权人加以限制的制度安排，也彰显了专利法利益平衡的公平正义价值倾向，更反映了专利法环境保护和资源节约，遵循国家可持续发展战略、发展循环经济和生态文明建设的公共政策目标。

（三）专利侵权抗辩制度的绿化

专利侵权诉讼的目的在于对专利权人合法利益的全面保护，但同时也需要注意与被控侵权人和社会公共利益，以及专利的保护和专利权限制之间的平衡。而专利侵权抗辩制度作为实现利益平衡的一种有效机制，在专利侵权纠纷中赋予被控侵权人维护自身权益的对抗性权利，其目的在于免除或减轻侵权责任。

专利侵权法定的抗辩事由大致包括：（1）不侵权抗辩，如被控侵权物技术特征未落入专利权利要求保护范围，非以经营为目的等；（2）不视为侵权的抗辩，主要是《专利法》第六十九条规定的，权利用尽、在先使用、临时过境、科学研究和实验、医药行政审批等五种不视为侵权行为；（3）现有技术抗辩；（4）专利权无效和专利权滥用的抗辩；（5）基于合同，或者诉讼时效的抗辩。

就汽车零部件再制造问题而言，根据绿色专利法的制度安排，结合公共政策的衡量，笔者认为可以考虑将环境保护和资源的有效利用，在特定情况下可以作为汽车零部件再制造行为不构成专利侵权的一项抗辩事由。具体分析如下：

（1）判断专利侵权成立与否时，环境资源因素需要考虑，如日本再生墨盒案中被告就以此事由作为侵权抗辩，虽然日本法院当时的判决否定了此种抗辩，但是从环境资源的角度，是专利制度应当也是可以考虑的；

（2）从利益平衡机制以及专利制度的安排来看，侵权抗辩是解决汽车零部件再制造问题比较合理的制度安排。出于对专利权人合法权利的保护，专利制度不可能仅因为环境资源保护，就赋予所有的再制造行为拟制的不侵权，如专利权的绝对用尽。事实上要实现利益的平衡，只能以专利侵权制度为基础分析是否侵权，但是基于环境资源因素考虑，给予再制造企业一种侵权的救济，只有再制造行为确实有利于环境保护的情况下才可以适用。

（3）是否有利于环境保护，需要结合具体的情况。比如日本再生墨盒案，如果不允许对一次性墨盒的回收利用则会污染环境，同时浪费资源；但是"棉花捆扎带案"中的金属片，其再次利用所能起到的作用仅仅就是金属片，由于产品本身可进行绿色循环利用的功能较低，环境资源利益也没有对该技术领域有明显的需求其次，所以就不应当放置于资源节约和环境保护的高度。

（4）基于环境资源因素的抗辩不能滥用。为了平衡专利权人和公共利益之间的关系，专利制度不可能借着环境资源之名，任意损害专利权人的合法利益，再制造行为本身应在尽可能不侵犯专利权的情况下实施，只是在确实存在专利侵权之虞时，需要结合利益平衡机制，考虑环境资源因素的基础上，加以具体的判断。

（四）专利侵权救济制度的绿化

专利侵权救济主要体现在侵权责任的承担，主要包括停止侵权、赔偿损失和消除影响。虽然在通常情况下以金钱给付的方式居多，如支付许可使用费、侵权损害赔偿等。但在司法实践中，仍然存在大量要求承担停止侵权责任的案例，这是专利权人对权力极致维护的体现。但在绿色专利法下，出于环境资源利益的考虑，在某些情况下需要限制权利人主张的停止侵权责任的适用范围，即理论界所探讨的知识产权请求权的限制❶。具体到汽车零部件再制造问题中，停止侵权责任的承担主要涉及到侵权产品的销毁问题。

根据欧盟海关的数据显示，2011年共查获115万件侵犯知识产权的各类物品，而这些货物75%以上均要被销毁❷。专利权的保护实际上是要对第三人在未经权利人许可的情况下，对专利权利要求保护的技术方案进行使用或利用，而专利产品作为承载专利权的物质载体，

---

❶ 参见李扬. 知识产权请求权的限制［J］. 法商研究，2010（4）.

❷ Judith Soentgen：Disposing of Counterfeit Goods：Unseen Challenges，WIPO Magazine，No.6，December 2012，p25–29.

因其本身附属着专利技术方案所涉的技术信息，因此，基于专利侵权的停止侵权责任承担，在被控侵权产品的处置问题上，将被控侵权物进行销毁，无疑是最简单也是最彻底的保护专利权人利益的有效方式。如TRIPS协议第46条规定，将侵权产品排除出商业渠道，或责令销毁该商品；将用于再造侵权产品的原料和工具排除出商业渠道，避免进一步侵权的风险和对权利人的损害。目前各国对侵权产品销毁的方式主要包括：回收，焚烧，粉碎，填埋和捐赠给慈善机构等，具体方式的选择需要结合物品的性质和可再生利用性进行分析。在绿色专利法下，侵权产品的处置，同样需要考虑环境和资源的公共利益需求，简单粗暴式的销毁极有可能因为处置方式的不当，如简单的填埋对生态环境的破坏，销毁实质是对自然资源的浪费。

结合汽车零部件再制造的具体情况，如果再制造的产品被控侵权，如果适用停止侵权责任的承担，对再制造产品进行销毁。首先，再制造产品本生是利用钢铁等大量资源所制造而成，简单的销毁必然会与我国建设资源节约型社会的价值目标相悖；其次，汽车制造除了表面使用钢铁和铝合金等普通金属材料，零部件等组件中还会用到如汞、铅和镉等重金属原料，还会涉及橡胶和塑料等有害物质等。如果处置不当，会对环境带来不可估量的破坏。正是基于资源和环境双重利益的考量，对侵权再制造产品不宜采取销毁的形式。同理，在绿色专利法下，如果涉及到环境资源等公共利益，停止侵权的责任应当慎用，转而可以通过支付专利许可使用费的方式，来转嫁侵权责任的承担，这不仅顾及了环境资源的利益诉求，同时专利权人的也通过许可使用费的方式获取了相应的对价，弥补了专利权人发明创造的成本，并不损及创造的积极性。

在司法实践中，大多数国家已经对停止侵权，即永久性禁制令的适用作出限制，更多的判决支付许可费的责任承担方式，判决的理由多是基于环境资源等公共利益目的。如前文提到的2006年美国普锐斯公司诉日本丰田汽车公司一案，最终法院就采纳了环境保护因素，否定了永久性禁制令的适用，而是采取了支付许可使用费的侵权责任方式。就我国而言，湖北省高级人民法院对一起商标侵权案作出终审判决，法院就该案认为停止侵权目的之实现，仅需对被控侵权产品上的被控侵权标识进行剔除即可实现，所以无需采用销毁的方式，否则不仅造成资源浪费和环境污染，而且销毁的成本也是高昂的❶。最后一审和二审法院都没有支持原告提出的销毁被控侵权产品的请求。从司法实践来看，停止侵权责任的目的在于对专利权人的利益进行全面的保护，但如果可以通过其他方式，如支付许可使用费等就能实现专利权人权利保护之目的，就没有必要适用停止侵权；其次，停止侵权责任承担的方式，应该不损及环境资源以及其他公共利益，法院对侵权产品的销毁持谨慎的态度，也正是出于这样的考虑。

此外，通过再制造的研究，从另外一个视角来看侵权产品的销毁问题，笔者认为，再制造其实是解决侵权产品销毁问题的一个可借鉴技术措施。被控侵权物之所以不主张简单销毁，正是因为其对资源和环境的漠视。相反，再制造的出现正好解决了这一问题。对侵权产品的处置，本身就要付出一定的成本，同时还要实现处置过程对环境负面影响的最小话，这就需要利用更先进的技术和相应的设备。如欧洲防伪网络（REACT），将荷兰查获的95%的假冒产品进行回收，并对其成员提供假冒商品处置的有效方案，如将通过荷兰专门的回收体系，对侵权产品回收，并进行拆解和分类，将原材出售给专门的再造商用于生产等。此外，世界知识产权组织（WIPO）正在与联合国环境规划署（UNEP）和部分国家展开合作，研究对侵权产品高效、经济和环保的处理方法❷。因此，再制造技术作为实现资源有效循环利用的环境友好型技术，同样可以用于专利产品的处置问题上，通过对具有可再制造的侵权产品进行回收，拆解和分类，并以先进的绿色再

---

❶ 关文宝、东莞宏利木品厂有限公司诉浙江武义宇亨门业有限公司、胡月亮侵犯商标专用权及不正当竞争纠纷案。参见湖北省高级人民法院（2011）鄂民三终字第114号民事判决。

❷ Judith Soentgen：Disposing of counterfeit goods: unseen challenges，WIPO Magazine，No.6， December 2012， p25-29。

制造技术实现侵权产品的再生利用，其不仅解决了侵权产品处置的难题，同时也有利于环境的保护和资源节约，以及社会经济方面的效益。

（五）再制造专利技术共享机制

在传统专利法视野下，专利权人为了保护其私权属性的专利，一般采取了积极的防御措施，避免竞争者获取相关技术方案信息落入具有直接竞争关系的第三人手中。但是随着软件开源运动的兴起，如火狐浏览器和安卓手机系统等，确保使用者可读其产品的"源代码"，并允许对该软件使用和改编，而且还可以对其进行重新发布，不论它是否有改进，这看似与专利权的排他性相违背，会损害到专利权人的利益，但是就整个产业技术的进步与发展来看，却是具有更大的社会效益的。如安卓操作系统，广泛普及于智能手机，作为专利权人的谷歌公司，不仅开放源代码，还允许第三人的改编，这样的开源运动，最终使得整个智能手机产业的繁荣发展，使得消费者分享到技术的成果和效益。

其实关于技术共享的机制还有很多，如知识共享运动（CC）、生态专利共享（Eco-Patent Commons）和绿色专利池（Green Patent Pool）等。生态专利共享由IBM、诺基亚等公司联手世界可持续发展工商理事会（WBCSD）在全球所发起，参加者提供在资源和能源节约，废弃物减排，提高回收利用率和减少原材料使用等行业和领域的专利技术，并承诺不干涉他人以环境保护的目的使用这些技术❶。"绿色专利池"以促进绿色技术共享为目标，以专利池内的利益主体之间专利许可与转让的有效实现为内容，如专利的交叉许可，池中的各利益主体共享其各自拥有的专利，并免费许可池中其他主体使用其专利，实现利益的共享。虽然我国现阶段关于专利池的模式建构上，尚处于探索与尝试阶段，但是，在绿色专利制度的体系内，实现技术的共享是必然的趋势和制度的选择。

---

❶ 万志前，郑友德. 知识产权制度生态化重构初探［J］. 法学评论，2010（1）.

　　具体到汽车零部件再造产业发展而言，首先从权属问题来看，既包括汽车生产商对原汽车整车或零部件的专利，还包括再制造商因技术改进获得的专利，以及先进的再制造技术本身的专利权。汽车零部件再制造看似是各方利益与权利的冲突，但实际上，在绿色专利制度下是可以实现有机协调的。结合世界各国关于专利技术的共享模式，笔者建议在汽车产业发展中，建构一套能够实现生产商与再制造商利益平衡，类似于专利池的技术共享模式，实现二者交叉许可，促进再制造技术的共享。这样再制造商对汽车零部件的利用行为不会构成专利侵权，可以推进再制造产业的发展，契合环境保护与资源节约的社会公共利益；并且汽车生产商也可以使用先进的再制造技术或零部件节能减排性能提升的绿色技术，最终将推动整个汽车产业的可持续发展，并且符合发展循环经济和生态明明建设的国家战略。

六、结论

　　知识产权法的最终目的不是创造知识财产，而是促进对知识财产的充分利用，以达到促进产业、文化发展之目的[1]。汽车零部件再制造作为资源循环利用的绿色产业模式，对环境资源的效益不容忽视。专利法作为实现公共政策目标的工具，应该作出制度功能的完善，与我国现有的鼓励汽车零部件再制造产业发展的国家政策形成有效的对接，实现其价值取向与公共政策目标。

　　笔者并未否定现行专利法对专利侵权的制度安排，也未忽视对专利权人利益保护的重要性，而是试图将环保节资理念纳入专利法，实现专利法的功能修复和制度完善，体现环境资源的公共政策目标。汽车零部件再制造侵权判断仍然需要放置于现行专利侵权体系内，而绝

---

[1]　万志前，郑友德. 知识产权制度生态化重构初探［J］. 法学评论，2010（1）. 田村善之. 日本知识产权法［M］. 第4版. 周超，李雨峰，等译. 北京：知识产权出版社，2011（3）.

不能单纯因为环境资源因素就简单的作出判断，还需要结合利益平衡机制、公共政策目标综合考量。汽车零部件再制造也应该在尽可能不侵犯专利权的情形下进行，并且严格依照现行政策安排发展，否则专利权的创设就会失去其固有的价值，市场秩序也会混乱不堪。

专利法的生态化重构的核心是确立环境保护和资源节约的理念，明确专利权人的环境保护与资源节约义务。发明实施者责任延伸制度、基于环保节资的专利侵权抗辩、侵权救济制度的绿化、再制造技术共享机制等具体制度设计，只是针对汽车零部件再制造问题，实现专利法生态化重构的制度化方式。其在具体适用时有着严格的限制与规范：必须考虑到再制造对资源环境的实际效益；再制造对象的循环利用价值；以及专利法的利益平衡机制等因素，并且要结合公共政策的安排，以促进我国绿色再制造产业的发展，推进我国循环经济和生态文明的建设。

美国法院对功能性特征相同或者等同的判定及其启示

梅高强*　鲁灿**

Judgement and Revelation to the Identity or Equality of the Functional Feature by the U.S. Court

Mei Gaoqiang[†]　Lu Can[††]

摘要：在美国专利实践中，当被控侵权的结构与"功能性特征"的功能相同时，才能判断是否构成第112(f)条的等同（相同侵权）；若功能相同的被控侵权结构属于在后技术，则该结构不构成第112(f)条的等同物，而需运用等同原则进行侵权判断；当被控侵权的结构与"功能性特征"的功能只是实质上相同时，则需运用等同原则进行侵权判断。

关键词：手段+功能要素　第112（f）条的等同　相同侵权　等同原则

2009年发布的《最高人民法院关于审理侵犯专利权纠纷案件应用法律若干问题的解释》第四条规定：对于权利要求中以功能或者效果

* 华诚律师事务所专利代理人、律师。
** 华诚律师事务所实习生。
† Lawyer of Watson & Band Law Offices.
†† Intern of Watson & Band Law Offices.

表述的技术特征，人民法院应当结合说明书和附图描述的该功能或者效果的具体实施方式及其等同的实施方式，确定该技术特征的内容。

2016年发布的最高人民法院关于审理侵犯专利权纠纷案件应用法律若干问题的解释（二）第八条规定：

功能性特征，是指对于结构、组分、步骤、条件或其之间的关系等，通过其在发明创造中所起的功能或者效果进行限定的技术特征，但本领域普通技术人员仅通过阅读权利要求即可直接、明确地确定实现上述功能或者效果的具体实施方式的除外。

与说明书及附图记载的实现前款所称功能或者效果不可缺少的技术特征相比，被诉侵权技术方案的相应技术特征是以基本相同的手段，实现相同的功能，达到相同的效果，且本领域普通技术人员在被诉侵权行为发生时无需经过创造性劳动就能够联想到的，人民法院应当认定该相应技术特征与功能性特征相同或者等同。

上述两个司法解释，对专利侵权判定的司法实践中以下的争议焦点和难点给出一指导性的解释。即，

（1）权利要求中的什么样的技术特征属于功能性特征？

（2）功能性特征的保护范围应当如何解释？

（3）被控侵权产品的相应技术特征与功能性特征是否相同或者等同？

但是，上述解释仍然过于原则性，对司法实践中的具体适用何存在巨大的争议空间，尤其是在判定被诉侵权技术方案与功能性特征相同或者等同，采用的一"基本"、两"相同"的新的原则，即"基本相同的手段，实现相同的功能，达到相同的效果"，在国内的司法实践中鲜有案例可循。

本文拟就美国法院对功能性特征相同或者等同的判定标准的发展和适用问题作一研究，以期在适用上述司法解释时能提供些许启示和借鉴。

一、美国"功能性特征"的发展历程简介

早在19世纪早期，美国专利实务中就开始通过权利要求来描述专利权的技术范围。❶在1870年美国修改专利法以前，美国专利权利要求的撰写方式采用是中心限定制（central claiming）❷，而手段表达（means expression，即功能性特征）则是中心限定制的一种形式，在实践中广为流行。❸直到1870年美国专利法才强制要求专利中必须包含权利要求。而美国专利权利要求也从中心限定制转变成美国今天仍然采用的周边限定制（peripherical claiming）。❹

虽然功能性特征是中心限定制权利要求下的产物，但在周边阶段制权利要求中却并没有消亡，而是仍然焕发着勃勃生机。❺但由于功能性特征只是描述了该特征的功能，在司法实践中带来了是否覆盖范围过宽（包含实现该功能的所有结构）、是否充分披露以及是否起到必要的通知公众的作用等问题。❻而正是由于功能性特征存在的这些问题，美国最高法院（U.S. Supreme Court）于1946年最终在Halliburton一案❼中认为：使用功能性特征来描述组合权利要求中最重要的特征

---

❶ 1 R. Carl Moy， Moy's Walker on Patents § 4:84（Thomson Reuters/West， 2012， 4th ed.）

❷ 中心限定制是指权利要求列举了发明的优选实施例，但被理解为包含所有的等同物。Janice M. Mueller， Mueller on Patent Law: Patentability and Validity § 2.01[E]（Wolters Kluwer Law & Business， 2015）；尹新天. 中国专利法详解（缩编版）［M］. 北京：知识产权出版社，2012：432.

❸ 1 R. Carl Moy， Moy's Walker on Patents § 4:83（Thomson Reuters/West， 2012， 4th ed.）

❹ 周边限定制是指，权利要求起草成标明专利权人财产权的明确界限或边界，给予专利权人有限时间的排他权。Janice M. Mueller， Mueller on Patent Law: Patentability and Validity § 2.01[E]（Wolters Kluwer Law & Business， 2015）；尹新天. 中国专利法详解（缩编版）［M］. 北京：知识产权出版社，2012：431.

❺ 1 R. Carl Moy， Moy's Walker on Patents § 4:85（Thomson Reuters/West， 2012， 4th ed.）Moy教授指出，并不十分清楚为什么手段表达在周边限定制权利要求下能够显示出这种持续性。

❻ 1 R. Carl Moy， Moy's Walker on Patents § 4:86（Thomson Reuters/West， 2012， 4th ed.）

❼ Halliburton Oil Well Cementing Co. v. Walker， 329 U.S. 1（1946） （most crucial element）❶会导致权利要求无效。❷但美国1952年专利法却重新将功能性特征纳入了专利法第112条第3段，权威观点认为1952年专利法修改或推翻了美国最高法院在Halliburton一案中的观点。❸

美国专利法第112条第3段后又变更为第112第6段，并根据2011年美国发明法重新命名为美国专利法第112(f)条❹：组合权利要求中的特征——组合权利要求中的某个特征可以用实施某一特定功能的手段或步骤来表述，而无须描述那些支持该功能的结构、材料或者方式，该权利要求应被解释为包含说明书中所描述的相应结构、材料或方式及其等同物。❺

根据上述第112(f)条撰写的特征通常以"means/steps for (function)"的方式表达，因此，美国专利界将之称为"手段/步骤+功能特征"（Means/steps-Plus-Function element）。❻ 与之对应，中国专利界将之称为"功能性特征"，为了便于阅读，本文中均用"功能性特征"替代美国法律中的"手段+功能（Means-Plus-Function limitation）"。

---

❶ 美国专利法界又称之为新颖点（point of novelty），见Mark D. Janis，Who's Afraid of Functional Claims? Reforming The Patent Law § 112，6 Jurisprudence，15 Computer High Technology Law Journal 231，239；Janice M. Mueller，Mueller on Patent Law: Patentability and Validity § 2.05[A][2]（Wolters Kluwer Law & Business，2015）.

❷ Halliburton Oil Well Cementing Co. v. Walker，329 U.S. 1，9 (1946)

❸ P. J. Federico，Commentary on the New Patent Act，75 J. Pat. & Trademark off. Soc'y 161，186 （1993）.（Decisions such as that in Halliburton Oil Well Cementing Co. v. Walker，67 S. Ct. 6，329 U.S. 1，91 L. Ed. 3 （1946），are modified or rendered obsolete.）本文系由P. J. Federico先生在1954年撰写，P. J. Federico时任美国专利局的首席审查员（Examiner-in-Chief，U. S. Patent Office），也是美国1952年专利法的两位起草者之一。

❹ 由于如下所讨论的一些案例是2011年以前的案例，案例中所适用的条文编号为第112条第6段，本文会交叉使用第112条第6段或第112(f)条，均指本条款。

❺ Element in Claim for a Combination.—An element in a claim for a combination may be expressed as a means or step for performing a specified function without the recital of structure，material，or acts in support thereof，and such claim shall be construed to cover the corresponding structure，material，or acts described in the specification and equivalents thereof.

❻ 5A Donald S. Chisum，Chisum on Patents § 18.03[5] (Matthew Bender，2014)。由于"步骤+功能要素"的规则和"手段+功能要素"的规则完全相同，本文并不进行区分，而只以"手段+功能要素"来表示。

二、"功能性特征的"的相同侵权（literal infringement）❶

1．被控侵权产品或方法的结构、材料或方式与说明书中的结构、材料或方式的字面相同。

相同侵权是指，若被控侵权物清楚地落入适当解释的权利要求明确的边界内，则相同侵权成立。❷即被控侵权产品和专利权利要求所使用的明确语言必须相一致。❸而对于"功能性特征"来说，其字面范围不仅包含了说明书中所描述的相应结构、材料或方式，还包括相应结构、材料或方式的等同物。而在进行第112(f)条的相同侵权比对时，应当将说明书中的结构、材料或方式与被控侵权产品或方法中的另一结构、材料或方式进行比较。❹如果被控侵权产品或方法的结构、材料或方式与说明书中的结构、材料或方式的字面相同，则相同侵权成立。

2．被控侵权产品或方法的结构、材料或方式与说明书中的结构、材料或方式的等同物相同

在Pennwalt一案❺中，美国上诉法院（以下简称"CAFC"）认为：当一个权利要求的特征技术特征是用实施所述的功能来的方式来表述的，当确定该特征技术特征是否字面吻合时，法院必须将被控侵权结构与（说明书中）所披露的结构进行比较，如果构成等同的结构，必须具有相同的功能（identity of claimed function）。❻司法实践中，CAFC运用和等同原则相同的"非实质性差异"（insubstantial differences）测试法来判断第112(f)条的等同。而确定非实质性差

---

❶ 字面侵权（literal infringement）也叫相同侵权，二者意思相同。

❷ Janice M. Mueller, Mueller on Patent Law: Patent Enforcement § 16.02（Wolters Kluwer Law & Business, 2015）

❸ 4 R. Carl Moy, Moy's Walker on Patents § 13:44（Thomson Reuters/West, 2012, 4th ed.）

❹ 5A Donald S. Chisum, Chisum on Patents § 18.03[5][b]（Matthew Bender, 2014）

❺ Pennwalt Corp. v. Durand–Wayland, Inc., 833 F.2d 931（Fed. Cir. 1987）（en banc）

❻ Pennwalt Corp. v. Durand–Wayland, Inc., 833 F.2d 931, 934（Fed. Cir. 1987）（en banc）

异的一种方法是运用经典的"功能、方式和效果（Function-Way-Result）"三要素测试法，CAFC将三要素测试法运用到功能性特征时，由于被控侵权结构的功能必须与功能性特征的功能完全相同，"功能、方式和效果"三要素测试法就压缩成"方式和效果"两要素测试法。❶

此外，要构成相同侵权，除了要求功能相同以外，CAFC还要求构成相同侵权的技术方案必须是在专利授权以前的已有技术。❷

当进行专利侵权判断时，法院需要适用特征全面覆盖原则（all elements rule），即只有被控侵权产品覆盖（以相同或等同的方式）了权利要求中全部的特征技术特征时，才构成专利侵权。❸那么，在判断被控侵权结构与说明书中披露的对应结构是否构成等同时，是否需要将全部特征覆盖原则适用于相应结构的部件，即是否需要对功能性特征进行逐一部件分析（component-by-component analysis）？CAFC的答案是否定的。

在Odetics一案❹中，CAFC认为：地区法院对Chiuminatta一案解读的关键在于，第112条第6段下的法定等同要求专利中的相关结构和被控侵权装置中被指控构成结构上等同的部分之间"逐一部件"等同（"component-by-component" equivalence）……但地区法院对于Chiuminatta一案❺的这种解读误解了第112条第6段的侵权分析，因而是错误的。❻与权利要求中的功能性特征相对应的一个整体结构中的单

---

❶ Janice M. Mueller，Mueller on Patent Law: Patent Enforcement § 16.02（Wolters Kluwer Law & Business，2015）；Odetics，Inc. v. Storage Tech. Corp.，185 F.3d 1259，1267（Fed. Cir. 1999）

❷ 如下第一（四）部分Chiuminatta一案中会进行详细说明。

❸ Janice M. Mueller，Mueller on Patent Law: Patent Enforcement § 16.01（Wolters Kluwer Law & Business，2015）

❹ Odetics，Inc. v. Storage Tech. Corp.，185 F.3d 1259（Fed. Cir. 1999）

❺ Chiuminatta Concrete Concepts，Inc. v. Cardinal Industries，Inc.，145 F.3d 1303（Fed. Cir. 1998）

❻ Odetics，Inc. v. Storage Tech. Corp.，185 F.3d 1259，1266（Fed. Cir. 1999）

独部件（individual components）并非权利要求的特征技术特征（claim limitations）。权利要求的特征技术特征是指与权利要求中的功能相对应的整体结构（overall structure）。这也是为什么拥有不同数量部件的结构仍然可能构成第112条第6段的等同的原因所在。❶

但Chiuminatta一案判决书的作者Lourie法官却并不同意上述多数法官的意见，他认为多数意见误读了Chiuminatta一案的判决，误解了第112条第6段中"结构"的含义。Lourie法官认为：一个人若想要确定说明书中所披露的结构是否和被控侵权装置中的相应结构等同，如果不看这个结构由哪些部件组成，怎么能够确定是否构成等同呢。❷

Lourie法官的说法有一定的道理。但是如果对"功能性特征"运用逐一部件分析，则被控侵权的结构构成等同的可能性就很小了，"功能性特征"将会失去存在的意义。毕竟，"功能性特征"只是权利要求中的一个特征技术特征而已。此外，"功能性特征"是以中心限定制的方式撰写的特征❸，根据中心限定制的理论理应适用整体等同来判断。

三、"功能性特征"的等同侵权

1．功能性特征能否适用等同原则

对于"功能性特征"，如果相同侵权不成立，是否可以继续适用等同原则来进行侵权判断，似乎并无太大异议。至今为止，美国法院

---

❶ Odetics, Inc. v. Storage Tech. Corp., 185 F.3d 1259, 1268（Fed. Cir. 1999）（See, e.g., Al-Site Corp. v. VSI International, Inc., 174 F.3d 1308, 1321–22（Fed. Cir. 1999）（upholding jury verdict of § 112, P 6 equivalence between "a mechanically-fastened loop ... includ[ing] either the rivet fastener or the button and hole fastener" and "holes in the arms [of an eyeglass hanger tag]"）支持了关于（专利说明书的眼镜架标签中）包括铆接紧固件或按钮和孔构成紧固件的机械紧固环和（被控侵权的）眼镜架标签的带子上的孔构成第112条第6段等同的陪审团裁决）

❷ Odetics, Inc. v. Storage Tech. Corp., 185 F.3d 1259, 1277（Fed. Cir. 1999）

❸ 1 R. Carl Moy, Moy's Walker on Patents § 4:83（Thomson Reuters/West, 2012, 4th ed.）

在判决（opinion）中都认可对于"功能性特征特"可以适用等同原则进行侵权判断。

当然，CAFC的少数法官持相反意见。在Dawn一案中，该判决（opinion）指出：考虑到陪审团的裁决结果和上诉的形式，只有基于等同原则的侵权问题提供给了我们。判决脚注2明确对此进行说明：为了讨论，并且因为双方均未提及此点，我们应假定对于以功能性方式撰写的权利要求适用等同原则在法律上是正确的。[1]因此，该案适用了等同原则进行侵权判断。但审理该案的法官Palger法官、Newman法官和Michel法官在本案中分别撰写了附加意见。[2]Plager法官明确反对对"功能性特征"适用等同原则。Plager法官主张：第112条的等同和等同原则的等同之间并无明显的区别，特别是在Warner-Jenkinson一案明确等同原则的适用是以逐一特征为基础（on a limitation-by-limitation basis）以后；如果我们坚持这样的观点，即说明书中描述的结构、材料或方式的等同物是那些第112条第6段而不是其他地方使用的术语其范围内的等同物，那么，基于第112条第6段的权利要求在实践中将会得到极大改进。这样，单独由司法创立的等同原则在以功能性方式撰写的特征中则没有适用的余地。[3]而Newman法官在其附加观点中并不同意Plager法官的观点，认为Plager法官的建议违背了"遵循先例"的原则，并且认为这个本已棘手的法律领域并不会从增加的不确定性中受益。[4]Michel法官在附加观点中并没有明确表明其态度，而是以怀疑的语气提出，对专利权人根据等同原则给予额外的保护是否与第112条第6段的语言和目的相冲突，而第112条第6段只是覆盖那些披露在说明书中的结构的等同物。[5]

---

[1] Dawn Equip. Co. v. Kentucky Farms，Inc.，140 F.3d 1009，1015（Fed. Cir. 1998）

[2] Additional views，只是法官的个人意见，并非判决（opinion）主文意见。

[3] Dawn Equip. Co. v. Kentucky Farms，Inc.，140 F.3d 1009，1021-1022（Fed. Cir. 1998）；5A Donald S. Chisum，Chisum on Patents § 18.03[5][b]（Matthew Bender，2014）

[4] Dawn Equip. Co. v. Kentucky Farms，Inc.，140 F.3d 1009，1022

[5] Dawn Equip. Co. v. Kentucky Farms，Inc.，140 F.3d 1009，1023

此外，在学术届中美国专利法教授Moy教授也不赞成对"功能性特征特"适用等同原则判断侵权。其主要理由在于：等同原则的驱动来源于要求减少因处理专利权利要求中词语意思的不完美而造成的困境，而相反，手段表达（means expression，即功能性特征）作为一种中心限定制权利要求，从一开始就更少依赖于权利要求中词语的意思。在很多方面，美国所适用的等同原则是周边限定制权利要求所特有的，因此根本就不应适用于作为中心限定权利要求的手段表达。❶

笔者认为，虽然Moy教授的逻辑有一定的道理，但等同原则的目的是因为语言的不完美而适当扩张权利要求的字面保护范围，既然对于其他方式撰写的技术特征都可以适用等同原则，似乎没有理由对于"功能性特征"适用不同的原则。而且，CAFC也在如下所述的案例中也在不断探索，对等同原则的适用的情形规定了一定的条件。

2．"功能性特征"适用等同原则

如前所述，美国司法界和学术界虽然有少数反对将等同原则适用于"功能性特征"的观点，但Moy教授也承认：虽然逻辑上来说，等同原则不应适用于"功能性特征"，但CAFC的案例却持相反的观点，只是对于等同原则和"功能性特征"到底存在哪些差异却尚未形成一致的意见。CMueller教授也认为"该领域的案例法发展仍然在不断变化之中。"❸CAFC也正通过一系列的判决完善并调和这些判决之间存在的潜在矛盾之处。

（1）"功能性特征"只包含已有技术，而等同原则包含在后技

---

❶ 4 R. Carl Moy, Moy's Walker on Patents § 13:144（Thomson Reuters/West, 2012, 4th ed.）

❷ 4 R. Carl Moy, Moy's Walker on Patents § 13:144（Thomson Reuters/West, 2012, 4th ed.）

❸ Janice M. Mueller, Mueller on Patent Law: Patent Enforcement § 16.06[B]（Wolters Kluwer Law & Business, 2015）

术❶ —— Chiuminatta案

Chiuminatta一案是CAFC在美国联邦最高法院Warner-Jenkinson一案后做出的关于第112条第6段等同和等同原则的一份非常重要的判决，但该判决中的表述有的地方似乎前后矛盾，而且阐述的标准不够明确清晰，从而导致该案判决中的一些内容存在一定的争议。

在Chiuminatta一案中，在论及等同原则和第112条第6段等同之间的关系时，Lourie法官认为：尽管第112条第6段的等同分析和等同原则并不会扩展到共同的空间（例如：第112条第6段要求的是相同的而不是等同的功能），而且有不同的起源和目的，但二者关于等同的测试却是密切相关的。第112条第6段和等同原则都是通过防止仅仅细微的差别或稍微的改进而规避侵权来保护专利权人实质上的排他权，前者是将说明书中所披露的结构的等同物包含进功能性权利要求特征技术特征的字面范围内，而后者则认为超出权利要求字面范围的等同物构成侵权。两者都是运用相似的非实质性差异分析来达成上述目的。因此，若"征功能性特征"因缺少等同结构而不构成字面侵权，则可以排除因等同原则而构成等同。❷因为（被控侵权的）装置中的特征不能"不等同"（第112条第6段）而又等同（等同原则）于同一个结构。❸

Lourie法官进一步阐明了等同原则的必要性及适用的技术范围：等同原则和第112条第6段之间有一个重大差异。因为人不能预测未来，所以等同原则是必需的。由于技术进步，一个发明的变形可能是在专利授权以后才研发出来的，而该变形与专利所要求保护的发明相

---

❶ 已有技术（pre-existing technology）是指在专利授权时已知的技术，而在后技术（after-developed technology）是指在专利授权以后才研发出来的技术。美国已有技术和在后技术的时间分界点为专利授权时，而在后文中讨论的中国已有技术和在后技术的时间分界点为专利申请时。

❷ Chiuminatta Concrete Concepts, Inc. v. Cardinal Industries, Inc., 145 F.3d 1303, 1310（Fed. Cir. 1998）

❸ Chiuminatta Concrete Concepts, Inc. v. Cardinal Industries, Inc., 145 F.3d 1303, 1311（Fed. Cir. 1998）

比可能只构成非实质性的改变而应当构成侵权。该基于在后技术的变形无法在专利中披露出来。这样，即使该特征因为与专利中披露的结构不等同而并不构成第112条第6段的等同物，也不应当排除对该特征是否构成等同原则下的等同进行分析。❶

根据Lourie法官的上述观点：功能性特征的等同和等同原则中的等同其判断方式是相同的，均为非实质性差异测试法；等同原则是必须的；第112条第6段等同只能包含已有技术，而只有等同原则才能包含在后技术。❷但Lourie法官认为"即使该特征因为与专利中披露的结构不等同而并不构成第112条第6段的等同物，也不应当排除对该特征是否构成等同原则下的等同进行分析"，这似乎与"（被控侵权的）装置中的特征不能'不等同'（第112条第6段）而又等同（等同原则）于同一个结构"的观点互相矛盾。因为按照Lourie法官自己的逻辑，只要是被控侵权的特征因结构不等同而不构成第112条第6段等同，就肯定不会构成等同原则下的等同，所以此时并无继续适用等同原则的必要，因为即使适用结论还是不构成等同原则下的等同。

Lourie法官进一步分析：但这并非本案的情形，本案等同的问题并不涉及在后技术，而涉及本发明以前的技术。本案中，不构成第112条第6段的等同应当排除根据等同原则而得到相反的结论。这是因为，正如我们已经确定的那样，被控侵权装置的结构与说明书中披露的结构存在实质性差异，考虑到被主张等同的技术的已有知识，该被控侵权装置的结构能够很容易披露在专利中。这里并不存在基于政策的原因而使得专利权人应该在苹果上咬两口（get two bites at the apple）。如果专利权人能够将现在所主张的等同物写入专利中而没有这么做，从而导致被控侵权装置缺少已披露结构的等同物，那么为何

---

❶ Chiuminatta Concrete Concepts, Inc. v. Cardinal Industries, Inc., 145 F.3d 1303, 1310（Fed. Cir. 1998）

❷ 5A Donald S. Chisum, Chisum on Patents § 18.03[5][b]（Matthew Bender, 2014）

等同的问题应该再次进行诉讼呢？ ❶

　　根据Luorie法官的上述观点：本案中，因为通过进行第112条第6段的等同分析，被控侵权装置的结构因与专利中披露的结构不等同而不构成字面侵权，那么，已经没有等同原则适用的余地了。但Lourie法官又强调本案等同问题所涉及的技术属于已有技术似乎是多此一举，反而使得本案的分析产生争议。Lourie法官在理由中提及"如果专利权人能够将现在所主张的等同物写入专利中而没有这么做，从而导致被控侵权装置缺少已披露结构的等同物"，Janis教授据此认为：对于在专利说明书中披露已有的可选择技术，Chiuminatta案强加了一个不适当的负担在专利权人身上；Chiuminatta案暗示，未披露在说明书的中已有技术将会落入第112条第6段的等同物之外。❷但笔者并不像Janis教授一样理解Lourie法官的上述观点。因为Lourie法官在本判决中首先已经进行了字面侵权的判断，并且也是将被控侵权装置中结构和说明书中所披露的结构进行比较，二者不构成等同，所以不构成字面侵权。❸因此，Lourie法官并未要求构成第112条第6段字面侵权的等同物必须披露在专利说明书中。Lourie法官在此引发争议的讨论实际上针对的是本案中已经查明确定的、与现有的专利说明书中所披露的结构不构成等同的被控侵权装置中的结构，既然该结构因与现有的专利说明书中所披露的结构不等同而不构成字面侵权，理所当然地也就不可能构成等同原则下的等同侵权了。Lourie法官只是表明，如果专利权人希望其专利保护范围包括被控侵权装置中的该结构（与现有专利说明书中的结构不等同的结构），当然应该在说明书中披露该结构或与之等同的结构，才有可能构成第112条第6段的等同；当然，这里

---

❶　Chiuminatta Concrete Concepts, Inc. v. Cardinal Industries, Inc., 145 F.3d 1303, 1311（Fed. Cir. 1998）

❷　Mark D. Janis, Who's Afraid Of Functional Claims? Reforming The Patent Law § 112, 6 Jurisprudence, 15 Computer High Technology Law Journal 231, 278.

❸　Chiuminatta Concrete Concepts, Inc. v. Cardinal Industries, Inc., 145 F.3d 1303, 1310（Fed. Cir. 1998）

并不存在如Lourie法官所讨论的是否适用等同原则的问题。

综上所述，Chiuminatta案有如下结论：

a. 功能性特征的等同和等同原则中的等同其判断方式是相同的，均为非实质性差异测试法；

b. 第112条第6段等同只能包含已有技术，而只有等同原则才能包含在后技术❶；

c. 若"功能性特征"因缺少等同结构而不构成相同侵权，则可以排除因等同原则而构成等同。

（2）功能只是实质上相同时可适用等同原则——WMS案

在WMS一案中，因为被控侵权装置的结构其功能与权利要求中"功能性特征"的功能并不相同，所以被控侵权装置不构成相同侵权。但是被控侵权装置的结构具有等同的功能，而且功能的差异是非实质性的。WMS在判决书中将本案与Chiuminatta进行了区分：在Chiuminatta一案中，我们指出，对于一个"功能性特征"因缺少等同结构（而不构成相同侵权）可以排除因等同原则而构成等同……但本案中，我们认为，被控侵权装置不构成相同侵权并不是基于被控侵权装置缺少专利中所披露结构的等同结构。相反，我们维持地区法院被控侵权装置包含等同结构的结论。但是，我们推翻地区法院相同侵权的判决是因为缺少相同的功能。因此，与Chiuminatta不同，本案中被控侵权产品仍然基于等同原则构成侵权。❷

根据WMS一案的上述观点：当被控侵权装置中的结构与"功能性特征"的功能并不完全相同时，需要进一步判断功能是否等同，并进而判断是否根据等同原则构成等同侵权。值得注意的是：本案中，CAFC并未要求被控侵权装置中的结构必须是在后技术才能适用等同

---

❶ 但不能理解为等同原则只能包含在后技术。根据以下WMS案和Ring & Pinion案的分析，当被控侵权结构其功能与"手段+功能要素"的功能等同时，等同原则既也可以包含在后技术也可以包含在先技术。

❷ WMS Gaming Inc. v. International Game Technology，184 F.3d 1339，1353（Fed. Cir. 1999）

原则。从WMS一案的判决逻辑可以推知：Chiuminatta案和WMS案是从是两种不同的视角来考虑如何对功能性特征适用同原则，上述两案确立的原则只能平行适用，而不能交叉适用。也就是说：不能将Chiuminatta一案的判决结果理解为第112(f)条只适用于在先技术，而等同原则只适用于在后技术。因为如果这么理解，在WMS一案中，地区法院认为构成相同侵权，那么被控侵权的结构必定属于功能相同的已有技术；那么， CAFC在二审中认为因功能不同而不构成相同侵权时，即使认为因为功能等同而可以适用等同原则，那么也会因本案中的被控侵权结构属于已有技术而不得适用。但本案中，法院并未着重讨论被控侵权装置中的结构到底是已有技术还是在后技术，而只是认为被控侵权结构的功能与"功能性特征"的功能等同，从而进一步适用等同原则判断侵权成立。

（3）澄清——Ring & Pinion案❶

在Ring & Pinion一案中，CAFC对自Chiuminatta已后的判决进行了梳理，并对"功能性特征"的等同和等同原则的适用进行了澄清。Ring & Pinion判决认为：在Chiuminatta一案中，我们解释过了，基于第112(f)条因相同侵权判断等同和基于等同原则判断等同时存在两个区别：时间和功能。第112(f)条的等同在授权时进行评判；相反，等同原则的等同在侵权时进行评判。因此，一种在后技术，即在专利授权时尚不存在的技术，即使不能成为第112(f)条相同侵权分析的等同物，仍然可能成为等同原则下的等同物。等同原则和相同侵权的第二个区别与特征技术特征的功能有关。对于相同侵权来说，被控侵权结构必须实施权利要求中相同的功能。而等同原则包括那些以实质上相同的方式实施实质上相同的功能并达到实质上相同效果的被控侵权结构。因此，等同原则包含拥有等同而不是相同功能的结构。被控侵权的等同物在专利授权时是否已知或者属于在后技术时确是如此。正如我们在Interactive Pictures一案中所解释的那样，被控侵权结构是否存在于专

---

❶ Ring & Pinion Serv., Inc. v. ARB Corp., 743 F.3d 831 (Fed. Cir. 2014)

利以前或者属于在后技术，适用于功能性特征的等同原则仅仅要求：等同结构实施了实质上相同的功能。当一个第112(f)条下不侵权的结论只是基于缺少相同的功能时，并不会排除基于等同原则构成等同的结论。❶

四、结论

Ring & Pinion案进一步明确了WMS一案❷的推定：Chiuminatta案和WMS案是从是两种不同的视角来考虑如何对功能性特征适用同原则，上述两案确立的原则只能平行适用，而不能交叉适用。根据Ring & Pinion案所做出的澄清，CAFC对于"功能性特征"和等同原则的区别及适用似乎有了比较明确的界限：

a. 只有在被控侵权的结构与专利中"功能性特征"实施了相同的功能时，才须进一步判断到底属于第（2）项所指的第112(f)条的等同物还是第（3）项所指的等同原则下的等同物；

b. 判断第112(f)条等同的时间点为专利授权时，也即第112(f)条的等同物只能是已有技术（专利授权以前已有的结构），侵权成立时被控侵权的结构可以是图一中标记为①（除⑤以外）的技术（相同侵权；标记为⑤的技术已经披露在说明书中，肯定构成相同侵权）；

c. 判断等同原则的时间点为专利侵权时，也即基于等同原则的等同物可以包括在后技术（专利授权以后新开发出来的结构），侵权成立时被控侵权的结构可以是图一中标记为②的技术（等同侵权）；

d. 当被控侵权的结构与专利中"功能性特征"的功能并不完全相同时，须进一步判断二者的功能是否等同，并运用等同原则判断是否构成等同侵权，此时无须考量被控侵权的结构属于已有技术还是在

---

❶ Ring & Pinion Serv., Inc. v. ARB Corp., 743 F.3d 831, 835（Fed. Cir. 2014）

❷ WMS Gaming Inc. v. International Game Technology, 184 F.3d 1339（Fed. Cir. 1999））

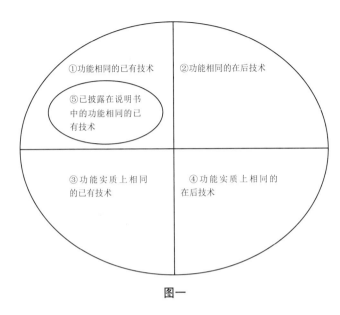

图一

后技术，侵权成立时被控侵权的结构可以是图一中标记为③和④的技术（等同侵权）。

五、中国关于"功能性特征"的司法解释与美国法院的差异

1.关于"功能性特征"的定义，中美之间基本相同，但司法解释（二）第八条第一款将形式上属于"功能性特征"，但本领域普通技术人员仅通过阅读权利要求即可直接、明确地确定实现上述功能或者效果的具体实施方式的技术特征排除在"功能性特征"之外。

2.关于功能性特征的保护范围，中美之间基本一致，即说明书和附图描述的该功能或者效果的具体实施方式及其等同的实施方式。

3.关于被控侵权产品的相应技术特征与功能性特征是否相同或者

等同，司法解释（二）第二款规定的是，与说明书及附图记载的实现前款所称功能或者效果不可缺少的技术特征相比，被诉侵权技术方案的相应技术特征是以基本相同的手段，实现相同的功能，达到相同的效果，且本领域普通技术人员在被诉侵权行为发生时无需经过创造性劳动就能够联想到的，人民法院应当认定该相应技术特征与功能性特征相同或者等同。

美国的判断标准较为复杂，基本可以归纳为：

与说明书及附图记载的实现上述功能或者效果不可缺少的技术特征相比，被诉侵权技术方案的相应技术特征功能完全相同，手段和效果基本相同，且本领域普通技术人员在专利申请日无需经过创造性劳动就能够联想到的，则该相应技术特征与功能性特征相同。

与说明书及附图记载的实现上述功能或者效果不可缺少的技术特征相比，被诉侵权技术方案的相应技术特征是以基本相同的手段，实现基本相同的功能，达到基本相同的效果，且本领域普通技术人员被诉侵权行为发生日以前无需经过创造性劳动就能够联想到的，则该相应技术特征与功能性特征等同。

"修改超范围"在专利审查中的理解和运用

汤国华*

Understanding and Practicing of Amendment Going beyond the Original Application in the Patent Substantial Examination

Tang Guohua†

摘要: 专利法第33条规定, 申请人可以修改申请文件 (发明/实用新型), 但是修改不得超出原说明书和权利要求书记载的范围。结合审查指南的相关规定, "超范围" 应当理解为修改后的技术方案不论从形式还是从含义上都与原申请记载的技术内容不同, 而不是以字面上的 "范围" 之内或者之外理解。本文还通过几个具体的示例讨论了专利法第33条在对申请文件的修改中的实际运用, 以及更进一步的, 讨论了修改的限制对最初专利说明书的撰写带来的一些启示。

关键词: 专利法第33条 修改超范围 实质审查

一、前言

专利法中涉及 "范围" 一词的有两处, 一处是专利法第59条, 是

---

* 华城律师事务所律师。
† Patent Attorney of Watson & Band Law Offices.

关于专利权的保护范围，明确了应当以权利要求的内容为准，同时说明书及附图可以用于解释权利要求的内容；另一处是专利法第33条，是关于申请文件的修改应当满足的要求，规定了（对发明和实用新型的）修改不应超出原说明书和权利要求书记载的范围。从专利法第59条看，专利保护范围实际就是指权利要求所确立的范围，这与专利法第33条所称的"权利要求书记载的范围"在字面上并无不同，但是它们有各自的应用场景：前者要解决的是专利权保护中的侵权判定问题；后者针对的是专利审查过程中对申请文件（权利要求书和说明书）的修改的审查问题。

专利保护范围的明确是判断侵权的前提，对于如何确定专利权的保护范围，最高院针对专利法第59条有专门的司法解释（法释〔2009〕21号）。对于"修改超范围"而言，存在类似的问题，即首先应当确定"原说明书和权利要求记载的范围"，而后才能判断修改是否超出了上述范围。但是最高院对专利法第33条并没有相关的司法解释，对于"修改是否超范围"的解释仅在专利审查指南中做出，而这些解释与上述确定专利权保护范围的司法解释并不相同。从专利实务的角度上，不论是审查员一方或是申请人一方，对专利法第33条、修改超范围在审查指南下的理解，是有着实际意义的。本文正是在专利审查这一特定范畴下对"修改超范围"的含义以及运用所做出的讨论。

二、概念和定义

专利法第33条：申请人可以对其专利申请文件进行修改，但是，对发明和实用新型专利申请文件的修改不得超出原说明书和权利要求书记载的范围，对外观设计专利申请文件的修改不得超出原图片或者照片表示的范围。

单从字面看，"范围"一词是一个面积概念，其包含由闭合边界围成的内容。第33条所述"不得超出原……范围"似乎是说只要修改

（的内容）仍在原说明书和权利要求书记载的范围之内（即仍在这个面积之上），就不会违反专利法第33条的规定。是不是能够这样理解呢？下面通过一个具体的例子来说明。

例1：某发明专利申请，其独立权利要求1内容如下：一种组合物，包含组分A、B。从属于权利要求1的权利要求2的附加技术特征为，组合物进一步包含组分X；从属于权利要求1的权利要求3的附加技术特征为，组合物进一步包含组分Y。专利说明书有分别对应于权利要求2和3的具体实施例，即包含组分A、B和X的组合物和包含组分A、B和Y的组合物，但说明书没有提供包含A、B、X和Y的组合物的实施例，也没有在说明书其他地方提及这样的组合物。在实质审查过程中，因创造性问题，申请人将权利要求1修改为"一种组合物，包含组分A、B、X和Y"，同时删去权利要求2和3。

在例1中，显然，原权利要求1请求保护的范围最大（限定的特征最少），不论是原权利要求2或3，还是修改后的权利要求1，都比原权利要求1的组合物限定了更多的组分，因此其范围当在原权利要求1记载的范围之内。然而针对上述修改的审查意见中，审查员以修改超出了原申请记载的范围为由拒绝了该修改。这是出于何种理由呢？

专利审查指南（第二部分第八章第5.2.1节）对专利法第33条所述的"范围"有如下定义：原说明书和权利要求书记载的范围包括原说明书和权利要求书文字记载的内容和根据原说明书和权利要求书文字记载的内容以及说明书附图能直接地、毫无疑义地确定的内容。由此可知，按照审查指南，第33条所述的"范围"实际指向的是原申请记载的"内容"，这实际上不仅包括范围的"边界"，而且包括"边界"内的所有内容。关于何种修改是超出了原申请记载的内容（不符合专利法第33条）、何种修改没有超出原申请记载的内容（符合法第33条），审查指南该部分第5.2.3节"不允许的修改"有这样的规定：如果申请的内容通过增加、改变和／或删除其中的一部分，致使所属技术领域的技术人员看到的信息与原申请记载的信息不同，而且又不能从原申请记载的信息中直接地、毫无疑义地确定，那么，这种修改就是不允许的。至此，我们能够大致明了，专利法第33条"超范围"的真实含义为：修改的内容在原始申请中存在某种依据，该依据要么与所修改的内容在文字上相同，要么从该依据能够排他性的推理出（认定）所修改的内容；如果该依据不存在，那么这种修改就是"超范围"的。

回到上面的例1，经申请人修改后的权利要求1的组合物包含A、B、X和Y四种组分，尽管其范围要比原权利要求小得多，但是由于原申请（包括权利要求书和说明书）完全没有记载包含这四种组分的组合物（技术方案），也不能唯一推理出该发明的组合物包含这四种组分，也就是，修改后的组合物（技术方案）与原申请的组合物（技术方案）不同。因此，这种修改是不被专利法第33条所允许的。

因此，专利法第33条有关是否"超范围"应当以"（修改后的）技术方案在形式/含义上（与原申请记载的内容）相同或不同"来理解，这是与专利法第59条所称的"保护范围"的显著区别。就专利权保护范围而言，根据全面覆盖原则（法释［2009］21号第7条），只要是符合权利要求的所有技术特征或是其下位概念的技术方案都属于保护对象，他人实施该技术方案就会构成侵权。换句话说，一旦权利边界（闭环）得以划定，凡是落在该边界内的技术方案都是受到保护的，此时并不考虑该技术方案是否明确记载在了专利说明书或者权利要求书中。总结来说，侵权判定是要判断"之内还是之外"，而修改超范围是要判断"相同还是不同"。

以下几种情况，即使修改后的技术方案（以上述侵权判定的角度看）仍落在修改前权利要求的保护范围内，但仍是审查指南（第二部分第八章）所列举的将被视为"超范围"的修改而不被允许：

由不明确的内容（例如功能性限定）改成明确具体的内容，该具体内容在原申请文件中并无记载（即便该具体的内容可视为不明确内容的下位概念）；

改变说明书或者权利要求中的某些特征、或者增加新的特征，其可能是原特征的上位概念、下位概念或者同级概念但原说明书和权利要求书中均未记载；

将原申请中的几个分离的特征进行组合，只要这种组合在原申请中没有提及、或者这些特征彼此间的关联并未明确（即便修改后的技术方案包含的特征比修改前的更多）。

三、实务应用和案例分析

在实务操作中，最大的问题在于，上述一致性判断应当在什么范围内进行，即审查指南中所述的"内容"的范畴。例如，对于仅涉及某一技术特征的修改，是需要判断该技术特征与原始记载的一致性（仅限于技术特征），还是需要进一步判断该技术特征所属的技术方案与原始记载的一致性（不仅限于技术特征）。显然，在没有确定判断对象的范畴的情况下而进行所谓的一致性判断是毫无意义的。那么，应当依据何种原则来确定修改对象的范畴呢？

在实务中的大量修改主要针对权利要求，每一项权利要求就是一个技术方案，其对应于一个独立的专利权请求范围。在很多情况下，一个技术方案是多个技术特征的有机组合，所有技术特征共同对发明做出实质贡献。从这个角度看，在对权利要求的部分（某一技术特征）加以修改时，应当理解为该权利要求的整个技术方案发生了改变。因此，在讨论这种变化（判断修改是否超范围）时，应当以技术方案为基本对象。也就是，不是讨论某一技术特征在修改前后的一致性，而是讨论该权利要求的技术方案在修改前后的一致性。如果是针对说明书内容的修改，由于其本质上体现的是对技术内容的修改，应当参照针对权利要求的修改对象的判断原则，从整体上考虑修改所涉及的技术方案，判断该技术方案在修改前后的一致性。套用审查指南中的话说，判断是否能"从原申请记载的信息中直接地、毫无疑义地确定"修改后的技术方案。

下面通过一个具体例子讨论在判断技术方案一致性中的典型问题。

例2：某发明专利申请，其独立权利要求1请求保护一种组合物，其包含组分A和B；同时说明书提到，作为发明的一个优选方式，除了组分A和B之外，还可以进一步包含组分C和D。在实质审查过程中，因被检索出含有组分A和B的组合物的在先文献，该申请权利要求1被认为不具备新颖性和创造性；针对该审查意见，申请人因此将权利要求1修改为"一种组合物，包含组分A、B和C"，并陈述上述修改依据为说明书的上述优选方式。在随后的审查意见通知书中，审查员以修改超出了原申请范围为由而拒绝了该修改。

上述专利申请的权利要求1涉及的是一种组合物，其技术方案（整体上）就是组合物本身。从技术方案整体来看，修改后权利要求1的组合物与申请人陈述的修改依据（即优选方式）实际并不一致。在说明书提及的优选方式中，组合物包含了A、B、C和D四种组分，其中，各组分之间（尤其是C和D之间）不是"或"的关系，而是"和"的关系，也就是说，该优选方式的组合物需同时包含A~D四种组分。而申请人修改的权利要求中，组合物仅需要包含A、B和C三种组分，该技术方案并不能反映在说明书中，即便其保护范围比原来的更小。同样的理由，包含A、B和D的组合物的技术方案也没有记载在说明书中、或者毫无疑义的确定，也属于不被允许的修改。

可见，上述优选方式的技术方案与修改后权利要求技术方案并不一致，从该优选方式中不能得出修改后权利要求的技术方案，这样的修改被认为是超出了原申请/权利要求书记载的范围。

除了说明书的优选实施方式可能成为申请修改的依据外，具体的实施例也可能成为修改的依据。下面举一个例子来说明如何从实施例中确定技术方案的范围。

例3：某发明专利申请，其独立权利要求1请求保护一种组合物，其包含组分A、B和C；从属于权利要求1的权利要求2的附加技术特征是所述组分C可选自物质x、y或z中至少一种（x、y、z为C的下位概念）；以及，专利说明书的实施例1列举的具体组合物1的组成为A、B和x，实施例2列举的具体组合物2的组成为A、B和y。在实质审查过程中，因被检索出组成为A、B和z的组合物，该申请被认为不具备新颖性和/或创造性，申请人因此将权利要求1修改为"一种组合物，包含组分A、B和C，但不包含z"，并陈述上述修改依据为说明书实施例1和2。在随后的审查意见通知书中，审查员以修改超出了原始范围为由而拒绝了该修改。

上例中，同样的，审查员没有认可修改后权利要求1的技术方案与实施例1和2的一致性。通常，撰写实施例的初衷只是作为实现发明的一个具体示范，并不被视作发明（即请求的范围）的等同，这也是说明书在描述实施例的开始或者结尾处都会有类似于"本发明并不局限于这些实施例"或"本发明的范围以权利要求为准"的注释的原因。但是，一旦要将具体的实施例视为一个技术方案整体（权利要求的范围）来看待，就需要考虑实施例所提及的所有技术特征/内容，以确定修改后权利要求的范围与由实施例确定的技术方案的范围是否一致。

从原权利要求1的形式看，其属于一个开放式的组合物权利要求，A、B、C为组合物的必要组分，同时不排除含有其他可能的组分。修改后的权利要求1的组合物依然是开放式，只不过排除了某一具体物质/组分，也就是，其包含A、B、C以外，还可能包含除z以外的其他物质/组分。

实施例1或实施例2的组合物中，确实不包含组分/物质Z。但是，由于实施例1和2都是具体的组合物，其所包含的A、B、x/y已经占到了这些组合物的100%构成，也就是，实施例1或2制备得到的组合物仅由A、B、x/y构成，是个封闭式的构成，不存在含有其他组成/物质的可能。

在这个案例中，单从组合物的组成讲，实施例1/2的组合物不仅不包含组分z，也不包含除A、B、x/y以外的任何组分，而修改后的权利要求1除了z外，还可以包含其他组分。因此实施例1/2不能认为是与修改后权利要求1具有相同范围的技术方案，即，从实施例1/2的记载并不能确定得到修改后权利要求1的技术方案。类似的，即使申请人将

167

权利要求1修改为"一种组合物，包含组分A、B和C，其中组分C选自x和y但不包括z"这种形式，其仍然会被认为超出原申请的范围，因为该技术方案在原说明书或者权利要求书中仍然没有（相一致的技术方案与其）对应。

四、结语和延伸思考

专利法第33条规定了，对申请的修改不得超出原说明书和权利要求书记载的范围，我们反过来看，为了使修改不超出原说明书和权利要求书记载的范围，需要确保修改后的技术方案在整体上可以由原说明书或权利要求书中的记载中直接的、毫无疑义的确定，而不是判断修改后的技术方案相比原先请求保护的权利范围是更小还是更大。

最后，需要再次强调的是，本文仅仅是基于审查指南的规定对专利法33条应当如何理解和操作所进行的讨论。但是，专利审查指南仅是国家专利行政部门的部门规章，更通俗讲，是专利局审查员的操作手册，它并不能用来解释法律。在专利行政诉讼，例如因当事人不服无效决定或者复审决定而对行政部门（知识产权局）提及诉讼时，法院对于专利法具体法条的解读将依赖于司法解释或者法官自身的解读，而专利审查指南并非唯一要考虑的依据。

我国实用新型制度下的电子线路类申请

肖华*

The Patent Application in the Electronics Field under the Chinese Utility Model System

Xiao Hua†

摘要： 电子领域内的技术革新对于当今社会的工农业、服务业等产业的发展具有举足轻重的作用。实用新型作为中国专利制度下利用最广泛的申请类型，如何针对电子领域内的发明创造发挥好实用新型的作用，是一个重要的课题。特别是，在是否属于实用新型的保护课题、如何准确表述要包含的发明创造的保护范围等方面，得到了业内极大的关注。

关键词： 实用新型　电子线路　功能性限定

一、电子线路类申请案件的现状

电子领域内的技术革新对于当今社会的工农业、服务业等产业的发展仍然具有举足轻重的作用。因此，该领域内的发明创造的申请量

---

* 华城律师事务所律师。

† Patent Attorney of Watson & Band Law Offices.

无疑也是在申请总量中占据重要的比重。而该领域内的发明创造如何利用好中国专利法框架下的实用新型制度，是一个重要的课题。

笔者经过针对中国的专利申请进行初步的检索后可以发现，在2015年一年间公开的实用新型申请中，主题与电子线路关的申请约有7万余件，而与"系统"（主分类号限于G06或H类）相关的申请约有3万件。

二、我国的实用新型制度简介

实用新型专利制度的设置并非中国特色，而在世界各国都有其存在的基础和需要。除了中国，还有德国、日本、韩国、意大利、俄罗斯、法国、奥地利、澳大利亚、马来西亚、巴西等许多国家都有实用新型专利制度。我国在1985年实施的首部《专利法》中即已参考德国和日本的经验确立了实用新型专利制度。

到目前为止，我国的实用新型一直保持较高的申请量。结合最近国家知识产权局公布的相关数据，2015年度实用新型的全年受理量已经超过了发明专利。并且结合自1985年至今的数据来看，30年来，实用新型申请的受理总量已经超越了发明专利的受理量。由此足见实用新型在我国专利制度中的重要地位。

相对于发明，实用新型的最大优势莫过于在申请周期上的优势。根据我国专利法的规定，专利自获得授权之日起才享有专有权，也就是发明在申请过程中的约两年多时间并不能为申请人带来直接利益和保护。

一件发明从提出申请到收到授权或驳回通知平均需要两年半左右。而实用新型由于不进行实质审查，申请周期比发明短很多。目前，委托经验成熟的代理人、代理机构申请的实用新型，绝大部分可在四至六个月收到授权通知。

施耐德与正泰的侵权纠纷❶正是体现实用新型专利价值的典型案例。该案中，正泰集团股份有限公司认为天津施耐德公司生产的断路器产品侵犯其97248479.5号实用新型专利权，因此首先提出立即停止侵权并赔偿损失50万元的诉讼请求。不久之后，正泰变更诉讼请求，将索赔数额增加至3.35亿。如常见的专利侵权纠纷案件，该案所涉专利在专利侵权诉讼期间也历经了无效请求宣告程序以及进一步针对无效决定的行政诉讼程序。然而，该实用新型最终未能被宣告无效，侵权纠纷的原被告双方最终也以1.5亿余元的高额赔偿金达成庭外和解。借由此案，大家才算充分认识到实用新型专利权的价值。

三、实用新型的相关审查规定

关于实用新型制度的利用，有一点需要广大申请人尤其重视和注意，即，实用新型的保护客体与发明专利的保护客体存在明显的差别。在专利局对于实用新型的初步审查过程中，是否属于实用新型的保护客体的审查是首要的。

根据《专利审查指南》对可以获得专利保护的实用新型的一般性定义来看，专利法第二条第三款所规定的，专利法所称实用新型，是指对产品的形状、构造或者其结合所提出的适于实用的新的技术方案。

根据专利法第二条第三款的规定，实用新型专利只保护产品。所述产品应当是经过产业方法制造的，有确定形状、构造且占据一定空间的实体（《专利审查指南》第一部分第二章6.1节）。与之不同的是，发明专利的保护客体除了上述产品，还可以包括制造方法、使用方法、通讯方法、处理方法、计算机程序以及将产品用于特定用途。

另外，《专利审查指南》第一部分第二章6.2节还明示了，根据专利法第二条第三款的规定，实用新型应当是针对产品的形状和/或构造所提出的改进。

---

❶ 详见北京市第一中级人民法院民事判决书 (2000)—中知初字第26号。

产品的形状，对于大家而言应该是很好理解的，即产品具有的确定的空间形状。

产品的构造，对于其的理解相对来讲相对复杂。根据审查指南的说明，产品的构造是指产品的各个组成部分的安排、组织和相互关系。产品的构造可以是机械构造，也可以是线路构造（《专利审查指南》第一部分第二章6.2.2节）。

在对实用新型制度有了初步的了解后，我们来看一下电子线路类的发明创造在申请实用新型时要关注的几个重要问题。

四、实用新型对线路构造的保护

在审查指南中，对于机械构造包括了哪些要素进行了特别的具体规定：机械构造是指构成产品的零部件的相对位置关系、连接关系和必要的机械配合关系等（《专利审查指南》第一部分第二章6.2.2节）。

值得注意的是，在审查指南中，对于线路构造，仅仅规定了其是指"构成产品的元器件之间的确定的连接关系"（参阅《专利审查指南》第一部分第二章6.2.2节）。

审查指南这样规定，是否意味着只有按照"元器件+连接关系"的撰写方式的权利要求才能被视为是实用新型的保护客体呢？我们可以先来看几个成功获得实用新型专利权的案例。

案例1：

1.一种电机电压检测电路，其特征在于，所述电机电压检测电路包括电压输入端、电压输出端、第一电阻、第二电阻、第三电阻、第四电阻、第一电容、第一运算放大器、第二运算放大器、保护电路；所述电压输入端经第一电阻、第二电阻连第一运算放大器的同相输入端，所述第一运算放大器的反相输入端经第三电阻与第一运算放大器的输出端相连；所述第一运算放大器的输出端与第二运算放大器的同相输入端相连，第二运算放大器的反相输入端与第二运算放大器的输出端相连，所述第二运算放大器的输出端经第四电阻与电压输出端相连，所述第四电阻与电压输出端相连的一端经第一电容接地。

案例2：

1.一种待机电路，其特征在于，包括：天线模块，蓝牙模块，按键模块和开关控制模块；

所述天线模块，用于接收蓝牙遥控器发送的开关控制信号；

所述蓝牙模块，用于根据所述天线模块接收到的开关控制信号，发送控制所述开关控制模块的开关控制信号；

所述按键模块，用于根据按键的开关状态，控制所述开关控制模块的开关；

所述开关控制模块，用于根据所述蓝牙模块发送的开关控制信号，或者，根据所述按键模块的开关状态，启动或者关闭机芯板以及机芯板电源VCC_Standby与电池电源VCC_电池之间的切换。

首先看案例1，其采用的是与审查指南的规定基本相符的撰写方式——"元器件+连接方式"，例如其中的"所述电机电压检测电路包括电压输入端、电压输出端、第一电阻、第二电阻、第三电阻、第四电阻、第一电容、第一运算放大器、第二运算放大器、保护电路"、"第二电阻连第一运算放大器的同相输入端"、"所述第一运算放大器的反相输入端经第三电阻与第一运算放大器的输出端相连"。

但是，这样的权利要求的撰写方式，从权利要求的保护范围乃至权利人行使权利的角度而观之，却是非常不利。

要知道，合理的权利要求的保护范围的设置，能够最大可能地保护发明人的技术构思，而不应是仅限于具体的实现方式，亦被称作具体实施方式。

"所述第一运算放大器的反相输入端经第三电阻与第一运算放大器的输出端相连"所记载的，如果在实际行使权利的过程中，发现被控侵权产品的第一运算放大器的反相输入端并非经由一电阻，而是经由其他器件、甚至是直接与第一运算放大器的输出端相连，这样的话，将导致实质产品和权利要求的字面记载存在明显的不同，那侵权的事实该如何认定？

再来看案例2，从其文字表述上来看，技术方案中列明了所有的组成部分，"包括：天线模块，蓝牙模块，按键模块和开关控制模块"，但是在表述各个模块之间的关系并没有直接出现"连接"、"相连"此类的表述。

但是，若仔细阅读权利要求后可以看到，通过在方案中出现的"开关控制信号"，却可以将这些模块的关联关系理顺，也就是说，利用这样的信号流向关系，可以毫无疑义地确定其中的元部件的连接关系。简而言之，案例2用不同的表述方案实现了如审查指南所规定的"元器件+连接方式"的撰写方法。案例2的撰写方式的风险在于，这种表征信号流向的特征表述方式，有可能被认为是功能性限定，从而在实用新型申请的初步审查过程中被审查员要求删除，从笔者的经验来看，往往需要经过意见陈述之后才能为审查员所接受。

从上述的案例来看，在审查指南的规定中，对于怎样的线路构造才能获得实用新型的保护，实际并未作清晰的阐述。审查指南的相关规定是对申请人撰写专利申请文件，尤其是撰写权利要求的直接指导性文件。不明确的规定难免会造成申请人在处理申请的撰写时进退两难。

但是，我们可以从审查指南对于机械构造的被保护的要素出发，用类比的方式来研究和思考线路构造的哪些要素可以获得保护。

对于机械构造而言，审查指南规定了，实用新型适用于保护构成产品的零部件的相对位置关系、连接关系和必要的机械配合关系等，对于线路构造而言，分别相类比的要素可以是：线路元件的相对位置关系、连接关系、以及元件之间必要的信号流向三者。

在线路构造的权利要求所记载的技术方案中，清楚的线路元件的相对位置关系，明确了线路元件的大致布局；清楚的线路元件的连接关系，明确了线路的基本构造；线路元件之间必要的信号流向，可以明确该线路所实现的基本功能、工作原理。三者环环相扣，描述了一个清楚的技术方案，构建了一个清晰的保护范围。

五、实用新型中的功能性限定

虽然实用新型不会经历如同发明那样严格的实质性审查，但是在其初步审查过程中，面对实用新型中包含的功能性特征，大多数审查员还是会格外重视，且评判也比较严格，尤其是在一些涉及电路的实用新型申请中。

以下就以一涉及电路的实用新型申请为例进行关于电路的实用新型申请中的"功能性限定"的讨论。该实用新型的独立权利要求是这样记载的：

"一种按键状态侦测电路，耦接至多个按键模块，所述按键模块均包含有至少一按键单元，该按键状态侦测电路包含：

多个第一逻辑单元，分别耦接于所述按键模块，所述第一逻辑单元中每一第一逻辑单元依据是否有接收到相对应的按键模块所输出的按键输出信号来提供一第一逻辑值；

多个第一信号缓存单元，分别耦接于所述按键模块，用来于相对应的按键模块产生一按键输出信号时暂存该按键输出信号；

多个第二逻辑单元，分别耦接于所述按键模块，所述第二逻辑单元中每一第二逻辑单元依据是否有接收到相对应的按键模块所输出的输出信号来提供一第二逻辑值；

第二信号缓存单元，耦接于所述第一信号缓存单元；以及控制组件，耦接于所述第一逻辑单元、所述第二逻辑单元与该第二信号缓存单元，当该控制组件自对应于特定按键模块的第一逻辑单元接收到第一逻辑值时，该控制组件依据对应于该特定按键模块的第二逻辑单元所输出的第二逻辑值来产生该控制信号以控制该第二信号缓存单元自对应于该特定按键模块的第一信号缓存单元中读取该特定按键模块所输出的按键输出信号并暂存该按键输出信号，再从该第二信号缓存单元接收该按键输出信号"。

在初步审查过程中，审查员针对此权利要求发出了补正通知书，其中指出，上述权利要求中出现的诸如"所述第一逻辑单元中每一第一逻辑单元依据是否有接收到相对应的按键模块所输出的按键输出信号来提供一第一逻辑值"、"当该控制组件自对应于特定按键模块的第一逻辑单元接收到第一逻辑值时……，再从该第二信号缓存单元接收该按键输出信号"这样的特征属于描述工作原理、工作过程的技术特征，这不符合专利法实施细则所规定的"以产品的形状、构造来限定实用新型"的规定。如果要确保该专利被授权，需删除权利要求中的这些技术特征。

如果按照审查员的意见，删除了这些特征，那么对于申请人提出的该发明创造而言，称得上是"毁灭性的打击"。

根据我们的理解，上述权利要求中的对产品的工作原理、工作过程的限定是属于审查指南中所规定的"功能性特征"。众所周知，一个电路的主要技术特征，除了电路中各个部件间的物理连接关系外，还应该包括电路中各个部件发挥的作用以及电信号在各个部件中的变化及其在各部件之间的流向等功能性特征。这些功能性特征常常是描述一个电路中各个单元之间关系的必不可少的特征。如果不描述这些特征，一个电路的技术方案中各单元之间的关系是不清楚的。

如果按照审查员的意见删除上述权利要求中的与功能性特征有关的内容而仅仅保留各个连接关系特征，则该技术方案中各组成部分、即各单元之间的关系及电信号在各单元之间的流向就会变得非常地不清楚。反而，将使得该权利要求不符合专利法规定的"清楚、简要地限定要求专利保护的范围"的规定了。因此，对于这样的涉及电路的申请，仅用连接关系特征对其进行限定是不恰当的。

再者，对于上述权利要求中所述的"控制单元"，其功能性限定是表述该控制单元与其他电路单元之间关系的唯一的、最清楚的恰当的限定。如果不用功能性特征进行限定，而仅仅利用连接关系等来描述的话，反而会有不好的效果。举例来说，如果删除了上述权利要求中涉及控制单元的功能性特征，则对于该控制单元的限定则变成"控制组件，耦接于所述第一逻辑单元、所述第一逻辑单元与该第二信号缓存单元"。但是，具有了这样的连接，控制组件和各个逻辑单元和信号缓存单元之间在工作过程中产生怎样的关联仍然是不能唯一地确定的。从整体上来说，这样仅仅以连接关系特征限定的电路技术方案反而是不确定的，具有多样性。

就这样的问题，《专利审查指南》中有指出，当技术特征用结构特征（连接关系特征）限定不如功能性特征来限定更为恰当时，使用功能性特征来限定实用新型也是被允许的。因此，从确保权利要求的清楚性这一角度来看，在电路特征构成的技术方案中，在具备了电路连接关系特征的情况下，增加对电路中的信号流向、对信号的处理和控制等进行限定的相应功能性特征显然是符合上述规定，从而应该被允许的。

另一方面，虽然《专利审查指南》也要求了"尽量避免使用功能性特征来限定实用新型"，这一规定的本意是防止单纯使用功能性特征进行限定可能会导致出现权利要求保护范围不适当的扩大。但是本实用新型的权利要求是在描述了电路的组成单元及各组成单元间的连接关系特征的基础上，再加上功能性特征进行限定，这样的限定使得所要求保护的电路的各部分之间的关系更完整和更清楚，而不会扩大以构造为基础的保护范围。因此，从权利要求的保护范围角度考虑，在具备了电路连接关系特征的情况下增加各结构的相应功能性特征也是合理的。

基于这样的抗辩思路，最后申请人说服了审查员，实用新型中的功能性限定得到了保留。通过上述这一真实案例可以看出，对于实用新型申请的权利要求中所保护的功能性限定，不能一概而论地持否定的态度，尤其是像涉及电路的实用新型申请。实质上，对于在实用新型授权后的无效评定和侵权判定程序中，权利要求中所包含的功能性特征也是被考虑的。在实用新型的权利要求中，如何看待其中功能性特征的存在的合理性，笔者的理解是：应该结合权利要求的清楚性、保护范围这两个方面来考虑。如果所保护的功能性特征是对上述两个方面存在积极的作用，那这样的功能性特征是应该被允许保留的。否则的话，则应当按照专利法实施细则的规定予以删除。

职务作品的准据法适用

张鹏*

The Applicable Law of Works Made for Hire

Zhang Peng†

摘要：职务作品的准据法适用问题是近年来争论较多的问题之一，由于各国的著作权制度中对于职务作品的原始归属问题在实体法上各不相同，形成了所谓的版权体系及作者权体系的立法例。这极易产生由于适用实体法的不同造成原始归属的不同，进而阻碍作品的创作和利用活动。在尚不存在统一的国际私法条约的前提下，就职务作品的准据法适用问题应主张将著作权原始归属的准据法问题与以雇佣关系为前提的职务作品的准据法问题相区分，对于著作权原始归属的准据法适用保护国法，而例外的对于职务作品适用劳动合同相关的准据法规则。

关键词：职务作品　创作人主义　被请求保护国法　作品来源国法　劳动合同关系　准据法

---

* 中国社会科学院法学研究所助理研究员，中国社会科学院知识产权中心研究员。

† Professor and Research Fellow of the IP Center of CASS.

一、问题的提出

著作权的权利归属一般是指作品著作权应当由谁所享有。传统上在大陆法系各国著作权法中一般都坚持所谓的"创作人主义"[1]原则，即只有从事了作为事实行为的作品创作行为的自然人才能原始取得著作权。[2]但是考虑到近代以来大量作品都是通过受雇于组织中的自然人所创造的，而一项作品往往需要众多受雇于组织中的自然人合力而为，如果坚持传统的"创作人主义"原则可能会造成权利主体的分散，进而导致交易成本的飙升，从而影响作品的利用，所以大多数国家的著作权法也将雇主视为作者，将职务作品著作权原始归属问题作为"创作人主义"原则的例外加以处理，使得雇主可以以原始著作权人的身份统一处理著作权权利行使问题。但是由于政策考量及历史传统的不同，各国对于的职务作品的具体规定也大不相同。

例如英美法系国家一般都视法人为作者，在《美国版权法》第201条（b）规定，就雇用作品而言，雇主或作品为其制作的其他人被认为是本法所称的作者，除非各方在由他们签署的书面文件中明确另外的协议，雇主或作品为其制作的其他人拥有版权所包括的一切权利。[3]《英国版权法》第11条第（2）款也规定，如果文字，戏剧，音乐和艺术作品是由雇员在受雇期间创作的，则除非合同中有相反约定，否则雇员的雇主为该作品的原始版权人。[4]

传统上认为属于大陆法系国家的日本也在其《著作权法》第15条中规定，基于法人等使用者的提议，从事该法人等使用者的业务

---

[1] 有关"创作人主义"的详尽研究见于，潮海久雄. 职务著作制度的基础理论［M］. 东京：东京大学出版会，2005：1.

[2] 上野達弘，大陸法から見たわが国『職務著作［J］. 著作権研究，2004（30）：72.

[3] Eric J. Schwartz，International Copyright Law & Practice，Yushodo Press，2004，p 84ff.

[4] Cornish/Llewwlyn，Intellectual Property：Patents，Copyrights，Trade Marks and Allied Rights，Sweet & Maxwell，2003，5th ed.，p 471-472.

的人，在履行职责时创作的作品，如果以法人等使用者的名义发表时，只要在作品创作完成时的合同或者就业规则中没有特别约定，则该法人等使用者视为著作权人。该条第2款进一步规定，如果从事法人等使用者业务的人创作的是计算机软件，则不管是否以法人名义发表，只要在创作完成时合同，就业规则没有特别约定，则该法人等使用者视为著作权人。❶可见日本在这一问题上完全采取了英美法系的立法例。

而法国则采取了折中的处理方法，在《法国知识产权法典》第L111-1条中明确规定，智力作品的作者，仅仅依其创作的事实，对作品享有专有的，对抗所有人的无形财产权。智力作品的作者签订的雇佣合同或劳务合同对作者依第一款享有的权利不产生任何消极影响。❷但是，也并不是说在法国法上并不存在"创作人主义"原则的例外，在有关集合作品（oeuvre collective）的第L113-5条中规定，如无相反证明，集合作品为以其名义发表作品的自然人或法人的财产，该人被赋予著作权。所谓的集合作品是指由一个自然人或法人发起并由该人编辑，出版及发表的作品，且参与创作的多个作者的个人贡献已融汇到该作品整体中，不可能就已完成的整体赋予他们中任何一人以单独的权利（第L113-2条第3款）。❸一般来说该集合作品是指字典，百科全书以及报纸等。❹此外对于不属于集合作品的其他作品，尽管不承认雇主原始取得著作权，也存在在一定程度上使权利相对集中的规定。即，对于视听作品（第L132-24条），广告的委托作品（第L132-31条），软件及文档作品（第L113-9条）规定了对雇主的

---

❶ 田村善之. 著作権法概説［M］. 东京：有斐閣，2001：560.

❷ 法国知识产权法典（法律部分）［M］. 黄晖，译. 郑成思，审校. 东京：商务印书馆，1999：3.

❸ 法国知识产权法典（法律部分）［M］. 黄晖，译. 郑成思，审校. 商务印书馆，1999：6.

❹ 長塚真琴. "フランス法上の集合著作物をめぐる最近の展開"，［J］. 市場経済と企業法，中央経済社，2000：379.

权利转让推定。

在《德国著作权法》中并不存在职务作品的概念。"创作人主义"原则在现行德国著作权法中毫无例外的得到了贯彻。❶在《德国著作权法》第7条中规定，作品的创作人是作者。但是，对于计算机程序及电影作品也存在对于权利行使的推定规定，❷以减少因为过于分散的权利归属对于权利行使造成的阻碍。

我国《著作权法》在第11条第3款的单位作品❸之外，也规定了职务作品。对于职务作品区分两种情况，分别规定了其著作权归属，对于主要是利用法人或其他组织的物质技术条件创作，并由法人或其他组织承担责任的工程设计图、产品设计图、地图、计算机软件等职务作品，以及法律、行政法规规定或者合同约定著作权由法人或者其他组织享有的职务作品，创作作品的自然人只享有署名权，著作权的其他权利由单位享有；而对于其他职务作品，著作权由作者享有。

由上可见在确定职务作品的原始归属时，依据不同国家的法律处理将会得出不同结论。例如一位英国雇员，为履行职务为公司创作了一副建筑表现图。该建筑表现图未经许可被中国一公司复制发行了。英国公司表示不追究中国公司的侵权责任。但该英国雇员以作者身份起诉到中国法院，主张自己的版权。如果依照《英国版权法》，不仅对该雇员已创作出来的作品，而且对尚未创作出来的作品，均归英国公司所有，雇员得到公司的报酬后，不享有版权。而依《中国著作权

---

❶ H.Schack, Urheber-und Urhebervertragsrecht, Mohr Lehrbuch, 2001, 2 Auf., p 105-106.

❷ 例如对于计算机软件，如果是雇员为执行任务或者按照雇主指示而创作的，在没有其他约定的情况下，只有雇主有权行使该计算机程序的全部财产权能（《德国著作权法》第69b条）。对于，如果参加制作电影者取得电影著作权，在约定不明的情况下，电影作品的作者有义务将电影作品，对电影作品进行翻译以及其他类型的演绎或改编的排他性使用权许可给电影制片人（《德国著作权法》第89条第1款）（［德］M·雷炳德：《著作权法》，张恩民译，法律出版社2005年版，第181页）。

❸ 即，由法人或者其他组织主持，代表法人或者其他组织意志创作，并由法人或其他组织承担责任的作品，法人或者其他组织为作者。对该规定的批判性见解见于李扬. 知识产权法基本原则［M］. 北京：中国社会科学出版社，2010：227. 王迁. 知识产权法教程［M］. 北京：中国人民大学出版社，2011：161-162.

法》，该建筑表现图不是中国法律中的设计图，所以该雇员本人是原始取得著作权。❶

我国《涉外民事法律关系适用法》第48条虽然规定对于知识产权的归属及内容适用被请求保护地法律。但是对于被请求保护地法律的适用范围仍有争论，特别是对于著作权原始归属以及职务作品原始归属的法律适用问题尚没有形成统一的见解，其中有的学者从知识产权属地主义原则出发，主张与著作权的归属及内容问题一样，对于文学和艺术作品的作者身份和原始版权归属问题原则上也应该由请求保护地国家法律确定；❷而也有学者认为应将与职务作品相关的问题性质决定为劳动关系，并依据劳动关系的准据法来决定职务作品的原始归属的法律适用问题。❸此外除了上述两种观点外，国际上对于著作权的原始取得也有主张不论是否构成职务作品，均以作品来源国作为统一的连接点的学说及实践。❹

本文旨在简单介绍各种学说要旨及分析其利弊后，抽出相关法律问题，并通过解释论的手法对著作权原始归属以及职务作品原始归属的法律适用问题再构成。

❶ 该设例见于杜涛. 涉外民事关系法律适用法释评［M］. 北京：中国法制出版社2011：401-402.

❷ 杜涛著. 涉外民事关系法律适用法释评［M］. 北京：中国法制出版社2011：401-402. 国际上也有持相同观点的论述，见于驹田泰土. 職務著作の準拠法［J］. 知的财产法政策学研究，2005（5）：41.

❸ 万鄂湘. 中华人民共和国涉外民事关系法律适用法条文理解与适用［M］. 北京：中国法制出版社，2011：349-350. 国际上也有持相同观点见解：J. J. Fawcett & P. Torremans，Intellectual property and private international law，Clarendon Press，1998，pp. 513-515；Mireille van Echoud，Choice of law in copyright and related rights alternatives to the lex protection，Kluwer law International，2003，pp. 188-190；E. Ulmer，Intellectual Property Rights and the Conflict of Laws，Kluwer，1978，n.36-39；田村善之. 著作権法概説［M］. 北京：有斐閣，2001：560.

❹ P. Goldstein，International Copyright Principles，Law，and Practice，Oxford University Press，2001，pp. 102-105.

二、有关职务作品准据法的学说介绍及利弊分析

（一）统一主义

所谓统一主义是指对于职务作品的准据法问题统一适用涉及著作权原始归属的准据法规范。而对于著作权原始归属的法律适用问题存在着保护国法律说（lex loci protectionis）❶和作品来源国法律说(lex originis)❷两种学说。

其中作品来源国法律说是指不论是否构成职务作品，著作权的原始取得均以作品来源国❸为统一的连接点。从采用该学说的司法实践来看，美国法院在俄罗斯新闻案中的观点值得参考。❹该案中，纽约的一家俄语周报未经原告许可转载了由俄罗斯记者所写，并以俄罗斯为来源国的文章。美国联邦第二巡回上诉法院认为应将此案分为被侵权文章版权的归属及侵权损害赔偿两个问题分别处理。在回顾了《伯尔尼公约》，并否定了一些学者提出的公约中的国民待遇原则要求对版权归属问题也适用被请求保护国法的观点后，认为本案作品是由俄罗斯人创作，并最初在俄罗斯发行，与其版权的归属有密切的联系(most significant relationship)，应根据俄罗斯版权法决定版权的原始归

---

❶　驹田泰土. 職務著作の準拠法［J］. 知的財産法政策学研究，2005（5）：41.

❷　P. Goldstein, International Copyright Principles, Law, and Practice, Oxford University Press, 2001, pp. 102–105.

❸　根据《伯尔尼公约》第5条第4款的规定，所谓来源国是指：（1）对于首次在本联盟一成员国发表的作品，应以该国家为来源国；对于在给予不同保护期的本联盟数成员国同时发表的作品，来源国为立法给予最短保护期的国家；（2）对于在非本联盟成员国和本联盟某一成员国同时发表的作品，应视后者为来源国；（3）对于未发表的作品或者首次在非本联盟成员国发表而未同时在本联盟成员国发表的作品，则以作者为其公民的本联盟成员国为来源国，然而对于其制片人于本联盟某一成员国有所在地或经常居所的电影作品，则以该国为来源国；对于建立在本联盟某一成员国内的建筑作品或设置在本联盟某一成员国内房屋中的绘画和造型艺术作品，应以该国为来源国。

❹　Itar – Tass News Agency v. Russian Kurier, Inc., 153 F. 3d. 82, (2d Cir. 1998). 有关此案的详细介绍也可见于：驹田泰土. 著作権の原始取得に関する準拠法——タス通信社事件米国判例［J］. コピライト，1999（12）：33.

属及职务作品的准据法问题。❶

采用该说能够使得著作权的原始归属问题适用统一的连接点，减少对同一法律问题适用多国法的可能性。且无论有关知识产权归属的争议在哪国法院提起，法院适用的法律都将是一样的，这对于作者和媒体业来说十分有利。但该方法的弊端在于，如何确定作品的来源地，依据一国法律或者国际公约会有所不同。首先，作为作品的来源国在作品发表前及发表后有可能产生变更，于是将有可能导致著作权的原始归属发生变化；还有，对于利用互联网技术使作品同时到达多个国家，同时在多国法下构成发表的情况下，如何确定本源国亦有困难，而不得不通过法的拟制确定其中一国为本源国进而适用该国法律。针对这一问题Ginsburg教授提出应以与作品具有最紧密联系的国家为本源国，其中决定最紧密联系的因素包括作者的住所、存储网页的服务器所在地、网站经营者的主要营业地等。❷但是依据该说仍然无法明确的确定准据法适用，特别是对于确定著作权原始归属这种要求具备明确规则的问题，个案的利益考量进而确定最紧密联系地的方法有可能会损害当事人的预测可能性。还有考虑到法院地的公共秩序，一般法院也不会选择适用本源国法，而是直接适用法院地法。典型的例子就是1991年法国最高上诉法院（Court of Cassation）作出的John Huston判决。该案中黑白电影Asphalt Jungle的著作权人计划将该电影的彩色版于法国公开放映，而该电影的导演美国人John Huston即以侵犯其著作权人格权为由起诉至法国法院要求损害赔偿。法院支持了John Huston的诉讼请求。本案电影作品的第一发表国为美国，尽管依本源国法说，电影导演在美国法上对于电影作品并不享有任何著作权，而仅是作为制片人的电影公司享有著作权的原始归属。但是法国最高上诉法院却是直接适用了法国法，排除了本源国法适用的

❶　亦有观点认为该案适用的是最密切联系原则，见于冯术杰. 论知识产权冲突规则的拟定——保护国法主义与分割论的结合适用［J］. 法学，2005（3）：103.

❷　J. C. Ginsburg，The Cyberian Captivity of Copyright: Territoriality and Authors Rights in a Networked World，15 SANTA CLARA COMP. & TECH. L. J. 1999，p 350–353.

余地。但是直接适用法院地法的做法，由于助长了法院选择（forum shopping）及阻碍了判决的国际协调，也广受批评。

而适用保护国法律说能够成功的解决该问题，所以作为著作权原始归属准据法问题的适用原则，广受推崇。首先，在《伯尔尼公约》第5条第2款第2句中有明确的规定，除本公约条款外，保护的程度以及为保护作者权利而向其提供的补救方法完全由被请求给予保护的成员国法律规定。这里所指的被请求给与保护的国家实际上就是使用有关作品的那个国家，而区别于法院地国。❶所以不论是否在被请求给予保护的国家提起诉讼，均应适用保护国法律，从而减少了法院选择现象的发生；其次，该说与属地主义原则相呼应，立足于公约建立的知识产权国际保护体制，有利于各国维护自身的政治经济利益。❷权利的归属问题对于激励作者创作作品的热情，以及在劳动合同中体现的报酬均有重要影响。权利原始归属于作者还是制片人直接影响着电影等产业的制度设计。属地主义原则的适用不仅体现了知识产权保护的传统，也体现了一国文化产业政策的选择。所以著作权原始归属问题是非常重要的政策判断，适用保护国法可以成功的协调这一问题。

尽管不是针对职务作品准据法适用的规定，在《伯尔尼公约》第14条之二的第（2）款（a）项中对于电影作品的版权归属作了明确规定，确定电影作品版权的所有人，属于被请求给予保护的国家法律规定的范围。这是伯尔尼公约中对权利归属问题所作的唯一规定。很明晰这是一条冲突法规定，明确了电影作品所有权归属的准据法是被请

---

❶ 举例来说，如果来源于日本的作品在中国遭到未经授权的使用，但当事人在被告住所地美国法院提起诉讼，美国法院只能适用中国法律以确定侵权行为是否成立，而中国既不是来源国，也不是法院地国，而是被请求保护地国。见于杜涛. 涉外民事关系法律适用法释评［M］. 北京：中国法制出版社，2011：399.

❷ 冯术杰论知识产权冲突规则的拟定——保护国法主义与分割论的结合适用［J］. 法学，2005（3）：103.

求保护国法。❶在德国司法实践中也广泛的采用了该说。❷

但是针对著作权原始归属问题统一适用保护国法也存在一定的问题，即对于针对同一作品的涉外纠纷容易导致在不同的保护国适用不同的法律的现象。为了解决这一所谓的断片化（Mosaikthreorie）问题，区别主义的学说和实践应运而生，逐渐成为了各种实践的主流。

（二）区别主义

所谓的区别主义一般是指在性质决定阶段，将权利原始归属的准据法问题与以雇佣关系为前提的职务作品的准据法问题相区分。对于职务作品的准据法问题适用劳动合同关系准据法。❸该说认为有关职务作品的著作权原始取得问题，应视作由雇佣合同产生的雇佣关系的解释问题。因此，职务作品的准据法应以该劳动合同的准据法决定。通说认为其主要理由是，首先，当职务作品问题往往涉及劳动合同关系，适用该劳动合同关系所应适用的准据法可以在一定程度上确保权利归属问题的确定性；其次，从涉外劳动合同关系法律适用的规定来看，往往是限制当事人的意思自治，从保护处于弱势地位的劳动者，适用对其利益保护有利的法律这一目的出发，对涉外劳动合同关系做了有利于劳动者的安排，防止用人单位利用自己的有利地位操纵法律选择。在劳动合同关系与知识产权归属问题发生交叉时，没有理由置保护劳动者和适用对其利益保护有利的法律这一立法目的于不顾。因此，至少对于涉及劳动合同关系的知识产权归属而言，应适用关于该

---

❶ 学说上也有观点认为这一规定本身说明，对于版权的权利归属，并不存在适用被请求保护国法的一般规则。否则本条的规定将失去意义。这进一步支持了在特定情况下可以不适用被请求保护国法律的结论。见于万鄂湘. 中华人民共和国涉外民事关系法律适用法条文理解与适用［M］. 北京：中国法制出版社，2011：349-350.

❷ Mireille van Echoud， Choice of law in copyright and related rights alternatives to the lex protection，Kluwer law International， 2003，pp.123-123，

❸ J. J. Fawcett & P. Torremans， Intellectual property and private international law，Clarendon Press， 1998， pp. 511-512. Mireille van Echoud， Choice of law in copyright and related rights alternatives to the lex protection， Kluwer law International， 2003， pp. 188-190. 田村善之. 著作権法概説［M］. 东京：有斐閣，2001：560. E. Ulmer，Intellectual Property Rights and the Conflict of Laws， Kluwer， 1978， n.36-39.

劳动合同关系的准据法。❶

　　作为采用了该说的立法例，在奥地利1978年6月15日《关于国际私法的联邦法律》第34条第2款中规定，就与劳动者在其劳动关系范围内的职业活动有关的知识产权而言，适用于劳动关系的指定性规则对于雇主与劳动者之间的关系是决定性的。❷在日本的司法实践中基本也采取了该说。❸

　　具体来看适用区别主义亦存在两种模式，一种是Fawcett教授所主张的著作权原始归属的准据法问题应适用本源国法，对于职务作品问题由于雇佣关系与该准据法的决定具有更加紧密的联系，所以例外的适用劳动合同关系的准据法。Fawcett教授的主张在英美法系国家有一定的代表性，近期美国法学会起草的《ALI原则》也在坚持了将来源地法作为决定著作权原始归属的判断基准后，❹对于职务作品区别于著作权原始归属的一般准据法适用原则，例外的适用雇佣关系的准

---

❶　劳动合同的准据法适用的规定中有关保护保护劳动者利益的规定往往具有强行性规范的性质，合同当事人不得通过协议予以排除。体现该原则的立法例见于欧洲议会与欧盟理事会2008年6月17日《关于合同之债法律适用的第593/2008号条例》（《罗马 I 规则》）第8条，日本《关于法律适用的通则法》第12条。

❷　陈卫佐著：《比较国际私法——涉外民事关系法律适用法的立法、规则和原理的比较研究》，法律出版社2012年版，第442页。同时对于职务发明的准据法适用问题，在2000年修订后的欧洲专利条约（EPC）第60条第1项后段中规定，如发明人为雇员，取得欧洲专利的权利根据雇员主要受雇的国家的法律予以决定；如果雇员主要受雇的国家不能确定，适用的法律应该是该雇员所属的雇主企业所在国的法律；《英国专利法》第43条第2项也规定（a）主要在联合王国受雇；（b）没有任何主要受雇地点或其受雇的地点无法制定；但是他的雇主在联合王国有一个业务地点，而该雇员属于这个业务机构，不管他是否还受雇于其他雇主时，适用英国专利法中有关职务发明的规定。考虑到职务发明规定与职务作品规定的类似性，可以认为该条约对于职务作品的准据法问题的处理也有一定的启发意义。

❸　東京高判平成13年5月30日判時1797号131页。稲垣佳典. 著作権讓渡及び職務著作を巡る国際的の法適用関係［J］. 知的財産法政策研究，2005（5）：51.

❹　需要注意的是《ALI原则》中的来源国与《伯尔尼公约》第5条第4款规定的来源国有所不同。

据法。●该原则第313条规定了非以注册为权利取得要件的著作权的原始归属问题，其中第1款规定，如果只有一个创作人，则适用作品完成时该人的居所地来判断作品的归属；当存在不止一个创作人时，可以适用当事人在合同中约定的某一创作人的居所地法，如果合同没有对此作出约定，则适用作品完成时多数创作人居所地所在国的法律。如果合同也无法律适用的约定，且没有多数创作人的居所地位于同一国。在此情况下则适用与作品的首次使用有最密切联系的那个国家的法律；如果作品是根据某一雇佣关系而完成的，则作品的归属根据雇佣关系的准据法确定。第2款规定，如果根据上述规定确定的准据法并没有对作品提供相应的保护，则作品的原始归属应根据作品在其国内首次被使用或被保护的那个国家的法律判断。●

　　而另一种是Ulmer教授所主张的，对于著作权原始取得的问题应作为权利归属问题来处理，依据属地主义原则适用保护国法，而对于职务作品应适用雇佣合同的准据法来处理。Ulmer教授通过观察英美法上的职务作品制度发现，其制度也是建立在所谓的"创作人主义"原则的大背景下，只不过推定作者将著作权转让给了雇主（没有相反地合意的情况下，推定著作权由雇主享有）。从这个角度Ulmer教授认为职务作品的准据法问题应适用权利转让关系适用的准据法。●该学说也在德国马克斯-普朗克知识产权法研究所近期起草的《知识产权冲突法原则（草案）》E中也予以体现。在该最终草案中规定原始所有权，尤其包含就受著作权保护的作品著作的归属，依其被主张应受其保护国法（第3:201条第1款）。而对于雇佣合同，如果法官认为

❶　2007年5月14日该最终草案予以采纳（proposed final draft），并于2008年6月发行了最终草案的官方文本（official text）。资料见于wipo官方网站，载http://www.wipo.int/wipolex/en/details.jsp?id=7687，访问时间：2016年6月2日）。

❷　该中文翻译见于：朱伟东. 韩、日《知识产权国际私法原则》述评［J］. 国际经济法学刊，2012，19（3）：233.

❸　E. Ulmer, Intellectual Property Rights and the Conflict of Laws, Kluwer, 1978, n.36–39.

❹　2011年12月1日该草案官方最终文本予以公布，资料载http://www.cl-ip.eu/_www/en/pub/home.html，访问时间：于2016年6月2日。

可以适用与该案具有更紧密联系的他国法时，则保护国法原则的适用有所缓和，其可以依保护国法认为该作品上的经济权利已经转移或者排他性实施许可已经缔结（第3:201条第2款）。

三、结论

综上所述，针对职务作品的准据法适用问题，本文的结论如下：

（一）对于著作权原始取得的准据法问题主张被请求保护国主义

根据我国《涉外民事关系法律适用法》第48条的规定，知识产权的归属和内容，适用被请求保护地法律。其中对于归属和内容的理解，应当认为覆盖了《伯尔尼公约》提供的对作者保护的所有方面，❶具体包括著作权的成立（creation）、内容（scope）、保护期限（termination）等。可以看出我国通过立法明确的保护国主义作为确定知识产权归属及内容的准据法适用的基本原则。而著作权的原始归属问题可以包括在一般意义的归属问题中，所以在保护国法说及本源国法说中，我国立法实践选择了保护国法说，这也是符合上述比较法趋势及我国当前文化产业发展阶段的。

（二）对于职务作品的准据法问题主张应与原始归属的准据法问题相区分，适用雇佣关系的准据法

应以纠纷事实关系的重心(center of gravity)所在地法为标准，着重考虑当事人间的利益冲突及对于纠纷解决所适用的法律的预见可能性。对于与职务作品相关的准据法适用问题，由于涉及雇主与劳动者间的雇佣契约关系，在准据法适用上应将该问题作为劳动契约问题处理，适用劳动合同相关的准据法规则。特别是在我国《涉外民事关系法律适用法》第43条从保护劳动者的弱势地位的角度出发，完全排除

---

❶ 杜涛. 涉外民事关系法律适用法释评［M］. 北京：中国法制出版社，2011：399.

了当事人协议选择法律的可能性，●进而规定了适用劳动者工作地法律；难以确定劳动者工作地的适用用人单位主营业地法律下，由于劳动者工作地等可以统一的适用一国法律，减少了因为适用保护国法导致的断片化现象，增强了当事人的可预见性，而且也是符合比较法的趋势的立法例。

● 质疑该种立法例过于极端的观点见于：杜涛. 涉外民事关系法律适用法释评［M］.北京：中国法制出版社，2011：336.

数字音乐版权授权机制的困境与模式创新

孟祥娟* 钟艳**

Plight and Innovation of Digital Music Copyright Authorization Mechanism

Meng Xiangjuan† Zhong Yan††

摘要：授权许可机制是现代数字音乐作品传播的纽带，数字技术改变了音乐储存和传播的方式，传统的授权机制已经不能满足音乐在数字环境中的传播与共享，其结果是导致版权方、数字音乐服务商与使用者之间的利益失衡，版权交易市场出现"失灵"现象，数字环境下音乐作品使用方式的多样性，需要创新类型的授权机制为其保驾护航，以达致数字音乐产业的良性发展。

关键词：数字音乐版权　授权机制　版权交易

基金项目：该论文为广东省科技厅软件学项目"Web3.0时代著作权授权困境与出路"的阶段性成果，项目编号：2015A070704018。

* 华南理工大学法学院教授，法学博士，主要从事知识产权法、俄罗斯知识产权法的研究。

** 华南理工大学法学院研究生。

† Professor of the Law School of South China University of Technology.

†† Master Degree Student of the Law School of South China University of Technology.

一、问题的提出

网络技术的发展改变了音乐储存及传播的方式。数字技术让音乐分享变得更加便利，同时也大大降低了音乐作品的侵权成本。国际唱片业协会（International Federation of the Phonographic Industry， IFPI）2014年的数字音乐报告指出："版权是现代数字音乐市场的基础。音乐产业的成功依赖于法律环境和版权法律的完善。"

2015年7月，国家版权局发布《关于责令网络音乐服务商停止未经授权传播音乐的通知》（下文中简称《通知》），责令各数字音乐服务平台在规定的期限内下架所有未经授权的音乐作品。在同年12月，国家新闻出版广电总局出台《关于大力推进我国音乐产业发展的若干意见》（下文中简称《意见》），该《意见》的第17条提出推动《著作权法》第三次修改，加强对数字音乐版权的保护，鼓励权利人和使用者之间开展版权合作及相互授权，推动数字音乐的广泛传播，实现数字音乐版权的正版化。截止至2015年12月底，网易云音乐、QQ音乐、酷狗音乐、虾米音乐、百度音乐等音乐服务平台纷纷下线了未经授权的音乐作品。网络音乐正版化和实行收费模式这一概念被众多专业领域人士提出了很久，然而却迟迟未能实现。如今，数字音乐正面临政府层面的正版化强制整改，必然会推动数字环境下海量的音乐版权交易许可活动。

然而，与之配套的数字环境下的版权授权交易机制并未建立，授权交易机制的缺失无法保障版权授权交易市场活动的正常进行，必然导致数字音乐市场各方利益的失，主要表现在版权人和数字音乐服务商、数字音乐服务商与使用者这两个环节上的利益失衡。美国版权局指出，构建适应数字环境的商业模式及授权许可机制是数字音乐产业最迫切需要解决的问题。

二、数字音乐版权授权机制的困境分析

数字音乐作品的版权授权机制旨在为数字音乐产业的商业模式提供权利流转的法律保障，以应对不同的市场需求。[1]数字技术的发展改变了音乐产业的商业模式，如音乐电台、流媒体音乐、用户内容生成平台（简称UGC平台）等。与此同时，与之配套的音乐版权授权机制并未更新以适应新型商业模式的发展，这是目前我国数字音乐版权授权机制的症结所在。纵观数字音乐作品版权的权利流转过程，可以发现其中涉及到的权利主体众多且归属相对复杂。总体来讲，数字音乐版权授权机制中的法律主体有音乐版权人、数字音乐服务商和使用者，贯穿于这三个法律个主体之间的主要是许可合同关系，分别为版权人与数字音乐服务商之间的许可合同关系、数字音乐服务商与使用者之间的使用许可关系。由于这两个授权环节在授权方式及利益考量方面差异性较大，因此需要区别分析其困境所在，以达致梳理症结的效果。

（一）音乐版权人与数字音乐服务商之间的困境

在音乐版权人与数字音乐服务商这一版权授权环节中存在的主要矛盾可以归结为因作品的海量性导致搜索难度大及交易成本高昂，最终表现为数字音乐服务商不惜高价去争夺数字音乐独家版权，然而却一直摆脱不了亏损的常态。如QQ音乐天价签下《中国好声音4》的独家版权，然而QQ音乐一直无法扭转其亏损的经营状况。音乐作品在数字环境中的授权呈海量化的趋势，且因为音乐版权权利的分散性及使用方式的多样性[2]，使得音乐使用方想要在海量的数字音乐中甄别出其所使用的音乐的版权所有者是非常困难的，这使得在数字音乐的语境下，版权授权的交易成本非常高，从而导致许可效率低下。

[1] 熊琦. 音乐著作权许可模式的转型路径选择［J］. 法学家，2014（01）.
[2] 熊琦. 音乐著作权许可的制度失灵与法律再造［J］. 当代法学，2012（5）：3.

（二）数字音乐服务商与使用者之间的困境

在数字音乐服务商与使用者许可环节中存在的问题主要有以下两方面：一是用户长期以来免费使用的习惯导致数字音乐服务商的利益流失，同时伴随着普遍的音乐侵权现象；二是正版化整改大大削弱了数字音乐的流通性，影响音乐作品在数字环境中的传播与分享。如不同的歌曲版权分别被不同的音乐平台独家占有，音乐平台之间禁止用户跨平台分享音乐，用户往往需要同时下载好几个音乐平台应用软件，才能保证收听到想要的歌曲。然而，数字音乐与传统音乐最大的不同就在于其在数字环境中的传播更快更便捷，因此才得以广受欢迎。高效的传播与分享是数字音乐的灵魂，而数字音乐平台的盈利则是数字音乐传播的保障，如今这两者均受到极大的挑战。

三、国外数字音乐版权授权模式分析

针对我国目前数字音乐授权机制存在的困境，沿着音乐作品使用权的权利流转轨迹，分别从音乐版权人——数字音乐服务商、数字音乐服务商——使用者这两个视角去分析国外数字音乐授权模式，以为我国数字音乐授权机制提供有效的借鉴。

（一）音乐版权人与数字音乐服务商之间的授权模式

针对音乐版权人与数字音乐服务商之间的海量授权成本高、难度大而导致的授权效率低，美国采取的应对方式便是著作权集体管理模式。集体管理模式在音乐版权人与数字音乐服务商之间搭建了一座信息沟通与价格协商的桥梁，可以说是解决海量授权难题的核心。

1. 有限竞争

美国音乐著作权集体管理组织采取分立式竞争型管理模式，由三家集体管理组织同时竞争国内集体管理市场，即美国作词家、作曲家和音乐出版商协会（ASCAP）、美国音乐广播公司（BMI）和欧洲戏剧作者作曲者协会（SESAC）。这三家集体管理组织在美国集体管理市场上激烈竞争，从而不断提高相互的管理水平，从而降低管理成本，从而促进了整个音乐市场的发展。

不得不说的是美国音乐广播公司（BMI）的成立和发展。在1939年以前，BMI作为广播公司，其广播音乐的授权也是来自于ASCAP的。然而，由于ASCAP在当时已经垄断了美国所有主流的音乐授权，它在音乐授权定价上有很强的话语权。1939年BMI与ASCAP在音乐授权价格上的谈判破裂，BMI宣布成立一个非盈利的独立的集体管理组织。由于当时，ASCAP已经垄断了美国的主流音乐，因此BMI只能针对那些当时在美国并非主流的黑人音乐、爵士音乐、乡村音乐等，而BMI在这些音乐上的举动，间接使美国音乐进入了一个新的阶段。可以说美国黑人、爵士、乡村音乐的崛起于BMI集体管理组织的成立不无关系。由此可见，一个有竞争的集体管理组织的管理模式对音乐行业发展的重要性。当然，这种模式也存在一定的问题，多家集体管理组织会加大权利人的选择成本，同时也会增加音乐使用者获取授权的成本。同时，由于资源分散，集体管理组成的运营成本也会增加。巴西曾经采用美国的竞争式的方式来管理国内的集体管理组织，然后，由于巴西国内的相关管理经验还不成熟，过多集体管理组织导致了行业的混乱，最后，巴西不得不以行政力量再设立了一个统一的管理机构。

2. 积极行动

美国音乐版权集体管理组织在美国不同地区都有代理机构，这些代理机构会负责监控当地的使用未授权音乐的情况，包括餐厅、酒吧等营业场所播放音乐的情况。一个比较常见的情况是，每个地区新开的一家餐馆和酒吧都会在开业后不久迎来这些集体管理组织的代理，来要求支付相应的版权费用。在美国平均一家餐馆或酒吧每年要支付上千美元的音乐使用费。而在我国，音著协也曾对不少超市等营业场所进行过相应的诉讼，如"新一佳超市背景音乐案"❶ "深圳茂业

---

❶ 樊煜. 新一佳超市有限公司背景音乐侵权案［EB/OL］.［2016-05-18］. http://www.mcsc.com.cn/imC-36-935.html.

案"❶等，然而，当前音著协对音乐版权控制的行动能力依然较弱，当前仍然处于通过诉讼树立典型案例的阶段，全国大部分的营业场所播放音乐的行为仍然未受监管。

而对于互联网环境下的数字音乐版权的维权情况。美国的集体管理组织的反应也是非常迅速。在1995年，美国的ASCAP就订立了关于数字音乐使用的授权许可协议文本，并在数字音乐产业兴起的伊始，便积极与数字音乐服务商进行合作，通过长期的合作与实践，ASCAP集体管理模式成为音乐版权人与数字音乐服务商之间关于数字音乐授权许可的最有效的许可方案及经营模式。具体到ASCAP发布的最新互联网授权许可使用协议文本，可将其归为三类：第一种是针对非交互式网站的服务协议，简称"非交互式5.0"（Non-Interactive 5.0）；第二种是针对交互式网站的服务协议，简称"交互式2.0"（Interactive 2.0）；第三种是结合了交互式及非交互式的复合型网络服务协议（Multiple Services Release）。这三种关于数字音乐作品授权许可的最新协议文本中包含了许可费用规则、许可使用的限制性条款、使用报告监测及付费方式等具体的核心条款。❷

2004年，美国的集体管理组织BMI就对新出现的P2P类型的音乐分享网站进行版权的授权管理，BMI与QTRAX和Xpeer签订协议，要求网站上分享的音乐必须采用技术保护措施，同时，所有的用户下载和播放的数据均需要与BMI共享。用户可以在该这些P2P网站上合法收听和下载音乐，但是，所有音乐烧录成CD时均需付费，且网站的广告收益需与版权集体管理组织进行分成。❸而对于音乐流媒体，美国著名的音乐流媒体网络平台Pandora每播放一首歌就要支付相应的版权授权费用给美国音乐集体管理组织ASCAP，2013年全年Pandora所支付的版权

---

❶ 朱栋梁. 深圳和平茂业百货有限公司背景音乐侵权案例分析［EB/OL］.［2016-05-18］. http://www.mcsc.com.cn/imC-36-473.

❷ 吕宇翔，杭敏. 美国音乐版权的运作与管理模式［J］. 中国出版，2012（7）：69.

❸ BMI Licensing Tracks To P2P Network，http://www.billboard.com/biz/articles/news/1437191/bmi-licensing-tracks-to-p2p-network，lasted visited: April 04，2016.

费用占其营收的49%之多。

在线音乐平台在今日仍然是我国盗版横行之地，音著协与国内各大在先音乐平台均有诉讼案，如百度音乐、QQ音乐等，然而，这些诉讼案都并没有转化成为支持音著协进行进一步对互联网音乐进行管理的契机，而仅仅是一两个孤立的影响力较弱的案件，这与美国音乐著作权管理组织的行动相比尚有不少差距。

3. 分析与借鉴

著作权集体管理组织是数字音乐能够实现低成本海量授权的必经之路，也是我国音乐市场健康发展的关键所在。当前我国音著协发展时间仍然较短，管理经验仍然不够成熟，在收费标准、缺乏竞争和缺乏相应的争议解决机制等问题上与国外先进的集体管理组织仍存一定的差距。而同时，在我国当前互联网海量传播以及大范围音乐侵权的环境下，音著协零星的侵权诉讼略显无力，与国外集体管理组织的专业形成鲜明对比。随着时间的发展，集体管理组织的缺位，将会使版权人的利益受到更大的损害，从而影响我国音乐市场的发展，音著协的改革创新实在必要。

（二）数字音乐服务商与使用者之间的授权模式

在数字音乐服务商与用户之间，国外的数字音乐版权授权机制表现出更灵活的运作方式，主要规律是与数字音乐服务商的商业模式实现高度契合，呈现多元化的授权模式现象。

1. 在先许可模式——以YouTube为例

在先许可模式最先由YouTube提出。YouTube是美国最大的在线音视频分享网站，这个网站的全部内容均为用户产生，即用户内容生成平台UGC（User Generated Content）。由于YouTube的内容由海量用户产生并上传，YouTube很难知道用户使用了什么样的音乐，有可能用户上传的视频中使用了某些未获授权的音乐作为背景音乐，也有可能用户直接复制并上传了某些未授权的音乐。因为这个原因以Viacom为首的多家版权商近年来纷纷起诉YouTube，仅仅Viacom一家就对

YouTube要求超过10亿美元的赔款。❶为了避免由于用户上传内容侵权产生的巨大的侵权成本，YouTube提出了在先许可模式。

在先许可模式主要为了减少平台的侵权成本而提出，其运行模式如下：首先，平台与版权方签订授权合约，版权方授予平台的用户使用其大量版权作品的权利，而平台则允诺让渡部分利益给版权方，如平台股份、部分广告收益等。然后，平台使用"技术手段"甄别出使用了这些版权作品的用户，对于这些用户，平台作出相应的展现统计。最后，平台再将与该作品相关的广告收益分成给版权方。❷由于版权授予在先，而用户使用版权在后，因此，该运行模式被称为在先许可模式。通过在先许可模式，一方面，UGC平台通过在先许可可以使用户上传的作品从侵权作品变为合法获得授权的作品，从而避免了上传作品广泛侵权的发生，大大降低了版权成本。而另外一方面，对于版权方而言，版权方通过这个平台能够获取到相应的广告收益，并且，版权方通过用户的活跃的分享，事实上也对版权作品起到了宣传效果，因此版权方也乐于接受这样的协议。而对于用户而言，虽然用户并未参与整个协议的签订过程，但在最终结果中，用户所上传的作品从侵权作品转变为合法的授权作品，最终也从中获益。

在先许可模式是UGC业界的领先的版权授权实践，其成功运行解决UGC平台广泛侵权的问题，具有不少积极效果。首先，对UGC平台而言，在先许可模式解决了用户广泛侵权的问题，节省了大量的侵权成本。其与版权方的关系从对立变为合作，事实上使平台与版权方的更广泛的合作成为可能。其次，对于版权方而言，虽然协议条款并未公开，但从已公开的信息中可以了解到，版权方通过在先许可模式将从公司股份、广告分成收益以及UGC平台上的宣称效果上获益。最后，对于用户而言，在先许可模式也可以带来不少好处，用户可以合

---

❶ Viacom sues Google over YouTube clips，http://www.cnet.com/news/viacom-sues-google-over-youtube-clips，last visited: April 04，2016.

❷ 何天翔. 音视频分享网站的版权在先许可研究［J］. 知识产权，2012（10）：90.

法的使用更多的版权内容进行创作，而不需要向各个版权方一一取得授权。合法使用版权内容使得用户的作品也成为合法的作品，用户作品可以得到更广泛的传播，甚至从中获利。此外，通过在先许可模式，用户的言论自由可以免受版权保护条例的过多的打压，而得到更自由的释放。

虽然，有人认为平台方并不具备内容审查的义务，然而YouTube采用在先许可模式则相当于为了避免侵权诉讼而承当了内容审查的义务，其行为超过了平台的权限。但总的来说，在先许可模式促进了版权方和平台方的合作，并在一定程度上解决了版权海量授权的问题，其做法非常值得借鉴。

2. 默示许可模式

美国对默示许可并没有明文规定，但其中两个经典的案例为美国默示许可的运行提供判例标准。其中一个案例来自于Effects Assocs., Inc.v.Cohen一案❶，该案是美国《版权法》中首个有关默示许可运用的案例。其中，原告是电影特效镜头的作者，而被告是电影制作人。原告控被告侵权，而被告认为自己没有侵权，理由是他得到了原告的默示许可。最终，法院支持了被告的主张。因为如果原告在电影上映前就知道其特效镜头在电影中被使用，而原告没有反对。这一判决被上述法院确认，成为了美国最早的默示许可判例。第二个著名判例来自于Field v.Google案❷，该案中Field作为一个作家控告Google侵权复制其服务器上的内容并展示在Google的页面上。法院经过审判，判定Google未侵权，理由是作者的行为本身构成了默示许可。因为在互联网的背景下，作者如果不希望Google复制其内容，可以在其服务器上添加拒绝接受搜索的"元标记"，这个是业内广为人知的标准措施，而原告明知该标准措施而并未采取，该行为本身即代表其对Google进行了默示许可。通过上述的判例，我们可以将默认许可定义为，版权

---

❶ Effects Associates, Inc. v. Cohen 908 F.2d 555（9th Cir. 1990）.

❷ Field v.Google，Inc.，412 F.Supp.2d 1106（D.Nev.2006）.

人未明示许可使用者使用其作品，但从版权人的行为足以推定版权人对使用者使用其作品不表示反对。

当前默示许可模式主要运行在互联网作品中。大量歌词创作爱好者及演唱者从互联网中获取大量的学习资料，创作出自己的原创或者演绎音乐作品并通过互联网分享到全世界。然而，在这个过程中，大多数人通过音乐论坛、音乐分享平台等方式对其作品进行分享的时候使用的都是网名，在经过多次转载分享之后，音乐作品的原作者信息常常已无从知晓。这就使得当音乐作品使用者想要联系原作者获取授权的时候发生极大的困难，即使花费较大的成本对作者进行搜索最终也不一定能成功。在这种情况下，要求所有作品的使用都必须实现获取授权是一种较大的资源浪费。因此，如果音乐作品使用者希望使用某个用户上传或编写的作品，而又无法联系到作者时，可以先行使用，并声明注明出处。由于从作者自己讲内容上传到互联网该行文本身可以推断创作者并不反对其内容在互联网上的转载和传播，因此，该情况适用默示许可模式。

在我国的法律规定中，对数字音乐作品采用默示许可模式，不仅存在一定的理论合理性，并且其在法律上也有一定的依据。根据《著作权法实施条例》的相关规定，对于已经在网络中发表的作品，除非版权人明确声明禁止转载外，他人可以不经其同意将其已发表的作品进行转载，并注明出处及支付报酬，该类行为不构成著作权法中的侵权。[1]这一规定表明除非原作者声明不允许转载、摘编，否则，用户是可以自由进行转载、摘编等的，只是需要支付一定的报酬，并注明出处。当然，此处所说的"支付一定的报酬"可以分为两种情况，一种是以个人使用为目的的，这种使用并没有产生收益，大多属于合理使用的范围，可以不必收取版权使用费。而对于商业使用为目的的情况，使用方则应尽量通知原作者向其说明使用方式并支付相应的版权

---

[1]　参见《最高人民法院关于审理涉及计算机网络著作权纠纷案件适用法律若干问题的解释》（2003）第三条。

使用费。

由于默示许可模式的默认授权的特点，该模式在互联网作品传播中被广泛使用。这在互联网这种获取版权人信息成本较高的场景具有较大的用处，网络上不少对数字音乐作品的转载引用行为都以默示许可为基础。通过默示许可模式，信息的转载和传播可以不用一一向版权人获取授权，从而提高了音乐内容传播的速度，促进了知识的分享和社会文化财富的积累。然而，默示许可同样也会引起不少侵权问题。因为默示许可模式意味着音乐版权人的作品可能在未经许可的情况下被他人使用，而使用者即使能够获取到版权人的联系信息可能也会以联系不到版权人为由，利用默示许可作为推托，从而减少版权使用费的支出，最终损害音乐版权人的利益。

3. 广告商代付模式

广告商代付模式是指用户在某个音乐平台或网站上面合法地免费收听或下载歌曲，而这些免费行为之所以合法是因为平台方已经与版权方达成版权授权，并采用协议的方式支付版权使用费。

广告商代付模式以广告收入为基础获取音乐的正版授权，使用户可以免费收听音乐的同时，版权人也能够获取相应的收益。广告商代付模式与盗版音乐表面上都不向用户收取费用，但广告商代付模式由于使用广告费想音乐版权方支付了版权使用费，音乐产业可以从中获益，与盗版音乐平台有着明显的区别。

下面以Spotify为例对广告商代付模式的运行进行详细说明。Spotify是来自于瑞典的线上流媒体音乐服务平台，其通过广告投放的方式使收听者可以免费收听音乐，是欧美数字音乐媒体中影响力较大的品牌。根据Spotify提供的资料，其目前拥有超过2000万首歌曲，2400万用户，并在超过30个国家和地区提供免费音乐服务。当前的广告代付模式中，用户在Spotify上免费收听音乐一个小时大约会包含3分钟左右的广告。通过广告收入，Spotify从2008年成立至2014年间向版权人总共支付超过20亿美元，平均每次音乐点播，音乐人都可以获得大约0.006到0.0084美元。虽然Spotify的用户可以免费听取音乐，但是用户听取的每一首音乐都是获得了正版授权的，因此，其对打击盗版具有非常正面的作用。以瑞典为例，Spotify为瑞典音乐产业提升了30%以上的收入，并降低了25%的盗版。❶然而，虽然广告商代付模式为音乐平台带来足够多的用户，但其争议也较大，许多版权持有者反对广告商代付模式，不少唱片公司认为音乐平台应该对免费收听音乐做更多的限制，来使更多的免费收听用户转化为付费收听的用户，从而增加版权收入。然而，由于当前数字音乐市场竞争者较多，一方对免费收听做限制必然会造成用户流向竞争对手的情况，因而当前美国市场上无限制的免费收听服务依然存在。

广告商代付模式是当前业界中音乐平台采用的主要的模式。该模式本质上是基于传统授权或者是通过集体管理组织获得授权的方式，但是，由于其支付版权使用费的方式采用协议的广告分成方式，使得音乐平台一次性支付版权费的压力降低，并且同时，由于用户可以免费收听或者下载到正版音乐，某种程度上也培养了用户的正版意识，促进了正版音乐的传播和发展，并且为版权方带来一定的收益。

然而，由于广告商代付模式支付给版权方的费用总是受限于平台所能够获得的广告费总收益的，这造成对于每次点播或下载而言，版权方能够获取得到的版权使用费相对于传统方式要低。传统一张唱片售价可能在10美元左右，而在Spotify在先点播平台上每播放一次，版权方只能获得大约0.006到0.0084美元的收入，已经有不少音乐人由于不满在先点播版权费率太低而退出Spotify的案例。但总的来说，音乐产业往互联网方向发展的趋势不可能改变，广告商代付模式在盗版大量存在的现状下为用户提供了收听正版音乐的渠道，同时让音乐产业能够从互联网音乐中获益，其正面作用远超其低费率的影响。

4. 网上付费模式

网上付费模式是指音乐平台在获取版权方的授权后，将音乐上传

---

❶ 挟2400万使用者、2000万首歌，Spotify登台挑战，KKBOX，http://www.inside.com.tw/2013/09/24/spottily-officially-launches-in-taiwan，最后访问日期：2016年4月5日。

至服务器后，用户付费欣赏的模式。

网上付费模式存在多种不同的运行模式。网上付费模式分为直接付费模式、增值付费模式和软付费模式。

直接付费模式的典型代表是美国苹果公司的iTunes Music服务。用户在iTunes上可以对喜欢的歌曲进行下载，每首歌曲定价在2美元左右，用户购买歌曲之后，用户就拥有了这首歌曲的播放权，用户可以在任何时候重新下载这首歌曲。除了这种直接对每首歌曲进行付费下载之外，直接付费模式也包括包月模式，如美国苹果公司新推出的另一个音乐服务Apple Music，用户只需要支付10美元每月，即可在在线听任何歌曲，但是这种服务仅支持在先收听，不支持下载。增值付费模式，是指在广告商代付模式免费播放的基础上，用户可以通过付费获得去除广告或者收听更高音质的音乐等增值收益。如上面提到的Spotify中，其在广告代付模式中，支持增值付费模式，用户只需要支付每月10美元的费用，即可成为Spotify会员，可以去除音乐收听过程中的广告。软付费模式，是指音乐在这个付费当中并不是主要焦点，音乐只是付费模式中的其中一个功能或者奖励出现。软付费模式的经典例子是亚马逊的Amazon Prime Music，Amazon Prime Music只是亚马逊会员功能中的一部分，其他部分还包括视频流媒体、电子书、无限照片储存等服务。在支付了总的会员费用后，Amazon Prime的会员可以免费收听Amazon Prime Music音乐库中的所有音乐，而不需要支付任何额外的费用。

网上付费模式包含多种不同的商业模式，但其共同点在于：一是所有音乐服务均获得正版授权，二是用户需要支付一定的费用才能获得相关的音乐服务。由于网上付费模式中，用户收听或者下载音乐需要付费，这使得音乐平台方和版权方都可以获得更高的收益从而能提供越来越优质的音乐服务。

四、我国数字音乐版权授权模式的创新

对国外数字音乐版权授权机制进行总结与分析后，笔者认为数字环境下的音乐授权许可机制的构建，应当是能够凝聚各方利益主体的诉求，设计一种实现各方共赢的多元化授权模式。总体来说，顺沿着"版权人——数字音乐服务商——使用者"这一授权许可的价值链方向，分别根据三方关系的差异性来遵循不同的授权许可思路。

（一）音乐版权人与数字音乐服务商之间的授权机制调整

在音乐版权人与数字音乐服务商之间，应当以提高许可效率为原则的授权模式。这是因为目前存在与音乐版权人与数字音乐服务商之间最主要矛盾就是两者之间的授权许可效率低下而导致交易成本高昂，而提高其许可效率是激励数字音乐服务商进入市场并实现投资最有效的途径，同时提高许可效率也有利于音乐版权人能够及时获得其创作成果的回报，有利于激励创作者的热情。许可效率优先原则就像一条纽带，将音乐产业中的新旧主体紧紧的连接起来，以对音乐作品效用的最大化利用为目的，其实现了音乐作品在数字环境中的更大的价值。

因此，实现许可效率优先是调整音乐版权人与数字音乐服务商之前的授权困境的基础原则。目前我国数字音乐版权的许可效率低下归结于音乐权利主体的分散性及海量作品授权难题等原因。针对这一困境，国外采取的应对措施是通过完善音乐集体管理组织实现海量作品的集中许可，同时通过将音乐版权尽可能的集中到集体管理组织中来避免数字音乐服务商搜寻音乐作品权利主体的成本。因此，完善我国的音乐集体管理组织是实现许可效率优先的核心。结合我国国情，我国音乐著作权集体管理组织可以在以下三个方面进行相关调整和改进：通过技术手段加强对互联网商业使用版权作品的管理、提高服务意识，完善使用体验、增加价格协商机制，以达致真正联系音乐版权人与数字音乐服务商的桥梁。

（二）数字音乐服务商与使用者之间的授权机制调整

在数字音乐服务商与使用者之间，以促进传播与分享为原则的授权模式。这是因为数字音乐服务商的营利来源于使用者，不管是通过广告营利模式还是通过使用者付费模式，使用者始终是数字音乐产业的终端目标。因此，授权许可模式唯有适应使用者的使用习惯及传播方式，才能够真正的实现数字音乐产业的市场利益。而在数字环境中，广受使用者青睐的授权模式一定是能够使音乐作品更快更自由的得到分享与传播。因此，数字音乐服务商为了契合使用者的习惯与偏好，必然会选择与之相匹配的商业模式，这些商业模式往往表现出更自由更快的传播特点，如YouTube的在先许可模式。纵观国外的数字音乐平台所采用的商业模式可知，其许可模式呈现多样化特征，但皆体现了数字环境下更快更便捷的传播特质。因此，在遵循传播效率优先的前提下，应当鼓励在数字音乐服务商从用户需求出发发展多元化的许可模式。

论"续写"的正当性与合法化

袁博[*]

Legitimacy and Legalization of "Re-writing"

Yuan Bo[†]

摘要：续写作品，是指对现有作品在时间上和空间上进行延伸和拓展，借用现有作品的主要角色及情节线索等进行延伸和拓展而成的与原作品一脉相承的新作品。续写作品具有对原作的依附性，与原作相互影响，但与较之演绎作品有相对独立的独创性。续写作品不侵犯原作的保护作品完整权，应当属于对原作的"合理使用"，但是，不恰当的续写可能构成不正当竞争，应当通过立法规定"续写优先权"予以预防。

关键词：续写作品　演绎作品　合理使用

一、问题的引出：《幸福耙耳朵》与"续写"

2006年，四川电视台经济频道组织拍摄了20集方言短剧《幸福耙耳朵》（第一季），并在当年国庆节期间的《麻辣烫》栏目中播出。

---

* 上海市第二中级人民法院法官。

† Judge of the 2nd Intermediate People's Court of Shanghai.

根据每集片头字幕所载明的编剧情况，20集短剧中有5集由马某单独担任编剧，其余剧集由电视台指派的工作人员单独或与马某共同担任编剧，马某因此获得了电视台支付的报酬。从2007年2月开始，上述频道又组织拍摄并播放了《幸福粑耳朵》第二季，至马某起诉时已拍摄到了301集，续集沿用了第一季中的故事背景、人物性格、人物关系等基本设定，但在情节安排、人物对白、剧情走向等方面与第一季并无相同。第一季以后的故事由电视台独立拍摄完成，马某没有参与剧本的创作。2012年马某起诉称，其为上述方言短剧第一季的唯一原创著作权人，被告电视台未经其许可使用了该作品拍摄续集并播放，新增人物歪曲了原作品的主题和价值取向，侵害了其发表权、署名权、修改权、保护作品完整权、改编权、摄制权、获得报酬权、续写权、名誉权等合法权益，故诉请法院判令被告立即停止播放，不得在电视节目中使用涉案作品中的人物形象和故事背景幸福村，并赔偿损失162.5万元等。

法院一审认为，第一季以后的剧集系电视台独立拍摄完成，原告并没有参与剧本的创作，且续集沿用了以前的基本设定，人物形象虽经过艺术的夸张处理，但均没跳脱出原作所设定人物特征，能够与以前所具有的幽默基调相契合，并没达到偏离原作主题及价值取向的程度，呈现出了具有独创性的表达方式，构成新的作品。因此电视台沿用以前的基本设定创作新的剧本，不会侵害原告的合法权益，据此拍摄成电视剧并加以播放，也不构成对涉案作品著作权的侵害。故判决依法驳回原告的诉讼请求。一审宣判后，原告不服，提起上诉，二审法院依法驳回其上诉，维持原判。

本案中，被告的行为事实上属于"续写"，而法院认为被告的续写行为不会侵害原告的著作权。那么，什么是"续写作品"，它有怎样的法律性质呢？

二、"续写作品"的定义与特征

续写作品，是指对现有作品在时间上和空间上进行延伸和拓展，借用现有作品的主要角色及情节线索等进行延伸和拓展而成的与原作品一脉相承的新作品。❶"续写"是文学创作中常见的一种形式，古已有之，例如《红楼梦》后40回就是高鹗对曹雪芹前80回的续写。但是，我国著作权法对"续写作品"并未作出明确规定，国外司法实践中对其法律属性也存在诸多分歧，那么，"续写作品"究竟有怎样的法律属性呢？

（一）续写作品具有对原作的依附性

顾名思义，续写作品是对原作的继续创作，因此，它与原作存在密切的依附关系，体现在三个方面：第一，对原作主要人物、故事环境、主要情节三要素的依附性。由于续写作品需要使得读者在阅读体验山实现从原作到续作的平稳过渡，因此，相同的主要角色、相似的故事环境和既存的主要情节成为故事衍生发展的必然基础。例如，《少年包青天》可视为对《包青天》的续作（时空背景向前拓展），包含了相同的基本角色（包拯、公孙策、展昭），有联系的故事环境（北宋时代），同类型的基本情节（审理奇案）。第二，对原作知名度和篇名的依附性。一般而言，对于一部作品的续写，除了作者本人，往往是因为这部作品已经达到相当的知名度，读者的阅读需求催生了续写的市场基础，因此，作为续写基础的原作一般具有较大的市场号召力，相应地，续作为了实现对原作知名度的利用，必然需要在篇名上对读者有所指引，自然在篇名上也表现出各种依附形态，如《红楼梦》的续作的篇名表现为《后红楼梦》《续红楼梦》《新红楼梦》《红楼复梦》《红楼梦补》等等。

（二）续写作品与原作相互影响

由于续写一般是以知名度较大和市场号召力较强的原作意味着，

---

❶ 孙国瑞. 续写作品及有关问题研究［J］. 科技与法律，1994（3）.

这就意味着，续作的市场推广不需要从零开始，其与原作的关联使得其从一开始就站在了原作知名度所搭建的平台上，这就是原作对续作的积极影响。相应地，续作对原作也会有影响，但这种影响存在两种可能性：一种是积极影响，即续作是对原作人物的进一步塑造，对情节的进一步延伸，能够合情合理地完成原作作者的创作脉络和理想。例如，高鹗后四十回的《红楼梦》虽然是对曹雪芹的续写，但由于续写的非常成功，公认为续作中的最佳之作，其中的"林黛玉焚稿断痴情 薛宝钗出闺成大礼"等回目更成为传诵至今的回目，被认为是最接近曹雪芹原意的续作。另一种，则是对原作的消极影响。例如，有些作者续写名篇名作，但只顾经济效益，全然不顾续作质量，导致文字敷衍，内容空洞，质量低劣，不但不能给原作锦上添花，反而令读者有狗尾续貂、画蛇添足之感，对于一些没有看过原作的作者，也会由于"恨屋及乌"的影响而对原作产生先入为主的偏见，从而对原作作者的艺术声誉和社会评价造成影响。

（三）续写作品具有相对独立的独创性

由于续写只是借助原作的人物角色和故事背景，但要表达的是时空完全不同（向前或向后延伸）的故事情节，因此必然有完全不同的故事表达，而这与演绎作品是完全不同的。

著作权中的演绎权就是在保留原来作品基本表达的前提下，在原有作品基础之上创作出新的作品内容并加以后续利用的行为，具体包括翻译、改编、摄制和汇编等形式，由此产生的作品被称为演绎作品。❶构成演绎作品，需要同时具备两个条件，第一个条件是必须利用了原有作品的表达。如果没有利用原有作品的表达，或者只是利用了原有作品的思想，则不属于著作权法意义上的演绎。第二个条件是在原作基础上加入了新的独创性内容，即在利用他人已有表达的基础上，演绎者进行了再创作，演绎的结果和原有作品相比具有独创性，符合作品的要求。换言之，一方面，演绎作品在表达方面与原有作品

---

❶　王迁. 知识产权法教程［M］. 第二版. 北京：中国人民大学出版社，2009：160.

具有一脉相承的共同性和依附性，由于与原有作品具有相似的表达形式和共同的作品元素，使得演绎作品与原有作品具有紧密的联系和显著的依赖；另一方面，由于演绎作品具有再创作的性质，在原有作品的基础上加入了新的独创内容，使得其区别于对原有作品的抄袭。

由于演绎作品一般都是在原作框架内进行，即改变原作的表现形式而保留其用途，从这个意义上，可以说，一部演绎作品同时存在两个著作权：原作的著作权以及演绎作品所增加独创部分的著作权。与之相对，一部续写作品则仅仅存在一个著作权，即续写作品本身的著作权，而续写作品所引用的原作的人物角色姓名、性格、故事背景、主要情节的简要交代等，要么属于著作权法不予保护的"思想"部分，要么单独不足以构成作品。续写作品对原作品文学三要素的利用，既不是原封不动的复制，也不是变更词汇的抄袭，而是在时空上对原作品中的情节进行延续，必然会衍生出新的具体故事内容、对白，甚至新的场景、人物、语言特征、主题思想等，凝结了其作者的智力劳动。❶因此，从这一角度而言，续写作品与原作品是可以分离的，而演绎作品由于天生地就内含了原作的独创性内容，而无法与原作分离。❷

三、"续写作品"不侵犯原作著作权

（一）续写作品不侵犯原作作者"保护作品完整权"

根据我国著作权法，所谓保护作品完整权，是指保护作品不受歪曲、篡改的权力。一般认为，保护作品完整权关涉到两个方面的内容，其一是作品本身遭受了改动，其二是作品本身未被改动，但别人对作品进行了其他利用，从而损害了作者的精神利益。关于保护作品完整权，

---

❶ 如果一部续写作品对原作内容引用过多超过了续写的合理限度，那么它就不是一部单纯的续写作品。

❷ 陈洪宗，郭海荣. 论续写作品的特性及其著作权问题［J］. 西北工业大学学报（社会科学版），1999（2）.

《伯尔尼公约》第6条第2项规定，不依赖于作者的精神权利，乃至在经济权利转让之后，作者均有权声称自己系作品的原作者，并有权反对任何有损作者声誉的歪曲、篡改或者其他改动或者贬抑其作品的行为。可以看出，从法条字面理解，"歪曲、篡改"针对的是作品本身，而"其他改动或者贬抑"针对的是作品本身未加改动的情形，❶这说明，我国的著作权法中的保护作品完整权，对于没有改动作品本身的行为，并未予以明确，而续写行为是对作品的进一步延伸而非如改编一样对其本身内容的改动，因此并不侵害保护作品完整权。

（二）根据"三步检验法"，续写他人作品属于"合理使用"

我国已经加入《伯尔尼公约》、《与贸易有关的知识产权协议》和《世界知识产权组织版权条约》，负有将相关国际协议中相关的"三步检验法"落实于本国的国际义务。所谓"三步检验法"，是指只能在特殊情况下作出、与作品的正常利用不相冲突，以及没有无理损害权利人合法权益情况下，可以对著作权进行例外的限制。❷其构成要件体现于我国现行《著作权法实施条例》第21条中，即"依照著作权法有关规定，使用可以不经著作权人许可的已经发表的作品的，不得影响该作品的正常使用，也不得不合理地损害著作权人的合法利益"。

按照"三步检验法"的标准，一般意义上的"续写作品"（不包括假冒原作者署名等不正竞争行为）并不会"影响该作品的正常使用"或者"不合理地损害著作权人的合法利益"。这是因为：

第一，"续写作品"的确会对他人造成损害，但这种"损害"不是"不合理"的。事实上，"合理使用"制度的出发点，就是为了公共利益而限缩著作权人的利益，而对权利的限缩本身就是一种损害，因此"合理使用"的各种法定行为多多少少都会对著作权人造成不利损害，因此立法者根据损害的程度划定了范围，将一些典型的可以容忍

---

❶ 日本学者加户守行观点。参见严正. 论续写作品对原作品完整权的影响［J］. 河南图书馆学刊，2005（2）.

❷ 王迁. 知识产权法教程［M］. 北京：中国人民大学出版社，2009：225-226.

的行为纳入豁免范围，而将法定行为模式之外的行为才定为侵权。因此，不构成"合理使用"的行为，不但要对他人造成损害，而且这种损害必须是"不合理"的。从长期来看，续写作品在不同程度会对原作的潜在市场构成分流，会对原作作者声誉产生消极影响，会扭曲部分读者对原作的理解，即使如此，这种结果也是原作作者必须容忍的范围，因为续写本质上属于对原作的一种解构和对原作人物性格的重新解读，属于一种特殊的评论形式，而正当的对文艺作品的批评，属于公民的最为重要的宪法权利。表达自由具有增进知识、获取真理之价值，霍姆斯的"思想与言论的自由市场"理论甚至认为，至高之美德只有经过思想的自由交换才能较易获得，要判断某种思想是否为真理，最好的办法是将之置于自由竞争的市场上。思想的自由交换意味着公众获取信息的权利，表达自由最主要的体现是公民能以各种形式(包括言语形式、出版形式)发表意见的权利。❶续写作品通过对他人作品的延伸达到完成原作作者创作理念或者重新演绎自己创作意图、向社会传播某种观念的目的，实为对作品内涵或者其他社会问题的解构、表达，属于表达自由的宪政权利范畴。因而具有很强的民主、自由意蕴。它否决了控制读者思维倾向的作品的威权，具有一定的政治、社会功能，是一个法治社会的必要基础，因而属于一种公共善品。❷

第二，判断"影响该作品的正常使用"或者"不合理地损害著作权人的合法利益"最重要的依据就是在于是否产生了商业竞争意义上的"替代作用"。换言之，如果引用他人作品的结果是替代了原作品而不是创造了新作品或新产品，就不是合理使用。❸所谓"替代作

---

❶ 梁志文. 作品不是禁忌——评《一个馒头引发的血案》引发的著作权纠纷［J］. 比较法研究，2007（1）.
❷ 李雨峰，张体锐. 滑稽模仿引发的著作权问题［J］. 人民司法·应用，2011（17）.
❸ 邓社民. 数字环境下著作权合理使用与侵权的法律边界——由《一个馒头引发的血案》引起的思考［J］. 法学论坛，2006（6）.

用"是指因为续写他人作品，导致对他人作品形成市场竞争，最终导致他人作品的市场销售量下降和利润减少。那么，"续写作品"会和原作本身形成竞争关系吗？答案是否定的。显然，遵循一般的认知规律，人们在阅读《水浒后传》前，往往会先阅读《水浒传》，否者会造成对情节延续上的阅读困难，同时，对作品续作的阅读，也难以取代对原作的欣赏体验。此外，根据美国法上的"转换性使用"理论，"续写作品"所产生的作品虽然使用了原作的某些元素，但却在表达形式、意义或传达的信息等方面进行了重新编排和剪辑，因此与原作相比具有了实质性的新颖性，具备了独立构成新作品的基础。因此，从本质上说，"续写作品"虽未规定在立法中，却属于"合理使用"的一种。

四、"续写作品"不正当竞争的可能性分析与立法规范

事实上，续写作品虽然沿袭了原作的许多专有元素（如篇名、人物角色名字、故事背景等），但在一般意义上，并不会对原作产生市场竞争，原因在于：第一，一般不存在相同的竞争时空。续写作品一般基于已经声誉鹊起的成功作品创作，这意味着原作在市场上早已知名，其影响力不但先于续作，且一般要远远大于续作。第二，由于原作的巨大影响力，使得相关消费者对作品来源具有较大的识别力，如果续作没有其他的不正当竞争情节（如假冒原作者署名），消费者一般不会产生混淆。

那么，如何区分正当的续写行为与不正当竞争呢？其最主要的判断要素，就是续写者有无混淆作品来源的主观恶意。例如，在王跃文诉叶国军、王跃文（原名王立山）、北京中元瑞太国际文化传播有限公司、华龄出版社著作权侵权、不正当竞争纠纷一案中，原告王跃文是国家一级作家，代表作《国画》知名度很高。而被告出版的《国风》，在封面表明作者为"王跃文"，在宣传彩页上有"王跃文最新长篇小说"、"《国画》之后看《国风》"字样，具有虚构二者之间

的连续关系的主观意图。法院认为，"王跃文"署名在文化市场上已具有标识利益，能够直接指向原告本人，被告通过虚假宣传的行为造成了消费者在两个王跃文之间产生混淆，构成了不正当竞争。而本案中的《幸福耙耳朵》，制作主体为相同的制片单位，并无混淆电视台观众的意图，属于正当的续写行为。

值得补充的是，尽管正当的续写行为是原作作者必须容忍的"合理使用"行为，但是，考虑到作为原作续写基础的原作一般都是在商业上获得成功的作品，具有潜在的经济价值，如果不加约束地完全开放，就会导致原作作者续写自己作品的优先权益得不到保障，同时其续作的潜在市场也会被瓜分。例如，《魔戒》系列电影正在热播的时段，如果有人以其中的主要人物等创作续集，显然会损害原作者的权益。然而，绝对禁止续写他人作品，又会抑制创新。因此，可以以此次著作权法修订为契机在其中增加条款规定原创作者对已完成作品的续写优先权，在一定期限内，任何人在未经作者的许可不得续写该作品，但超过该期限后，原作者就不得限制他人对其作品进行续写。❶

---

❶　孙静. 续写作品著作权问题研究［J］. 电子知识产权，2008（10）.

反不正当竞争法第二条原则性条款的
适用规则和启示

——以《炉石传说》与《卧龙传说》不正当竞争
纠纷案为视角

谢易[*]

The Applicable Rules and Enlightenment from the Article 2 as the Principle Item of *Anti-Unfair Competition Law*—In the Perspective of the Unfair Competition Case between *Hearth Stone* and *Wolong Legend*

Xie Yi[†]

摘要： 由于市场经济的快速发展，不正当竞争行为花样不断翻新，法律列举式的规定已经无法涵盖市场上所有的不正当竞争行为。从我国的审判实践来看，法院并未固守当初的立法意图而任由法律的解释和适用脱离实际，在诸多案例的判决中均认可由于不正当竞争行为无法在《反不正当竞争法》中一一列明，被侵权人可以援引该原则性条款予以救济。由此也为被侵权人提供了应对新型不正当竞争行为

---

* 华城律师事务所律师。
† Lawyer of Watson & Band Law Offices.

的维权启示。

关键词：反不正当竞争法 诚实信用 商业道德

引言

《反不正当竞争法》一般条款是指该法第二条第一款规定"经营者在市场交易中，应当遵循自愿、平等、公平、诚实信用的原则，遵守公认的商业道德"和第二款规定"本法所称的不正当竞争，是指经营者违反本法规定，损害其他经营者合法权益，扰乱社会经济秩序的行为"。由于涉及"商业道德"、"不正当"等难以量化的概念，关于一般条款的适用一直都是司法实践中的难点，"'不正当'与其他赋予法官自由裁量空间的术语，如'合理的'、'足够的'一样，是不确定的"。❶"只有具体的例子才能使'不正当竞争行为'或者'不正当商业行为'更为生动有活力。"❷对反不正当竞争法一般条款的研究需更多关注已发生的判决，从中发现和整理一般条款适用的具体化和类型化路径，明确其适用范围和适用条件。

一、关于适用反不正当竞争法第二条原则性条款的争论

在1993年，《反不正当竞争法》颁布实施之后，关于是否存在一般条款，学界曾存在一些争议，可以归纳为以下三种观点：一、否定说，即认为我国不存在一般条款。参与《反不正当竞争法》立法的部分人士认为，不正当竞争行为只限于第二章列明的各项行为，主要理由是在《反不正当竞争法》的立法过程中，国务院提交全国人大常委会审议的《反不正当竞争法（草案）》第三条规定"本法所称不正当

---

❶ J. Thomas McCarthy：《McCarthy on Trademarks and Unfair Competition》，Westlaw Database，2008，§ 1:8.

❷ J. Thomas McCarthy：《McCarthy on Trademarks and Unfair Competition》，Westlaw Database，2008，§ 1:9.

竞争，是指经营者在经营活动中，违背诚实信用的原则和公认的商业道德，损害或可能损害其他经营者合法权益的行为"，而人大常委会修改了这一规定，修改的核心是去掉了原则规定，增加了"违反本法规定"几个字，其本意是不正当竞争行为仅指第二章第五条至第十五条所规定的11种行为。❶二、肯定说，持该说的学者认为，无论从《反不正当竞争法》的立法宗旨，还是从法律规定的文意出发，第二条第二款都应该具备一般条款的功能。事实上，该款是一项原则性规定，起着某种"兜底"或"包容"作用，即《反不正当竞争法》在第二章中没有明确禁止的不正当竞争行为，都可以根据该款的原则规定处理。❷三、折衷说，该观点认为我国《反不正当竞争法》存在有限的反不正当竞争法一般条款。有学者认为，从法律规定的现状来看，《反不正当竞争法》第二条第二款是一个有限的一般条款，该一般条款对于实行法定主义的行政法不具有太大意义，但通常对实行概括主义的民法具有重要意义，对于受害人请求赔偿而《反不正当竞争法》又未列举的不正当竞争行为，法院可以根据个案将其确认为不正当竞争行为，判令行为人承担民事责任。

从目前的司法实践上看，肯定说已经成为通说，《反不正当竞争法》第二条属于原则性的一般条款是普遍被接受的观点。虽然该法第二章中，已经明文列举了十一项不正当竞争行为，但是可以预见的是，还有其他多种形式的不正当竞争行为，例如抄袭一个游戏的玩法和规则，并不属于第二章列举的十一项不正当竞争行为，那么能否依据《反不正当竞争法》一般条款对十一项不正当竞争行为以外的行为进行认定并制止呢？关于这个问题，曾有观点持否定态度，即，"我们没有像国外那样建立级别很高并有很大权威性的执法部门作为主管机关。考虑到我国执法机关的实际水平状况，让一个基层的执法部门对需要根据经济形势进行判断的不正当竞争行为进行认定是无法想

---

❶ 杨明. 试论反不正当竞争法对知识产权的兜底保护［J］. 法商研究，2003（3）.
❷ 邵建东. 反不正当竞争竞争法中的一般条款［J］. 法学，1995（2）.

象的事"，《反不正当竞争法》第二章以列举式规定了不正当竞争行为，如果允许进行法律判断，在条文中就会写一个兜底条款，比如"其他不正当竞争行为"，然而实际情况是条文中没有写明兜底条款，因此立法意图是很明确的，一般条款中的"违反本法规定"，指的就是第二章的规定，而不是其他。"❶

对此，我们认为，由于市场经济的快速发展，不正当竞争行为花样不断翻新，第二章列举的情形已经无法涵盖市场上所有的不正当竞争行为。从我国的审判实践来看，法院并未固守当初的立法意图而任由法律的解释和适用脱离实际，在诸多案例的判决中，法院也认可了由于不正当竞争行为无法在《反不正当竞争法》中一一列明，故对于无法穷尽的不正当竞争行为，就被侵权的当事人可以援引该基本原则予以救济。

二、法院适用反不正当竞争法第二条原则性条款的初步典型案例

原告山东食品、山孚集团、山孚日水经营对日海带出口业务，经过三十多年努力经营积累。其认为被告马达庆利用其任职期间所掌握的海带业务的全部流程、技术和客户信息，通过其在离职前后实施的一系列行为窃取属于原告的商业机会而为自己谋取不正当利益，该行为违背了诚实信用的市场竞争规则，是明显的不劳而获行为。马达庆所控制的被告圣克达诚公司所进行的全部业务，都源自三原告一直在经营的海带业务，并与原告的海带业务范围完全一致，圣克达诚公司设立的目的在于攫取原告的商业机会，且已经给原告造成了巨大的经济损失，违反了《中华人民共和国反不正当竞争法》第二条的规定，请求判令确认马达庆、圣克达诚公司的行为构成不正当竞争等。❷

---

❶　参见孙琬钟主编. 反不正当竞争法实用全书［M］. 北京：中国法律年鉴社，1993：26.

❷　参见最高人民法院(2009)民申字第1065号民事裁定书。

最高人民法院在再审审查过程中，关于反不正当竞争法第二条作为一般条款的适用条件及其在本案中的具体适用，作出以下论述：

第一，关于反不正当竞争法第二条能否作为一般条款予以适用。反不正当竞争法第二章列举规定了法律制定时市场上常见的和可以明确预见的一些不正当竞争行为类型。同时，反不正当竞争法第二条第一款确立了市场交易的基本原则，即经营者应当遵循自愿、平等、公平、诚实信用的原则，遵守公认的商业道德；并在第二款中对不正当竞争作出了定义性规定，即经营者违反反不正当竞争法的规定，损害其他经营者的合法权益，扰乱社会经济秩序的行为。由于市场竞争的开放性和激烈性，必然导致市场竞争行为方式的多样性和可变性，反不正当竞争法作为管制市场竞争秩序的法律不可能对各种行为方式都作出具体化和预见性的规定。因此，在具体案件中，人民法院可以根据反不正当竞争法第二条第一款和第二款的一般规定对那些不属于反不正当竞争法第二章列举规定的市场竞争行为予以调整，以保障市场公平竞争。本案被控不正当竞争行为不属于反不正当竞争法第二章列举的不正当竞争行为，原告也并未依据该列举式规定主张权利，而是依据该法第二条的原则性规定主张权利，被告亦据此进行答辩，一、二审法院也均据此对本案作出裁判。应当说，本案当事人和原审法院均将反不正当竞争法第二条作为本案法律适用的依据，并无不当。

第二，关于反不正当竞争法第二条作为一般条款予以适用的基本条件。自由竞争和公平竞争是市场经济的两个基本法则，二者各有侧重，互为平衡。自由竞争将有效地优化市场资源配置、降低价格、提高质量和促进物质进步，从而使全社会受益。但是，自由竞争并非没有限度，过度的自由竞争不仅会造成竞争秩序混乱，还会损害社会公共利益，需要用公平竞争的规则来限制和校正自由竞争，引导经营者通过公平、适当、合法的竞争手段来争夺商业机会，而不得采用违法手段包括不正当竞争手段。因此，虽然人民法院可以适用反不正当竞争法的一般条款来维护市场公平竞争，但同时应当注意严格把握适用条件，以避免不适当干预而阻碍市场自由竞争。凡是法律已经通过特别规定作出穷尽性保护的行为方式，不宜再适用反不正当竞争法的一般规定予以管制。总体而言，适用反不正当竞争法第二条第一款和第二款认定构成不正当竞争应当同时具备以下条件：一是法律对该种竞争行为未作出特别规定；二是其他经营者的合法权益确因该竞争行为而受到了实际损害；三是该种竞争行为因确属违反诚实信用原则和公认的商业道德而具有不正当性或者说可责性，这也是问题的关键和判断的重点。

以上三条虽然笼统，但给了法律工作者在实践中适用第二条明确的指引，得以在个案中根据不同的情形，灵活适用。从举证角度上看，"违反公认的商业道德"在一般条款的适用中居于核心地位，司法上发展出"经济人的伦理标准"对其予以客观化和法律化，具体案件的审理中又积累了"主观故意"、"知名度"等因素对这一标准和义务的违反进行判断，促进了一般条款适用的具体化。

三、《炉石传说》案适用反不正当竞争法第二条原则性条款的经验

（一）事件回顾

暴雪娱乐有限公司(原告一)于2013年3月22日在美国游戏展上公布了最新开发的一款电子卡牌游戏《炉石传说：魔兽英雄传》。上海网之易网络科技发展有限公司（原告二）经授权将该游戏引入中国市场并于2013年10月23日向中国公众开放测试。上海游易网络科技有限公司（被告）于2013年10月25日向公众展示了一款名为《卧龙传说：三国名将传》的网络游戏。《卧龙传说》游戏全面抄袭和使用了与原告游戏界面极其近似的装潢设计及其他游戏元素（包括游戏表示、战斗场面、382张卡牌及套牌组合），抄袭了原告的游戏规则，并且还在网站上发表了题为"惊现中国版<炉石传说>，是暴雪太慢？还是中国公司太快？"的宣传文章，宣称《卧龙传说》是中国版的《炉石传说》，并称《卧龙传说》几乎完美的换皮复制了《炉石传说》。两原告认为被告的行为分别构成了《反不正当竞争法》第二条、第五条

第（二）项、第九条所禁止的不正当竞争行为，请求判令被告承担停止侵犯原告知名商品特有装潢，停止虚假宣传，停止向公众测试、发布、出版或以任何形式传播《卧龙传说》游戏，消除影响并赔偿损失的民事责任。❶

（二）法院观点

法院认为，游戏规则尚不能获得著作权法的保护，并不表示这种智力创作成果法律不应给予保护。如果将游戏规则作为抽象的思想一概不予保护，将不利于激励创新，为游戏产业营造公平合理的竞争环境。

《卧龙传说》使用了与《炉石传说》基本相同的游戏规则，包括卡牌数量及构成、卡牌数值、卡牌使用方法等卡牌规则及回合制竞赛模式等战斗规则。除此之外，被告还在游戏标识。界面等方面对原告游戏进行了全面的模仿。被告公司员工在《炉石传说》未进入中国市场前即已经实际接触到《炉石传说》游戏卡牌核心数据并还原整个数值体系，《卧龙传说》立项后仅耗时20天即制作出，远少于通常游戏公司研发一款类似原创游戏正常耗时；两款游戏在卡牌构成及使用规则、基本战斗规则上基本一致。因此，本案查明的事实足以支持原告关于被告整体抄袭了其游戏的指控。对于这种抄袭，被告非但不引咎自省，反而作为其推广游戏的卖点而大肆渲染，其"搭便车"的目的和行为非常明显。

电子游戏远不只是仅为大众娱乐而存在，而是具有极大的商业价值。中国软件行业协会制定了《中国游戏行业自律公约》，鼓励行业从业者开展合法、公平、有序的竞争。本案原被告均为游戏产品的同行业竞争者，理应恪守反不正当竞争法及游戏行业自律公约的相关规定，开展公平竞争。被告并未通过自己合法的智力劳动参与游戏行业竞争，而是通过不正当的抄袭手段将原告的智力成果占为己有，并且以此为推广游戏的卖点，其行为背离了平等、公平、诚实信用的原则

---

❶ 参见上海市第一中级人民法院(2014)沪一中民五(知)初字第22号民事判决书。

和公认的商业道德，超出了游戏行业竞争者之间正当的借鉴和模仿，具备了不正当竞争的性质。

最终，法院做出了要求被告立即停止不正当竞争行为，停止通过信息网络或以任何其他形式运营、发行《卧龙传说：三国名将传》，消除影响并对原告的经济损失进行赔偿的判决。

（三）评析：关于《反不正当竞争法》一般条款的适用条件

一般条款的第一款规定了认定不正当竞争行为的基本准则要素——"自愿、平等、公平、诚实信用、公认的商业道德"，第二款规定认定不正当竞争行为的行为要素——"经营者违反本法规定，损害其他经营者合法权益，扰乱社会经济秩序的行为"。但无论是基本准则要素还是行为要素，均十分抽象，很难给出固定的含义，其内涵更会随着时代的发展而变化。因此，结合不正当竞争行为的一般行为要素，从《反不正当竞争法》的立法目的和立法精神上去理解和把握上述条款的含义，将会使一般条款的认定标准变得鲜明和生动起来：

首先，该行为是一种市场竞争行为。认定不正当竞争，除了要具备一般民事侵权行为的构成要件以外，还要注意审查是否存在竞争关系。竞争关系是取得经营资格的平等市场主体之间在竞争过程中行程的社会关系，倘若不构成市场竞争行为，也就无从谈起构成不正当竞争问题。本案中，原被告均为游戏软件的开发商，《炉石传说》和《卧龙传说》均系角色扮演类卡牌游戏，是游戏产品的同行业竞争者。

一个游戏是很多有趣的选择的集合。一个理想的游戏应该经过一系列的选择，最后以胜利或其它完成的条件结束。有时一些选择明显成为唯一的选择，或明显是无效的。如果在某一阶段，游戏出现仅有唯一的选择，而游戏却没有结束，就说明游戏的平衡性有了问题。如果游戏失去平衡，就会减少这些选择而影响游戏性。

优秀的游戏设计具有极大的可平衡性，也就是指游戏系统可以较容易地调整到平衡的状态，是玩家在游戏过程中获得更好的游戏体验。一个游戏是一个系统，在设计初期应用良好的系统设计方式将带来较好的可平衡性。首先要考虑的是让游戏进入一个有趣及可玩的境界，这就需要宏观调整，或者说让游戏中的大部分要素至少达到基本上平衡，而且不存在任何要素过分地不平衡，只要做到这一步，就可以建立一定的基线。比如，你也许设立游戏速度的基线为"大约10分钟长的游戏"，或者设立角色韧性的基线为"被一个危险怪兽攻击3次是致命的"。一旦你为每个游戏因素（一个地图、一个角色类型、一段对话等等）都找到满意的基线，就可以利用这些游戏要素基线为根据扩展游戏。其次，达到这个状态后，就可以继续细调游戏要素的具体部分，即微观调整，比如游戏种族或派系。微观调控是游戏策划为了进一步完美平衡性而实施的小手术。

对于角色扮演类卡牌游戏来说，有关人物角色、职业、技能的参数项的设置及其取值的平衡，是区别于其他游戏的独创性的突出体现，有关人物角色游戏特定方式的设定、游戏中各种平衡性（包括但不限于各种、各类人与角色、道具、技能的平衡性）的设定是否合理，将从根本上决定一款游戏是否能吸引、进而承载数目巨大的玩家，以至于最终是否能够取得市场上的成功。

其次，该行为违反了法律规定和市场竞争原则。竞争行为的本质是经营者争夺交易机会的行为，有竞争必然存在着损害，评价一个竞争行为是否属于不正当竞争行为，光有竞争意图和损害后果是不够的，关键在于评判其正当性。主要可以表现为：

（1）禁止食人而肥己和"搭便车"，禁止不正当地投机取巧和巧取豪夺。正当的市场竞争，必须是竞争者通过付出劳动而进行的诚实竞争，竞争得来的果实必须是自己汗水的结晶。现代社会所鼓励的竞争必须是在增进技术、降低价格和提高商品质量等的基础上进行的竞争。正是由于竞争手段与竞争后果的关系直接影响到竞争行为的定性，禁止不劳而获或者少劳多获也就成为判断不正当竞争行为的重要精神。

（2）维护商业伦理。诚实信用原则是民事活动的基本原则，商业活动中的诚实信用原则更多的是体现为一种商业道德。市场竞争中的商业道德不同于日常生活道德，须按照商业社会或者市场竞争的伦理标准进行定性和衡量。实践中，行业协会制定的，符合法律规定与立法精神和立法目的相一致的《行业准则》、《自律公约》往往可以作为行业内公认的商业道德的集中体现。

（3）刺激创新与鼓励竞争。创新可以刺激竞争，而竞争又可以促进创新，两者是相辅相成的。但是，创新与竞争之间常常又会发生冲突，包括反不正当竞争法在内的知识产权法，都在创新和竞争之间进行平衡。只有在至关重要的利益需要保护时，才可以阻止竞争。对竞争的限制必须以明确界定的和有限的方式，其目的是为创新提供更充分的刺激。

本案中，根据法院查明的事实，"《卧龙传说》仅耗时20天即制作出，远少于通常游戏公司研发一款类似原创游戏正常耗时；两款游戏对所涉卡牌、界面相似度极高，视觉效果差别不大，区别仅在于角色形象由魔兽世界中的人物替换为三国人物，两款游戏在卡牌构成及使用规则、基本战斗规则上基本一致"。"被告公司员工《卧龙传说》游戏策划人员在《炉石传说》未进入中国市场前机已经实际接触到《炉石传说》游戏卡牌核心数据，并还原整个数值体系，游戏制作前期因无法取得《炉石传说》测试账号而对着《炉石传说》玩家视频制作样片，游戏立项后通过秒杀到的测试账号进一步获取《炉石传说》游戏数据，从而完善《卧龙传说》游戏细节。"上述事实进一步证明被告游戏用于吸引玩家的的核心要素不是基于自己的智力劳动成果，超出了游戏竞争者之间正常的技术交流、互相学习、合理借鉴的范畴，其行为明显背离了游戏行业的自律公约，有违基本商业道德，其"搭便车"的目的和行为非常明显。

第三，不正当竞争行为是损害其他经营者合法权益、扰乱经济秩序的行为。不正当竞争行为之所以具有不正当性，当然与其产生不正当的市场损害有关。"山寨"游戏泛滥的结果就是游戏产品同质化；从深层次上看，它损害了市场竞争机制，破坏了公平自由的市场竞争机制，损害了商业伦理。

值得一提的是，虽然从《反不正当竞争法》第二条第3款的规定中可以看出，经营者是指以营利为目的，向社会提供商品或者服务的法人、其他经济组织和个人，而且"营利性"被看作是经营者的本质特征。但经营者概念的内涵究竟包括哪些内容，外延到底包括哪些社会组织和个人，曾今在理论研究中还是在司法实践中均存有争议或者分歧。如作家是否属于经营者？非营利性组织（如学校、医院、律师事务所、行业协会）是否属于经营者？"在湖南王跃文诉河北王跃文不正当竞争纠纷一案中，人民法院通过解释《反不正当竞争法》的立法目的，提出了凡存在竞争的商品化市场即适用该法的观点，进而提出文化市场是新兴市场、作品是作者经营的商品的观点，最后得出作家是竞争主体，是文化市场中的商品经营者的结论，并运用《反不正当竞争法》判定诸被告构成不正当竞争行为。"❶

因此，对于经营者不能机械理解，特殊情况下为维护竞争秩序和制止不正当竞争行为，可以灵活处置而不能作茧自缚，不能因机械理解经营者的概念而因噎废食。凡参与经营活动的人都可以视为经营者。例如，企业职工泄露企业商业秘密的，即便是没有获取报酬，仍然可以认定其侵犯商业秘密，此时企业职工因破坏他人竞争优势而参与了市场竞争，可以视作特殊的经营者，将其纳入反不正当竞争法的规范之内。❷

四、结论

自1993年12月1日施行以来，《反不正当竞争法》一直起到鼓励和保护公平竞争，制止不正当竞争行为，保护经营者和消费者的

---

❶ 参见湖南王跃文诉河北王跃文等侵犯著作权、不正当竞争纠纷案。载《最高人民法院公报》2005年第10期。

❷ 孔祥俊. 反不正当竞争法的司法创新和发展——为《反不正当竞争法》施行20周年而作［J］. 知识产权，2013（12）.

合法权益，保障社会主义市场经济健康发展的作用。但是，由于在《反不正当竞争法》施行之时，我国的社会主义市场经济体制初见端倪，市场经济发展中的一些不正当竞争行为还没有得到充分的表露和显现，难以具体体现到法律规范中去。

如今，新兴产业层出不穷，商业行为样式繁多，法律已经难以列举完全部不正当的竞争行为，诚实信用原则作为原则性条款体现在反不正当竞争法第二条中，有适用的必要性，因此从司法实践上看，审判人员往往被赋予一定的自由裁量空间。适用时，需满足三个基本要件，即"法律没有特别规定""其他经营者的合法权益因该竞争行为而受到了实际损害""违反公认的商业道德"。在具体适用上，则须依个案进行。

外商以技术使用权出资的法律思考

吴月琴[*]

Legal Analysis on the Contribution of Technology Use Rights for Foreign Businessman

Cathy Wu[†]

摘要：随着国家对知识产权的日益重视，特别是公司法的规定，为以知识产权出资提供了更为便利的条件。然而在实践中以知识产权出资仍存在不少问题，尤其是外商投资者以技术使用权出资设立公司的情形。是否能以技术使用权出资设立公司？公司如何防控因技术成果被无效或价值严重贬损带来的风险？以技术使用权出资是否会对公司上市造成实质性障碍？本文通过梳理目前学界观点、法律规定以及实践案例等方式，一一回应上述问题，并针对这些问题提出自己的应对建议。

关键词：技术使用权　出资方式　风险控制

---

[*]　上海市律协国际贸易与反倾销业务研究委员会委员、华诚律师事务所律师。

[†]　Lawyer of Watson & Band Law Offices.

一、问题的提出

（一）案例：外方投资人仅以技术使用权出资[1]

案例1：澳大利亚煤矿设备制造公司L公司拟与中国某大型煤矿集团所属上市公司[2]公司共同出资设立中外合资经营企业。L公司考虑到其在中国境内已设立的全资子公司及控股公司等多个主体对其技术的使用需求，拟仅以其技术使用权对合资企业出资；中国内资企业C公司以货币方式出资。案例2：美商M公司在基础通讯技术方面的研发取得重大突破，其研究成果具有广泛的应用前景，拟推广应用于多个行业和领域。该公司计划与中国多个行业的领头企业商谈合作，以其技术使用权出资，设立多个合营公司。这些新公司专门从事其技术在各特定行业的具体实施和应用。

（二）问题小结

上述两个案例均涉及到外方出资人仅以技术使用权C出资。实践中，有关这一出资方式可能引发如下问题：

第一，外商的这一出资方式是否符合中国法律和法规的规定，能否被中国的政府主管机关批准和登记？

第二，接受投资的合营公司如发生出资人以技术使用权重复投资问题、技术出资价值严重贬值影响资本维持问题、技术使用权如何清偿债务问题等等，应如何防范该出资方式可能带来的风险？

第三，拟上市的合资公司只拥有技术使用权，是否会对其上市造成实质性障碍？

外方投资人仅已技术使用权出资存在上述问题，那么公司应当采取何种措施防控风险，《公司法》等相关法律法规应当建立何种配套机制监管这类出资方式。下文将通过对上述问题的一一回应，较为详细地论述本文对管控该类出资方式可能引发相关风险的思路与建议。

---

[1] 文章所涉及案例均是笔者根据实务经验，自行编撰的案例。

[2] 笔者注：本文讨论的"技术"，包括专利技术以及未专利化的技术成果。

二、以技术使用权出资存在的分歧

占有、使用、收益和处分四项权能构成了所有权的全部内容。以技术使用权出资，最基本的特征是出资技术不发生权利的全部转移，出资人仅向合营公司让渡技术所有权下的"用益权"，合营公司对技术成果仅享有一定期限和一定范围的使用权。因此，技术使用权出资，形成了出资人/许可人与合营公司/被许可人间的双重法律关系。

（一）学术界对于技术使用权出资的观点陈述

对于是否能以技术使用权出资，学术界主要分成反对与支持两派观点，具体观点如下：

1. 反对以"技术使用权"作为出资方式的观点

反对派的理由与依据主要是：

第一，与移转财产权的要求相违背，导致缴纳的出资额无法确认。《公司法》第二十八条规定，"以非货币财产出资的，应当依法办理其财产权的转移手续。"然而，技术使用权的"过户"是无法也没有必要"办理转移手续"。由于技术所有权无法变更或登记公示于被投资的公司名下，则出资人以技术使用权对公司的出资处于不确定状态，也无法对抗善意第三人❶。

第二，与公司法的资本维持原则相冲突❷。资本维持原则，要求公司在存续过程中，应维持与其资本总额相当的财产，防止公司资本的实质性减少，维持公司偿债能力。《公司法》第三十六条规定，"公司成立后，股东不得抽逃出资。"但技术使用权的出资一般采取签订许可合同的形式，约定许可期限或约定在一定的条件下，许可方可以收回许可，这实质上相当于允许出资人变相抽回其出资。

第三，与公司"财产独立性"要求相冲突。公司是以其全部财产对于公司的债务承担责任的，因此，公司必须拥有独立的财产权。而

---

❶ 谢怀栻. 外国民商法精要［M］. 北京：法律出版社，2006（296）.
❷ 艾小乐. 胡改蓉. 论专利权投资［J］. 当代法学，2003（1）.

作为出资的技术使用权并不是独立、完整的财产权，公司对该技术不能享有最终处分权。一旦公司发生债务纠纷或进入破产清算程序，则该项出资如何实现对公司债务的担保功能？债权人可否以及如何对该技术使用权主张权利，从而实现债权。

第四，产生同业竞争。因出资人仅以其技术使用权出资，如果是采用普通实施许可或者排他实施许可的方式，其仍然可以就该技术成果自己使用或许可他人使用的权利，如此一来，可能造成多个企业之间同时使用该项技术成果并形成生产同一产品的竞争局面。

综上所述，反对派认为"技术使用权"属于经营功能很强而偿债功能不足的出资方式，从公司法视角尤其是保护公司利益以及债权人利益考虑，应被排除在法定的出资方式之外。

2. 支持以"技术使用权"作为出资方式的观点

支持派的理由与依据主要是：

第一，知识财产是"权利束"的组合。技术成果无形性的特点，决定了其各项权能具有一定的独立性。一项技术成果可在一定时空条件下为若干主体共同利用；在各项权能分割的情况下，若干主体可对同一技术成果享有不同的权能；在不同地域内，若干主体可在各自获得授权的范围内对同一技术成果行使权利。因此，技术使用权可以分割出来由所有权人进行投资。

第二，技术使用权具有资本属性，该项权能一旦与货币、实物相作用就能为各出资人创造新的价值。正如土地使用权可以出资，技术使用权亦可成为出资内容。

第三，技术出资本质上是一种权利出资，新设公司需要占有的是使用技术成果的权利而非技术成果本身，得到技术所有权或者技术使用权都可以达到此目的。

第四，"在技术贸易中，由一方把自己专利技术的所有权真正转让给另一方的情况非常少见；希望得到先进技术的人，通常也只想得到有关技术的使用权，很少有人会去买别人的专利，因为买专利要比

只取得使用权的花费多得多。"❶

综上所述，支持派认为，公司法作为企业组织法应顺应知识产权资本化的趋势，在出资制度上进一步容纳知识财产的多样化和灵活性，认可技术使用权的出资方式。

3. 观点小结

关于能否以"技术使用权"作为出资方式，两派的争议本质上涉及宏观上的价值冲突问题，即技术所有权人的利益与公司及其债权人利益的保护优先性问题。

（二）技术使用权出资的法律规定——技术使用权出资的合法性

1.《公司法》及其相关法律的规定

《公司法》第二十七条对股东出资方式的规定，采用列举式与概括式相结合的表述方法，"股东可以用货币出资，也可以用实物、知识产权、土地使用权等可以用货币估价并可以依法转让的非货币财产作价出资；但是法律、行政法规规定不得作为出资的财产除外"。

法律、行政法规有关出资方式的禁止性规定仅出现在《公司登记管理条例》第十四条第二款和《公司注册资本登记管理规定》第五条第二款，即"股东不得以劳务、信用、自然人姓名、商誉、特许经营权或者设定担保的财产等作价出资"。

《关于外商投资的公司审批登记管理法律适用若干问题的执行意见》第十点进一步确认了《公司法》上述出资方式的规定适用于外商投资企业❷。

可见，在现行《公司法》和外商投资企业法律体系下，外方出资

---

❶ 郑成思. 知识产权法 [M]. 北京：法律出版社，1997：57.
❷ 《关于外商投资的公司审批登记管理法律适用若干问题的执行意见》第十条第一款规定："外商投资的公司的股东出资方式 应当符合《公司法》第二十七条、《公司登记管理条例》第十四条和《公司注册资本登记管理规定》的规定，在国家工商行政管理总局会同有关部门就货币、实物、知识产权、土地使用权以外的其他财产出资作出规定以前，股东以《公司登记管理条例》第十四条第二款所列财产以外的其他财产出资的，应当经境内依法设立的评 估机构评估作价、核实财产，不得高估或低估作价"。

人可以用货币、实物、知识产权、土地使用权以及其他可用货币估价并可依法转让的非货币财产出资。虽然法律没有禁止外方出资人以技术使用权出资，但也没有以列举的方式从立法上明文肯定这一出资方式。实践中，外商技术投资项目可能因法律规定的模糊性而在审批中遇到障碍。

2. 其他法律文件的规定

2005年《最高人民法院关于审理技术合同纠纷案件适用法律若干问题的解释》第十六条第三款❶明确当事人可以约定投资技术成果的使用权比例，"当事人对技术成果的使用权约定有比例的，人民法院可以视为……"。这一司法解释是从合同法的视角对技术出资问题进行了解释。

上述最高院的司法解释，从合同法的视角规定了出资人可以对技术成果使用权比例作出约定，这一表述间接表示了出资人可将"技术使用权"作为出资方式成立企业，即可以推断出法律认可"技术使用权"出资之意。。。

司法解释的效力层级不高，适用范围具有特定性，实践中恐难作扩充性解释和适用。因此，外方出资人引述该司法解释作为技术使用权出资合法性的依据，似乎不够充分。

3. 小结

从上述《公司法》及相关法律文件的规定可以看出，外方出资人可以用货币、实物、知识产权、土地使用权以及其他可用货币估价并可依法转让的非货币财产出资。但也没有以列举的方式从立法上明文

---

❶ 《最高人民法院关于审理技术合同纠纷案件适用法律若干问题的解释》第十六条："当事人以技术成果向企业出资但未明确约定权属，接受出资的企业主张该技术成果归其享有的，人民法院一般应当予以支持，但是该技术成果价值与该技术成果所占出资额比例明显不合理损害出资人利益的除外。当事人对技术成果的权属约定有比例的，视为共同所有，其权利使用和利益分配，按共有技术成果的有关规定处理，但当事人另有约定的，从其约定。当事人对技术成果的使用权约定有比例的，人民法院可以视为当事人对实施该项技术成果所获收益的分配比例，但当事人另有约定的，从其约定。"

肯定这一出资方式。

我国对外商投资的行业和领域，由商务主管行政机关根据外商投资的产业政策进行审查和批准。对于外方出资人以技术使用权出资，目前由于缺乏明确的成文法律规定，商务主管行政机关采取个案审查和审批。同时，由于法律没有禁止性规定，实践中有地区商务主管行政机关予以批准的先例，因此，笔者认为外方出资人可以进行积极有益的尝试，可就具体投资项目事先商询当地商务主管行政机关，或咨询当地的律师事务所。

从长远看，为顺应市场经济的发展需要，公司法改革的趋势必会对技术出资的权利类型设立更具开放性的规则，认可以知识产权使用权（包括技术使用权）出资的合法性。

三、公司以技术使用权出资对上市的影响

在以技术使用权出资的实务操作中，因相关技术有被无效的可能，因此对发行人公司而言存在重大不利变化的风险，该问题不仅常常困扰投资者及企业，也为企业下一步的上市融资增加了不确定因素。

（一）法律的具体规定

《首次公开发行股票并上市管理办法》（2015年修订）第三十条规定"发行人不得有下列影响持续盈利能力的情形：（五）发行人在用的商标、专利、专有技术以及特许经营权等重要资产或技术的取得或者使用存在重大不利变化的风险；"

《公开发行证券的公司信息披露内容与格式准则第1号——招股说明书（2015年修订）》第二十八条规定"发行人应披露的风险因素包括但不限于下列内容：……（四）技术不成熟、技术尚未产业化、技术缺乏有效保护或保护期限短、缺乏核心技术或核心技术依赖他人、产品或技术面临被淘汰等；"

从上述规定看来，首先，发行人公司应当如实充分披露相关信息

的义务；其次，发行人公司"顺利上市的一个重要前提条件是，其在用的商标、专利、专有技术以及特许经营权等重要资产或技术的取得或者使用不存在重大不利变化的风险"❶。

（二）具体案例展现

豫光金铅2002年7月11日披露的《河南豫光金铅股份有限公司首次公开发行股票招股说明书》中提及"技术风险：公司目前铅冶炼的生产工艺和技术水平在国内领先，关键技术已经达到国际先进水平。但股份公司所使用的主要技术，股份公司并不拥有其所有权，且不独家拥有使用权，技术容易扩散，技术领先的优势存在被同业追赶的风险；同时，公司的科研投入及科技开发能力尚需进一步提高，因在短期内对铅冶炼核心技术的研究难以有较大的突破将可能对公司未来的发展带来一定的风险。"❷

从上述案例可以看出，"只要尽到如实充分披露相关信息的义务，公司拥有核心技术的使用权同样是被认可的"❸。

四、公司对技术使用权出资方式的风险控制

由于技术资本区别于现金资本和实物资本的特殊属性，以技术使用权对公司的出资存在一定的"缺陷"或法律障碍。因此，合营公司在接受外方出资人的技术使用权出资以及日后的资本运营过程中，可从如下方面对该出资方式进行一定的风险防范与控制。

（一）审查出资涉及的技术有无权利瑕疵

首先，出资人必须是技术的所有权人，且未在该技术上设定任何

---

❶ 罗亚中. 探析公司核心技术仅有使用权是否构成其上市的实质性障〔EB/OL〕. http://chuansong.me/n/2746884.

❷ 河南豫光金铅股份有限公司首次公开发行股票招股说明书摘要〔EB/OL〕. http://app.finance.china.com.cn/stock/data/view_notice.php?symbol=600531&id=8704904.

❸ 罗亚中. 探析公司核心技术仅有使用权是否构成其上市的实质性障碍〔EB/OL〕. http://chuansong.me/n/2746884.

权利负担。出资人应当出具其享有该权利的证明文件，应当提交该工业产权的权利证明或者有关技术资料，包括专利证书、有效状况的证明文件及其技术特性、实用价值、发展前景、实施条件等方面的技术资料，作为出资合同的附件。其次，用于出资的技术应具有稳定性，如技术有可能会被第三人提出权利要求，或已获得专利授权的技术，有可能被撤销或无效，则可能导致该出资无效。因此，合营公司应要求出资人作出相应的权利承诺或保证；最后，对于接受出资的国外技术，合营公司宜审查该技术是否已在我国受到有关法律的保护。

（二）审查用于出资的技术其市场价值和商业化程度

包括该项技术是否具有实用性，先进性？是否属于朝阳技术？市场前景怎样？经济寿命如何？是否已授权多个主体进行使用？

（三）对拟出资的技术使用权进行价值评估

以技术使用权出资最大的挑战就是如何定价，因此找到适当和权威的资产评估公司对其价值进行评估至关重要。投资各方应当通过协议方式或共同委托第三方评估该技术使用权的价值，确定该使用权的价格，并出具公司登记机关认可的评估报告。

（四）取得出资人关于技术可靠性和可持续性使用的承诺

即出资人在以技术使用权出资后，应依照约定提供相关技术资料和咨询、培训服务；保证提供的资料完整、可靠；保证用于出资的技术适于合营公司的应用；承诺其有后续改进技术成果的反馈义务，并就反馈后续改进技术的具体步骤以及不能反馈后续改进技术时的补救做出明确约定。

（五）对许可使用条款进行有利于合营公司利益最大化的安排

技术的许可使用年限应当不少于所投资公司的经营期限。由于技术使用权的价值具有不确定性，为防止技术的所有权人许可他人使用该技术，从而贬损合营公司获得的技术使用权的价值，合营公司应取得技术的排他或独占性的许可使用权，而非普通的许可使用权。同时，应约定出资人一旦成为公司股东即受到竞业禁止义务的限制，无权转让该技术的所有权，无权再使用该项技术或者许可他人使用，与合营公司竞争。

上述内容的审查以及相关协议条款的设计具有高度的专业性，建议委托知识产权专职律师对此开展尽职调查，草拟和审查合同，出具法律意见书。

五、公司法建立配套机制的初步设想

知识产权资本化，具有经济和法律两个层面的意义。现行公司法上的一整套制度框架主要是在货币或者有形财产出资主导时代成熟的。作为随着经济发展衍生的新型出资方式，如技术使用权的出资，在现行公司法律体系和基本制度下运行，存在一定的"缺陷"或法律障碍，亟待现行法律作出一定的修改，为其提供一个理想的制度规范。

在对知识产权出资进行相关的法律制度设计时，发挥知识产权权利人的积极性的同时，也应同时注意保护其善意相对人，比如以非技术出资的股东利益，公司的利益以及公司的债权人的利益。从这一角度，笔者设想，知识产权出资的制度设计这一规范至少涵盖或解决：第一，在公司的设立阶段，出资权利的法定种类范围；技术使用权出资的价值评估、出资者的设立责任以及重复出资问题等。第二，在公司的运营阶段，技术使用权出资的价值波动与公司资本制度间的冲突问题。第三，在公司的破产清算阶段，如何对出资的技术使用权进行处理，参与债务清偿或剩余财产分配的问题。

笔者建议，从如下方面对技术使用权的出资方式进行规范、引导和监督：

（一）扩充权利出资的法定类型范围

对《公司法》第二十七条的出资方式进行开放性解释，明确技术出资权利出资类型具有多样性，权利人可以技术权利的权项之一出资：可以专有权、或者是专有权之一部分，可以某种使用权或者以某种使用权的一定比例出资。

（二）完善评估、出资责任规则

完善有关技术使用权出资的资产评估制度，减少后续纠纷。

完善技术使用权出资者的竞业禁止制度，对出资者出资后转让技术或重复出资作出禁止性或限制性的规定，规定相应的不利法律后果或罚则。对公司存续期间如技术使用权资本价值发现大幅波动，若属于股东出资不实，严格执行《公司法》第二十八条以及第三十一条❶的规定，由出资人承担资本填补义务，公司设立时的其他股东对其承担连带责任。

（三）完善技术登记及备案制度

为了减少双方的交易成本，促进交易的顺利进行，现有的登记及备案制度需要进一步的完善，比如部分转让专有权怎样登记、部分转让使用权怎样备案、技术共有关系的法律确认与保障等等。

（四）对知识产权出资年检

出于对公司资本维持原则的考虑，《企业年度检验办法》应当明确规定，公司登记主管机关每年对企业年检时，必须对公司和外商投资企业作为注册资本组成部分的知识产权进行检验，公司和外商投资企业的年检报告必须体现接受投资的知识产权的运作状况。❷

（五）定期审查技术使用权现有价值

工商行政管理机关加强监管，可以通过登记、年检等手段，对用作出资的技术使用权进行定期审查，发现许可期限短于公司经营期限的、用作出资的技术使用权严重贬值的、以及公司负债后运用该知识产权清偿债务等问题，要求技术出资人续签合同、补交差额及承担有

---

❶　《公司法》第二十八条："股东应当按期足额缴纳公司章程中规定的各自所认缴的出资额。股东以货币出资的，应当将货币出资足额存入有限责任公司在银行开设的账户；以非货币财产出资的，应当依法办理其财产权的转移手续。股东不按照前款规定缴纳出资的，除应当向公司足额缴纳外，还应当向已按期足额缴纳出资的股东承担违约责任。"《公司法》第三十一条："有限责任公司成立后，发现作为设立公司出资的非货币财产的实际价额显著低于公司章程所定价额的，应当由交付该出资的股东补足其差额；公司设立时的其他股东承担连带责任。"

❷　刘春霖. 知识产权资本化的法律缺陷及完善［J］. 河北法学，2005，23（8）.

关责任，公司设立时的其他股东对其承担连带责任。

六、结语

在实务操作中，外商投资者可以通过技术使用权出资成立公司，但因技术成果有效状态及其价值存在不确定性，因而公司需要从审查该技术成果有效性、商业化与市场化程度等事项，并且通过第三方机构对该技术成果价值进行评估等方式对技术使用权出资形式进行事先管控。正确处理好以技术使用权出资在实践中的运用情况，不仅需要公司自身进行风险监管，更加需要公司法等相关法律制定相应规定。

商标抢注之应对与防御

张黎明*

Countermeasures and Defenses for Trademark Squatting

Zhang Liming †

摘要： 商标抢注是长期以来困扰权利人、行政机关和司法机关的难题，也是历次商标法修改中的焦点。尽管立法机关、行政机关、司法机关做了各种尝试和努力，但是仍然无法杜绝商标抢注现象。部分权利人未充分理解中国法律程序、懈怠行使权利，也是商标被抢注的原因之一。对于商标抢注，如果仅作事后的被动应对，往往难以取得预期的效果。因此，相较于事后应对，更应该做好事前的防御工作、筑起权利的篱笆，使抢注者无隙可乘。

关键词： 商标　注册　恶意　抢注

伴随着苹果公司支付六千万美元与深圳唯冠就iPad商标案达成和解❶，商标中所蕴含的巨大商业价值越发受到重视。

由于能够带来巨大的经济利益，知名商标被抢注的新闻层出不

---

*　华诚律师事务所律师、专利代理人。

†　Lawyer and Patent Attorney of Watson & Band Law Offices.

❶　新华网［EB/OL］. http://news.xinhuanet.com/legal/2012–07–02/c_123358527.htm。

穷，已经成为困扰正当商标权利人的一个突出问题。商标抢注对权利人造成困扰，给市场公平竞争带来不良影响的同时，也给商标审查机构带来巨大压力。❶ 对于正当商标权利人而言，投入大量心血、苦心经营的商标是企业的命脉，一旦商标被抢注，往往迫切想拿回被抢注的商标。但是，由于商标抢注的形式多种多样，有时候并不能轻而易举的解决问题。

接下来，本文将结合一些比较有影响的案例对商标抢注的现状、根源、危害进行介绍，并进一步说明被动应对方法和主动防御措施。

一、商标抢注的现状

随着世界经济的全球化，品牌保护中商标保护的重要性和必要性日益突显，然而企业商标保护的现状却不尽人意，商标频遭抢注。❷ 例如，无锡某公司在服装商品上注册了"林书豪"商标❸，河南某公司在杀虫剂商品上注册了"星光大道"商标，广东某企业在瓷砖商品上申请了"CARTIER"商标。还有比前述三个商标抢注更离谱的案例，例如，"王老吉"不仅仅是凉茶的商标，它还被河南某公司注册为了"猪饲料"的商标；"法拉利"也不仅仅是意大利名车的商标，它还被湖南某个人注册为了"红酒"的商标。这其中，影响最为深远的是"爱马仕"商标注册争议案件。

早在1977年，持有"HERMES"品牌、来自法国的"埃尔梅斯国际"在国家商标局注册"HERMES"商标，该商标及图形相继被核定使用于国际分类第3类的化妆品和第25类的服装等商品上。1977年以来，"埃尔梅斯国际"一直以"HERMESCUP、爱马仕杯"的名义赞助香港赛马会或者以"爱马仕"和"HERMES"的名义出现在《大公

---

❶ 刘燕. 商标抢注行为浅析与防范［J］. 政法论坛，2010（5）.
❷ 赵青. 商标抢注的现状及对策［EB/OL］.（2007-04-23）. 重庆市第一中级人民法院公众服务网. http://www.cqyzy.chinacourt.org/article/detail/2007/04/id/974471.shtml.
❸ 人民网［EB/OL］. http://comic.people.com.cn/GB/17171961.html.

报》等媒体上。

1995年，广东达丰制衣公司向商标局提出申请注册"爱马仕"商标，商标局经审查后核定该商标进入初步审定公告。持有"HERMES"的"埃尔梅斯国际"在初步审定公告期内对该商标提出异议，但是未被商标局所支持；而后，该公司提出复审同样未获支持。再后，"埃尔梅斯国际"向商标评审委员会提出撤销争议商标注册的申请，经审查，商标评审委员会仍然于2011年作出裁定维持"爱馬仕"商标。❶

"埃尔梅斯国际"不服裁定，提起行政诉讼起诉商评委，其认为：该公司的"HERMES"商标在世界范围内具有极高知名度，"爱馬仕"作为与"HERMES"直接对应的中文商标，在中国应该被认定为未注册的驰名商标；达丰制衣公司抢注的"爱馬仕"，是对"HERMES/爱馬仕"的翻译、模仿，是以欺骗或者不正当手段获得商标注册的行为。

北京市第一中级人民法院审理认为，"埃尔梅斯国际"提交的大部分证据形成时间都晚于"爱马仕"商标申请注册日，而且相关证据均是媒体报道，且均发生在香港地区，不足以证明埃尔梅斯国际尚未注册的"爱马仕"已为中国大陆相关公众知悉，因此，"爱马仕"不构成为未注册的驰名商标；此外，也没充分证据证明诉争商标"爱马仕"是以欺骗或其他不正当手段注册。因此，未支持"埃尔梅斯国际"的诉讼请求。❷

二、商标抢注的危害

首先，商标抢注行为直接损害了被抢注者的利益。被抢注的商标往往为公众所熟知，对公众具有强大的吸引力并且存在着一个相对固

---

❶ 商评字［2011］第07842号《关于第1009341号"爱马仕"商标争议裁定书》。
❷ 北京市第一中级人民法院（2011）一中知行初字第3217号《行政判决书》。

定的消费群，即使抢注者是在不同类别的商品上进行注册，但只要公众看到这类商标就能立即将其与该商标所代表的特定商品或经营者相联系。换言之，当抢注者使用该商标时，会产生"来源混淆"。被抢注者为树立商标信誉而付出的巨大努力将付诸东流，而如果商标被抢注后被迫购回，被抢注者所遭受的经济损害则更为直接和迅速。

其次，商标抢注行为也损害了广大消费者的合法权益。消费者凭借对商标的认知而购买某种特定的商品，是出于其对该生产厂商的熟知和信赖。然而，当抢注者使用抢注的商标于自己的产品上时，商标主体已易、出处已异，消费者所购买到的商品实际上已不是其所要购买的商品了，这事实上是对消费者知情权的一种侵犯，是对消费者所实施的一种野蛮的欺诈行为。

另外，商标抢注者通过恶意抢注他人的商标，进行不正当竞争来敛财牟利，破坏了公平竞争的市场秩序，危害了社会公共利益，有悖诚实信用、公平公正的商业道德；同时，一旦抢注成功，可以一本万利；即使不成功，也不会受到任何惩罚，起到了不良的价值导向作用。

三、商标抢注的根源

尽管立法者也意识到了商标抢注的危害性，商标法也为制止商标抢注设置了种种限制。但是，商标抢注不仅没有被根除，而且，在2001年允许自然人申请商标后，商标抢注几乎达到了顶峰。甚至于有人以此为生，开设商标超市，大量抢注具有一定知名度的商标，待价而沽。细究之下，商标抢注之所以大行其道，其根源有三。

（一）存在利益驱动，可以通过商标抢注投机牟利。

讲到商标注册带来的巨大收益，不得不提"现代"汽车的案例。虽然这个案件不能算是商标抢注案件，严格来说只能算是先注册案件。但是毫无疑问，它对经济发达地区，尤其是长三角地区的商标抢注起到了极大的刺激作用。

　　根据网络上公开的信息，2002年10月18日，韩国现代通过与北京汽车合资成立了北京现代汽车公司，并将北京现代视为最重要的海外生产基地。为了推广现代品牌，北京现代对于商标进行了大量的广告投入。除了媒体广告之外，仅仅将原来的北京国安足球队冠名为北京现代队，北京现代就花费了1.18亿元。在这样的情况下，北京现代对"现代"商标的使用已经是箭在弦上、不得不发。但是，早在1996年2月14日，"现代"商标就已被浙江现代在第12类汽车产品上成功注册。所幸，经过谈判双方达成了商标使用许可协议。协议的核心条款有两项：（1）每年200万元的许可使用，（2）浙江现代取得了北京现代的省级总经销权（4000万）。浙江现代从这起商标交易中受益匪浅，申请"现代"的汽车商标时，浙江现代还是一个规模不大的商贸公司，数年之后浙江现代已经成为拥有十多个亿资产的著名民营企业。

　　这个案例中，先注册者收获了巨大利益，也召唤出了大量的跟随者。

　　（二）通过商标抢注进行同业竞争，阻碍竞争对手发展。

　　HiSense商标争议案件，虽不能断言为商标抢注，但是这个案件或多或少带有同业竞争的影子。"Hisense"是青岛海信集团的英文商标，通过多年来的精心培育，在国内外成为了知名品牌。1999年1月5日，国家工商总局商标局正式认定海信集团的"Hisense""海信"商标为驰名商标。

　　1999年1月11日，德国西门子集团下属的博世-西门子公司在德国注册了与"Hisense"商标仅有微小差别的"HiSense"商标，。1999年7月，该公司又申请了马德里国际商标注册和欧共体商标注册，使得海信在欧盟地区"Hisense"的商标注册受阻。

　　2002年底，博世-西门子公司以海信集团多次在德国参加展览会，使用"Hisense"商标为由，状告海信侵权。海信应诉，并要求德国商标局依法撤销博世-西门子公司注册的海信商标。从2002年底开始，海信集团与博世-西门子多次就商标抢注和转让问题进行磋商。

经过多次协商，海信集团和德国博世-西门子公司于3月6日发表联合声明，博世-西门子公司同意将其在德国及欧盟注册的"HiSense"商标一并有偿转让给海信集团，同时撤销针对海信集团的商标诉讼，海信集团亦撤销针对博世-西门子公司的所有商标注册申请。

在该案件中，尽管海信最终拿回了"HiSense"商标，但是，其进入欧洲市场的脚步却因商标争议而被拖慢了2~3年。这段时间对于家电行业来说，可能意味着技术的更新换代，更可能导致商机的丧失。在博世-西门子公司把HiSense商标进行欧盟注册和马德里国际注册之后，不仅使海信在法国、保加利亚、西班牙等国的商标注册一路受阻，而且其在整个欧盟地区内的商业发展受到了极大的影响。❶

（三）存在适宜商标抢注生存的法律土壤

世界各国对于商标专用权的确认和取得有不同的规定，归纳起来大致分为"注册原则""使用原则"和"混合原则"这三种方式。所谓"注册原则"就是按申请的先后来确定商标权的归属，而不考虑该商标是否已经使用。申请注册是形成商标专用权的唯一法律事实，所以注册原则最基本的法律特征是商标注册申请。与注册原则相对应的是使用原则，它是按使用商标的先后来确定商标的归属，谁最先使用该商标，谁就享有商标专用权。❷

我国采取的是"注册原则"，更准确地说，是以"先申请"为基本原则、以"先使用"为例外情形。中国《商标法》第三十一条规定，两个或者两个以上的商标注册申请人，在同一种商品或者类似商品上，以相同或者近似的商标申请注册的，初步审定并公告申请在先的商标；同一天申请的，初步审定并公告使用在先的商标，驳回其他人的申请，不予公告。可见，我国在商标注册问题上优先采用"先申

❶ 姜国庆，徐丽娜. 商标被抢注原因探析［J］. 商场现代化，2005（28）.
❷ 刘春茂. 中国民法学·知识产权［M］. 北京：中国人民公安大学出版社，1997：609.

请"原则，例外的"先使用"一般仅限于未注册驰名商标的保护以及申请日相同的商标申请。

商标是企业的知识产权，很大程度上具有私权的属性。对于已在商业经营活动中进行实际使用、而未申请注册的商标，商标管理部门无权要求企业注册；反之，在没有证据证明违反《商标法》明文规定的情况下，商标管理部门也无权拒绝其他企业申请商标。显然，商标抢注是商标法规定的"先申请"原则不可避免的产物，这一制度是适合商标抢注生存的法律土壤，其为商标抢注行为创造了可能性。

四、商标抢注的被动应对

对于正当的商标权利人而言，一旦发现商标被抢注，可以运用法律规则，根据具体情形选取以下一种或几种应对方法。

（一）对于已经进入初步审定公告期的商标，提出商标异议

若抢注人申请注册的商标处于初步审定公告阶段，根据《商标法》第三十三条的规定，自公告之日起3个月内，在先权利人、利害关系人均可以向商标局提出异议，经裁定异议成立的，驳回申请，不予注册，可以直接获得救济。

（二）对于已经获准注册的商标，及时提出商标无效申请

对抢注人以不正当手段抢先注册的他人已使用并有一定影响的商标，若该商标已经注册，根据《商标法》第四十五条的规定，自该商标注册之日起五年内，在先权利人或者利害关系人可以请求商标评审委员会宣告该注册商标无效。对恶意注册的，驰名商标所有人不受五年的时间限制。

（三）对于连续三年未使用的商标，可提出撤销申请

根据《商标法》第四十九条的规定，注册商标成为其核定使用的商品的通用名称或者没有正当理由连续三年不使用的，任何单位或者个人可以向商标局申请撤销该注册商标。通常，抢注人注册商标是为了转售牟利，其往往没有能力也不愿意将商标投入实际的商业使用。

这样，一旦该商标注册满三年，权利人以三年不使用为由申请撤销该商标，往往能收到四两拨千斤的效果。

根据法律规定，撤销申请提交后，举证责任完全在商标抢注人一方。如果商标抢注人逾期未举证，或者其说明的理由、提交的证据不符合法律规定，则该商标可顺利被撤销。

实务中，有部分抢注人在收到撤销申请举证通知后，会补充提交新的注册申请。这样，无论前一件商标被撤销与否，其都可以继续霸占该商标。因此，为免撤销申请成为无用功，在提交撤销申请的同时或之前，权利人需要提交己方的注册申请。如此，一旦对方的商标被撤销，己方的注册申请可以顺利补位。

（四）通过协商解决商标抢注争议

由于抢注的形式日新月异、法律法规具有明显的滞后性，对于相当部分的商标抢注案件来说，穷尽行政及司法程序也无法解决。此外，考虑到异议、无效、撤销程序周期较长，不确定性因素较多等因素，单纯从时间角度讲，通过协商的方式来解决抢注争议也未尝不是个好的选择。

前面提到的比较有影响的现代案件、海信案件，实际上最后都是通过协商解决的。从务实主义的角度出发，对于企业而言，在商言商，以最低的成本、在最短的时间内解决商标争议，才有可能抢占市场的先机。

（五）解决出路无多时，果断换标

如果企业无心通过协商拿回自己的商标，又无力应对繁冗的法律程序，最简单的办法就是果断换标、金蝉脱壳。

联想公司的换标就是一个金蝉脱壳的成功案例。联想公司的英文商标最初为"legend"，经过多年在国内打拼，该商标与"人类失去联想，世界将会怎样"的广告语基本上是家喻户晓。但是，当联想公司准备进军国际市场时，却发现"legend"商标在很多国家已经被注册，如果购买这些商标，购买费用将是一笔天文数字。在进退维谷的困境下，联想果断选择主动换标，将"legend"换为"lenovo"。虽是

无奈之举，但是事实证明联想的策略是正确的，更换新标的联想公司轻装上阵，如今在个人电脑全球市场份额已经跃居第一。❶

五、商标抢注的主动防御

尽管在商标被抢注后，可以依据法律规定进行被动的应对，但是，任何的事后补救都没有事前预防来得经济；而且，有时候事后的应对并不能取得预想的效果。

数年前的"索爱"商标争议案有很好的借鉴意义。2003年3月，刘建佳向商标局在第9类申请注册第3492439号"索爱"商标，指定了影碟机、电话机、录像机等商品，该商标于2004年8月被核准注册。

2005年6月，索尼爱立信公司向商评委提起商标争议，请求撤销该商标，其称由于索尼爱立信公司在中国申请注册的中英文商标为"索尼爱立信"（Sony Eeicsson），在其看来，"索爱"商标与其中英文商标形成了唯一对应关系，容易引起相关公众的混淆，刘建佳申请注册"索爱"商标具有明显恶意。

该案历经商标评审委员会、北京一中院、北京高院、最高院的审查和审理。最高院对该案进行审查后认为，根据索尼爱立信公司提供的证据，不能证明"索爱"商标已经成为其企业名称的简称及其未注册商标"索尼爱立信"的简称。在"索爱"商标申请日前，没有证据证明索尼爱立信公司有将该商标用来标识其产品来源的意图，相关媒体对索尼爱立信公司手机产品的相关报道不能为其创设受法律保护的民事权益。因此，索尼爱立信公司关于"索爱"商标的注册损害其在先权利的再审理由不能成立。❷

---

❶ 李峥巍，张舵. 联想个人电脑全球市场份额跃居第一［EB/OL］. 新华网. http://news.xinhuanet.com/fortune/2013-07/11/c_116502325.htm.

❷ 张玉敏. 商标保护法律实务［M］. 北京：中国检察出版社，2004（233）.

借鉴上面的案例可知，事后的应对有时候仅具有理论上的可行性；一旦发生商标抢注，时间跨度大等等因素往往导致取证困难，正当权利人无法充分证明己方的在先权利。因此，相较事后应对，权利人更应该未雨绸缪、作好事前防御工作。一般的，事前防御主要涉及到以下两个方面。

（一）及时申请商标注册

企业应该树立超前的商标意识，在商品投入市场、商业使用之前或同时，应该及时申请注册，以保护品牌、防止被抢注。

首先，需要战略性考虑防御商标和联合商标的注册。按照功能、用途、所用原料、销售渠道、消费对象等方面的异同性，商品或者服务项目被分为四十五个类别。对于考虑持续发展的企业而言，不仅要选取核心类别进行注册，还要考虑将来企业发展中可能扩展到的类别，甚至在全类别进行防御商标的注册；不仅要注册直接使用的商标标识，还要注册有一定近似度的商标标识，例如，娃哈哈公司除注册了"娃哈哈"商标外，还将易与"娃哈哈"混淆的"哈娃哈"、"哈哈娃"等商标分别进行了注册。这样，可以有效防止商标被抢注，从而为企业日后的扩张和发展预留空间。

其次，面对当前全球化的经济浪潮，企业要走出本国抢占国际市场，首先要考虑进行商标国际注册，防止被国外公司抢注而遭遇知识产权壁垒，甚至失去该国的市场。我国是马德里联盟成员国，对已经在我国注册或者提交了申请的商标，可以依据《商标国际注册马德里协定》、《商标国际注册马德里议定书》，通过商标局向马德里联盟的知识产权国际局申请国际注册。目前马德里联盟包括美欧日韩等发达国家及经济体，也就是说，企业只要向本国商标局提交一份马德里国际注册申请，指定相应国家，审核通过后就可以在指定国家获得商标保护。

（二）做好商标监控，维护已注册商标并消除侵权风险

首先，需要监控企业已注册商标的续展期限，防止逾期未续展而导致商标失效。依据商标法第三十九条、第四十条的规定，注册商标

的有效期为十年，注册商标有效期满后需要继续使用的，应当在期满前的十二个月内申请续展注册。在此期间未能提出申请的，还有六个月的宽展期，宽展期内仍未提出申请的，期满后商标局将予以注销。

其次，对于仅短期使用、不考虑注册的商标，需要监控其他主体的商标注册情况。如果发现他人已经申请了相同或者近似商标，则应该密切监视商标审查状态，如果商标进入初步审定公告期，则可以考虑提出商标异议，以延缓或阻止其取得商标权。如果发现他人已经注册相同或者相近似商标，则需立即停止使用，以避免陷入侵权纠纷。

六、总结

古语云：不谋万世者不足谋一时，不谋全局者不足谋一域。

为了避免陷入商标抢注纠纷之中，首先，应该防患于未然，充分考虑商业发展规模和前景，及时进行商标注册；其次，如果商标被抢注，权利人应该在谙熟法律规则的基础上权衡利弊，灵活运用商标异议、无效、撤销、协商、换标等策略，拟定最佳之解决方案并付诸实施。

知识产权与金融

杨延超[*]

Intellectual Property Rights and Financing

Yang Yanchao[†]

摘要：知识产权从其产生开始，其目的就是要产生价值，否则，对其保护便失去意义。身处"大众创业、万众创新"的时代，如何用知识产权去融资也是众多创业者关心的话题，如在企业上市融资过程中，企业的知识产权便是企业证明其具有核心竞争力的的关键因素。与此同时，在"众筹""证券化"等创新型的融资形式中，知识产权同样发挥得要作用。为此，有必要进一步探索知识产权与金融之间的规律，以便总结其中存在的知识产权法律问题。

关键词：知识产权　金融

我们今天所处的时代，是一个"大众创业、万众创新"的时代。"互联网＋"的命题也在各个行业开始沸腾。随之而来的是，国家推出的"创业板""新三板""众筹""互联网金融"等一系列的金融创新。应该说，在这样一个时代讨论"知识产权与金融"的命题有着

* 中国社会科学院法学研究所副研究员、法学博士。
† Professor and research fellow of the IP Center of CASS.

别样的意义，"知识产权"与"金融"之间的关系空前重要和紧密。

一、从一个案例谈知识产权保护与金融的关系

如今下海创业的人很多，比如一位官至处长的证券监管干部，辞职下海创业，选择去深山里养土鸡，还专门开了一个卖鸡的电商网站，名为"邱处鸡"。●为何叫"邱处鸡"呢，原因是他本人姓"邱"，官至处长，平日里大家都叫他邱处，故名"邱处鸡"。由于卖鸡的生意不错，为了扩大经营，他联系了众多投资人进行融资。当下，市场上投融资比较活跃，少有的是好的投资项目和盈利模式，而知识产权保护则是企业取得融资和可持续发展的一个不可或缺的因素。

以"邱处鸡"的知识产权保护为例，在这个养鸡卖鸡的生意中，涉及到商标、版权、有专利、商业秘密等多种知识产权的保护。首先，关于商标，它的网站做得特别有特色，为了宣传鸡的原生态，一打开就能听到鸡打鸣。2013年新的《商标法》修改后增加了有关"声音商标"的规定，商标局也开始受理声音商标，因此，可以从声音商标的角度对网站加以保护。第二，关于版权，网站设计风格可以先行版权登记，如果网站的源代码是其自己编写的，还可以进行计算机软件登记。尽管版权登记不发生确权的作用，但作为原创性证明具有重要意义。第三，关于专利，"丘处机"的营利模式比较特殊，网站上每只鸡都是有编号的，客户购买这只鸡后，还可以随时视频看到这只鸡，以至于有的客户和鸡之间还产生了感情。那么如此独特的营利模式能否受到《专利法》的保护呢？如果只是把重点放在用户可以和鸡视频，那无论如何也申请不了专利，但是如果把整个营利模式作为一个技术方案申请专利，则有可能获得专利保护。另外，"丘处机"养鸡的饲料配方等则可以通过商业秘密等方式加以保护。在有效知识产

● 参见京东商城商站：http://mall.jd.com/index-94195.html。

权保护的前提下，"丘处机"的盈利模式才不会轻易被剽窃和复制，能够有效降低投资方的投资风险，为融资赢得机会和保障。

这只是一个很小的案例，旨在说明知识产权在投资融资领域的重要性。实质上通过对今天中国经济形式的判断，甚至可以得出这样一个结论：知识产权有可能主导未来的金融格局。当前中国有两类企业：一类是特别差的；一类是特别好的。比较之后就会发现，一个重大的区别就在知识产权保护。传统企业中有三类企业之前是盈利的，但现在都很难赚钱：第一类是官商勾结型，现在反腐力度加大，这类企业生存越来越艰难；第二类是资源密集型，靠占用土地和资源为生，如挖媒挖矿企业，随着环境保护力度的加大，这类企业的经营也面临问题；第三类，就是人力密集型，如OEM贴牌加工的企业，随着我国劳动力成本的增加，国外定单已转向东南亚一些国家，这样的企业在广东很多地方接连倒闭。

当然，今天也有很多特别赚钱的企业，尤其是几大互联网巨头。当阿里巴巴作为一个巨无霸企业在美国上市的时候，马云身价倍增，而阿里巴巴整个企业的核心就是一个品牌。在百度李彦红近期的演讲中，他反复讲述百度的未来。百度正在做一件事情——机器人，为此他们已经申请500项专利进行布局。未来的人工智能会是一个什么样子呢？比如说，现在我们需要找一样东西，会在百度中输入相应内容，而这只是人工智能最基本的东西，未来，人们不是去找东西，而是和搜索引擎直接对话，比如，你可以说"我想买一张从北京到烟台的火车票"，搜索引擎识别后会直接把这件事帮你完成。由孙正义、马云和郭台铭联合投资的日本的peper机器人已经开始走入了家庭，❶可以预见，机器人进入普通家庭，已经不是太遥远的事情了。未来社会知识产权将主导金融的格局已经初步形成。

---

❶ 搜狐新闻网站：http://mt.sohu.com/20151229/n432935197.shtml（2016年7月26日）。

二、知识产权融资的方式

既然知识产权对融资很重要，那么一个企业或者一个创业者又应该如何去融资？

（一）知识产权与上市

从现状来看，中国的企业上市往往不为别的，主要奔着两个字"圈钱"。有的企业圈了钱想好好发展，有的企业就只是为了圈钱。当下企业上市有三种途径：主板、创业板和新三板。比如说，主板要求最近三个会计年度连续三年盈利且累计超过3000万；创业板要求企业最近二年连续营利且累计超过1000万元。这些财务指标对于很多企业来说，尤其是创业型企业是很难实现的，所以也就有了"新三板"的推出。国务院在2013年国发〔2013〕49号文作出《关于中小企业股份转让系统有关问题的决定》❶，并据此设立中国中小企业股份转让交易系统，位置就在北京的金融大街。现在"新三板"很火，因为它没有任何财务指标的要求，甚至亏损的企业依然可以上市，所以它也就成为很多创业者幻想一夜暴富的途径。

简单地说，一个股份有限公司，成立且存续满二年，都可以申请上"新三板"；如果你是一个有限责任公司要上"新三板"，就需要先改制，改为股份有限公司，而且它要求成立满二年是从有限责任公司成立时起算的，所以要上"新三板"，条件还是很容易达到的。

怎样才能上"新三板"？这可能是最近一段时间，创新型企业最多关注的话题，而要深入了解这些问题，则需要理解李克强总理以及新一届政府的执政理念。李克强总理上任后，第一次全国电视电话会议主题"简政放权，让市场决定资源的优化配置"，在这之后推动"大众创业，万众创新"，鼓励投资者、老百姓要把口袋里的钱拿出来支持创业，在这种情况下国家才推出"新三板"，就是要通过"新三板"扩大融资渠道。不设门槛，但关注信息披露，让市场去选择，

---

❶ 中华人民共和国国务院网站：http://www.gov.cn/zwgk/2013-12/14/content_2547699.htm（2016年7月26日）。

这就是新三板制度设计的意义。

最终能否上"新三板"，关键还是有主办券商的推荐，其实，能否得到主办券商的青睐和推荐，除了企业要支付相关费用外，它更关注企业的成长性，包括企业的盈利模式以及知识产权。以三家企业为例，一家是做玩具的，一家是小额贷款公司，一家是做园林绿化的。前者涉及到商标、专利等知识产权；后两其盈利模式等方面的创新性也同样是券商关注的重点。在新三板上市后，知识产权依然是其能否融到资的关键。根据对新三板市场的调查，目前新三板的流动性较差，在主板市场股民亏损了大不了割肉，而在新三板市场，投资者买了股票却往往找不到接盘者，无法再次卖出。"新三板"不像"主板"那边形成比较完整的竞价交易，所以它主要是通过"协议转让"、"做市商交易"，所以，真可能捂在手里。流动性不好，也就决定了目前大部分新三板企业难以融到预想的资金。而真正能够享受到新三板上市红利，顺利融到资金的企业还是那些拥有独特盈利模式和核心知识产权的企业。近期，新三板推出了分层制度，把挂牌企业分为创新层和基础层，要挤进比例较低的创新层，真正实现融资目的，知识产权是一个举足轻重的核心要素。

随着中国资本市场的发展，上市一定越来越容易，而上市之后能否得到投资者的青睐，关键是有没有核心技术和知识产权。

（二）知识产权与证券化

知识产权证券化，这是一个知识产权以及金融领域十分前卫的话题。笔者在2008年出版专著《知识产权资本化》时就已经专门写了这个问题，在那时中国还没有一起"证券化"的先例。

知识产权证券化有两个关键词，一为知识产权，二为证券化。它也是企业融资重要渠道。先说"证券化"。什么是证券？股票和债券，都属于证券的范畴。在知识产权证券化之前先有的一个概念就是"资产证券化"，知识产权证券化也属于资产证券化。"资产证券化"，对于绝大多数的中国企业而言，都是一个十分陌生的概念，但却是一个十分重要的概念。2014年，中国证监会发布《证券公司及基金子公司资产证券化业务管理规定》❶。资产证券化作为企业重要的融资形式，将在中国未来社会发挥重要作用。

在解读这种融资形式之前，我们先来看一个问题，如果有一个企业，负债累累，却有一项很好的专利，比如说就是电影《泰囧》里的"油霸"，怎么样才能把它变成钱呢？企业在这种情况下，按传统的路径是很难融到资的：

（1）上市上不了，因为企业上市融资依靠的是整个企业的信用，企业整体信用不好，不可能上市。（2）向银行借款以财产作担保，一般银行不愿意借钱，因为主体资质不太好；而且就算是有银行愿意作担保，银行只能就现有物品价值估价作担保，但对于未来收益，是没有办法作为担保价值来计算的；而且这种借款形式，还有一个弊端就是风险无法分散，所以银行势必小心再小心，最终的结果就是，企业虽然有一个好东西但融资很难。

资产证券化恰好可能有效解决这个问题。企业好不好无所谓，只有你一个好东西，就可以拿出来融资，比如向社会公开发行理财产品。老百姓会不会买这个理财产品呢？如果说百姓会买，一定要做到两点：一是收益，二是安全。所以整个资产证券化的法律制度的设计中，收益和安全是两个核心概念。监管部门批准这样的产品时，首先会考查这样东西能否产生稳定的现实流？百姓也会关注它能否产生稳定的现金流，至少要比银行的存款利息要高，百姓才可能会买。当然，第二个核心要素就是安全。如果它不安全，说得再好，也不会有人买。所以，为了做到安全，资产证券化法律模式设计的时候，有一个重要的机构叫SPV，即特殊目的机构(special purpose vehicle)，它是整个资产证券化的核心。

那个破破的企业，需要把它的东西真实转让给SPV这样的一个特殊机构，哪怕是有一天，就算是企业倒闭了，好东西犹在，可以保证稳定的现金流不受影响，确保投资者的利益不受损失，这也就是资产证券化理论中的二个重要概念，"真实出售"和"破产隔离"。

大卫·波威案例是美国一个知识产权证券化的经典案例。大卫·波威是美国著名美国摇滚歌星，他做了一件事情，让帕瓦罗蒂都十分羡慕。1998年他用它的300首音乐作品进行知识产权证券化融资，融到5500万美元。这也是美国第一起知识产权证券化融资的案例。自此之后，知识产权证券化融资的例子在影视、计算机软件、专利等领域大规模展开。❶

资产证券化在我国在是2004年开始试点工作，后来受到美国次贷危机的影响停滞了一段时间，到2011年开始恢复，2014年中国证监会发布有关资产证券化的详细规定，标志着中国的资产证券化的探索步入了一个全新阶段。

目前，资产证券化在国很多行业已逐步成为一种重要融资手段。比如说阿里小贷的资产证券化，还有高速公路的资产证券化等，都是通过这种方式实现融资的。在阿里小贷模式中，阿里公司给它的客户贷款，有一年期，二年期，三年期等等，阿里公司又通过大数据分析，判断哪些用户属于优质客户。这样，阿里手上有就一批优质债券，准确地说一个大的债券包，包括了它的成千上万个债权。这些债权在未来都会产生稳定的现金流，但资本市场比拼的是速度，于是它就设计了资产证券化：把这些优质债券剥离出来，给专门的SPV，进而向社会公众融资，瞬间获取大量资金。投资者买了它的债券，也可以获得高于银行利息的回报，从而实现了共赢的局面。

高速公路也是通过这种方式进行融资，如果建高速公路没有资金，可以通过把高速公路未来的收费权单独打包出来进行融资，这样的资产证券化产品设计后，可以瞬间获取大量资金，投资者也可以获取高额回报。

❶ 参见弗兰克 J. 法博齐（Frank J. Fabozzi），维诺德·科塞瑞（Vinod Kothari）.《资产证券化导论》[M].宋光辉，刘璟，朱开屿，译. 北京：机械工业出版社，2014.

在以上的几个例子是关于资产证券化，这里的资产准确地说不属于知识产权，那是因为当下在我国还没有知识产权证券化的先例，现在没有，以后一定会有，美国人的经验已经反复证明了这一点。在知识产权领域有很多产品都可以采用资产证券化的方式进行融资。以去年暑期热播的电视剧《花千骨》为例，这个版权很热，只可惜笔者和他的版权人不熟悉，否则一定建议其设计知识产权证券化的产品，采用知识产权证券化的方式进行融资。版权人把作品的版权卖给了很多国家，还把版权卖给了很多游戏商，可以预测这部作品在未来（一年、二年、三年）一定会产生稳定的现金流，知识产权证券化则可以让未来的现金流转化为现实的现实流。

（三）知识产权与众筹

什么叫众筹？简单地说，为了一件事情，大家一起来投钱，你投100，我投1000，他投1元，集跬步以至千里，积小流以成江河。众筹是伴随着互联网技术而产生的一种融资方式，没有互联网就不会有众筹这种方式，犹如没有互联网就没有团购这种营利模式一样。道理很简单，借助互联网，你可以快速投资，随时清晰看到你所占的股份比例，这一切都依赖于数字技术和互联网技术。

现在做得比较好的众筹网站，一个是"天使汇"，一个叫"大家投"。所有的项目上主要分为二种情况：一种是股权众筹，一种是借贷众筹。股权众筹，入股成为股东；一种是借贷众筹，借贷众筹是要还本付息的。

虽然现在很多平台都在做众筹，从效果上看，比较好的项目还是与知识产权有着十分紧密的相关性。

当下众筹碰到的最尴尬的问题，就是众筹合法吗？尤其是在我国刑法上有一个罪名：非法吸收公众存款罪。根据最高人民法院的解释，如果你没有金融牌照，如果你又向社会不特定的公众筹集资金，将会构成"非法吸收公众存款罪"。当然这个罪和"集资诈骗"有区别的，它不是骗，只是因为牌照，你就不能向不特定公众吸收存款，说白只有符合条件的银行、证券公司、信托公司可以做这事，其他人不能做，这属于典型的特许经营。美微传媒2013年在淘宝网上众筹资金，后来被认定为"非法集资"被中国证监会紧急叫停。它搞的股权众筹，1元一股，100股起售，短短几天200多万的资金到位。证监会叫停之后，让他把资金返还投资人，很多投资人开始质疑这是不是诈骗，公司的老总叫朱江，为了辟谣，把自己的电话号码、微博、家庭地址全部放在网上，表明自己不是骗子。

现在互联网众筹平台碰到的最突出的法律障碍就是这个。严格从刑法的意义上来讲，互联网上的这些众筹平台都构成"非法吸收公众存款罪"。如果不解决这个法律障碍，众筹这种融资模式根本不可能得到大规模发展。

2014年12月份，中国证券业协会发布了《私募股权众筹融资管理办法（试行）（征求意见稿）》❶，目前这只是一个讨论稿，但这个讨论稿，如果能通过的话，众筹这种融资模式将真正突破现有的法律障碍。这个讨论稿包括以下几个要点：

1.按照《讨论稿》，要成立一家网络众筹平台，只需要500万元人民币（净资产），用它来注册公司，就可以组建一个众筹平台。这比要拿到一个类似于"银行"的金融牌照，要容易很多。

2.如果一个项目要众筹，投资人数不得超过200人。❷为什么最多是200人，因为按照《证券法》规定，200人以下属于非公开发行，200以上为公开发行，一旦公开发就涉及到核准的问题，所以限于《证券法》规定，限制在200人以下。但是现在很多互联网众筹平台完全不限人数，严格来说这是违规的。

3.《讨论稿》对于众筹的投资者也进行了一定的限制。要参与众筹，得具备一定的经济条件，年收入不低于50万元，或者是拥有的金融资产在300万元以上。有人会说，年收入10万元钱，难道还不能参

---

❶　中国证券业协会网站：http://www.sac.net.cn/tzgg/201412/t20141218_113326.html（2016年7月26日）

❷　美国2012年奥巴马总统签署的JOBS法案为一个项目的众筹人数最多限制为1200人。

加众筹了吗？也可以，如果你没有那么高的资产证明，则需要单个项目投资100万元以上；如果一次性能拿出100万元以上，推定你是个有钱人。现在很多网站对于投资者的资产条件根本不审查，后期都是会规范的。

（四）知识产权与保险

对于保险这个概念大家并不陌生。知识产权保险是近几年的产物，那么它到底是要保什么呢？《保险法》把保险划分为财产保险和人身保险，财产保保财产，人身险保人身，那么知识产权保险保什么呢？顾名思义，是保"知识产权"。

有人说，我们企业的知识产权好好的，为什么要保它呢？这里的道理有二个方面：第一，如果有一天，你的企业一不小心侵犯了别人的知识产权，就有可能要赔偿别人一笔巨额资金。每每保险公司在推销知识产权保险的时候，都会把中国排名靠前的知识产权侵权诉讼案件拿出来说事，以说服你投保。第二，有人会说，我们企业掌握核心技术，我们从来不侵权，向来都是别人侵我们的权，知识产权保险中专门就设计了这样的险种（保原告的），原告要打官司维权，要请律师，聘请知识产权的专业律师是很昂贵的，你如果有了保险，这笔钱就由保险公司来出。因此，知识产权保险一个是保原告的，一个是保被告的。

现在像平安保险等很多保险公司都专门设计了知识产权保险。如何正确看待知识产权保险呢？对企业而言，是否意味着投完保之后，就可以大胆仿冒和侵权，反正有保险公司来赔偿。并非如此，第一，每个保险都有一定的限额；第二，知识产权保险主要解决是无过错侵权的问题；第三，如果构成犯罪，这是保险保不了的。

那么目前中国知识产权保险的现状如何，未来又将如何呢？2014年苏州企业园区签出知识产权保险第一单，这个企业的投的是被告险，如果在未来一年内发生知识产权诉讼，由此产生的侵权损害赔偿由保险公司来赔偿，限额为100万人民币。知识产权保险的案例在中国是屈指可数的。这项制度在美国发展得很成熟，但在中国很少，为什么？ 2001年之后在美国专利案件每笔专利赔偿金额是800万美元❶；但是在中国，根据2015年最新统计，专利案件平均赔偿额为8万人民币。随着知识产权保护力度的不断加强，中国的知识产权保险的未来可期。

（五）知识产权与盈利模式

商标模式的创新，比如说像微信、滴滴打车、陌陌，用知识产权该怎么保护呢？比如一个创业者有一个全新的商业模式"好友借"，一方面希望用来融资，一方面希望知识产权保护。按照传统的模式，借钱就要给朋友打电话，打完电话，人家借还是不借，面子成本太高。为了解决这个问题，这名创业者发明了一款"好友借"App。大家都是朋友关系，下载了这个App，想借钱的时候，只要发布一个消息，如借多少，利率多少，什么时候还？其他朋友就看到了，想借的就直接转钱给他，不想借也没必要理会这个信息。这个App和微信朋友圈的区别是，借钱的想法一般是不方便发到朋友圈里的，但是可以发到"好友借"里，因为凡是加入到这里来的，虽然也是好朋友，但要么有借钱需求的，要么可能想放贷的，此为其一；其二，这个软件整修流程就是为借钱设计，包括利率多少到期该还多少，软件自动计算，资金划转整修手续都有证据的，这些功能是微信所没有的。

这里的问题在于，刚才所举的例子，能否得到知识产权的保护呢？版权法、商标法都是可以保护的，如果有人胆敢复制抄袭软件，就可以提起版权侵权；也可以申请商标，比如把"好友借"申请商标来进行保护。固然可以这样，但创业者其实最关心的商业模式的专利保护，因为他最核心的东西是这个点子，这个创意。只要有了这个创意，根本不需要复制抄袭软件，找个技术团队一个月就可以开发出来；商标完全可以再申请一个新的，你叫"好友借"，我叫"友好借"、或者"方便贷"，都是可以的。

大家知道，版权保护表现形式，专利保护核心思想。所以，商业

---

❶ 参见朱伟. 跨国时代的专利之战［J］. 世界博览，2011（13）.

模式能否得到专利保护，这才是创业者关心的问题。专利法有三种专利形式，发明、实用新型和外观专利。实用新型和外观设计是针对有形产品的，与商业模式基本没什么关系，商业模式能否授予发明专利，这是问题的关键。

商业模式的专利保护，最为棘手的问题就是《专利法》第25条关于"纯粹的智力规则"不得申请专利的规定，专利保护的是技术方案。所以有关商业模式能否申请的时候，重要的就是要判断"这是一个智力规则"，还是一个"技术方案"？像刚才的"好友借"，就属于典型的智力规则，没有办法授予专利，由于专利方面没有办法保护其独占性，其商业策略必须想办法迅速占领市场。

关于商业模式的专利保护，再以微信为例进行说明。微信这样的一种交流方式能被授予专利吗？这是一种"智力规则"，还是一种技术方案？笔者以为这种交流方式是不能被授予专利的。但是当中有一项技术，它会自动识别电话号码本中的好友、并识别是否属于微信用户，如果系微信用户，它会并自动推送好友。这个技术具有创新性，是可以申请的专利的。事实上这项技术也已经申请了专利。在我国专利局的网站上有一项发明专利《一种基于或囊括手机电话本的即时通讯方法和系统》，发明者叫赵建文，于2006年向国家知识产权局申请发明专利❶；但后来赵建文以不高的价格将专利卖给了腾讯。想必看到微信现在的发展状况，赵建文会为当时的低价销售感到特别郁闷。他最开始找的是小米手机的雷军，讨论了三天，雷军的律师建议不要买，最终花落腾讯，而这项专利支撑了微信的高速发展。

前面举了几个互联网领域的商业模式，商业模式不仅仅是与互联网相关，它有时还会与硬件设备相接合，而且被授予专利的可能性极大。笔者此前专门对3d打印进行过调研，其中有一个"3d照相馆"的商业模式挺不错的。通过摄像头对人体进行立体扫描，然后传输数据

❶　该专利申请时间是在2006年9月28日，公开于2008年4月2日，编号为"CN 101155324 B"。

给电脑，再通过3d打印软件形成数据，然后打印出来，这种模式如果检索后有创新性，就可以申请专利。根据《专利审查指南》，一旦与硬件相接合，就不再被认为"纯粹的智力规则"。

三、结语

今天，中国面临全面深化改革，"知识产权金融"，恰恰是在这个时代中与无数创业者最紧密的话题。屠呦呦获得诺贝尔奖，我们倍感骄傲，然而诺贝尔奖是我们的，但市场和相关领域的专利却是西方人的。在中国加入WTO之前，中国人几乎不了解知识产权为何物，中国加入WTO之后，我们开始关注知识产权，打击盗版，努力维权，直到今天我们才幡然醒悟，知识产权原来不仅仅是一项权利，更是一项资本，我们应当学会如何用它来赚钱。在知识产权金融领域我们已然落后于西方，但我们必须迎头赶上！最终，我们的要解决的问题只有二个：一个就是，如果有一天你有一个好的技术，你怎么样迅速地把它变成钱？第二个是如果你很有钱，你应该选择什么样的知识产权来投资？对这两个问题的不断追问，是我们研究知识产权金融的最终目的。

玩具积木块能否作为美术作品受版权法保护?

——乐高公司诉广东小白龙动漫玩具实业 有限公司版权纠纷案

周林[*]

Toy Building Blocks Can be Protected by Copyright Law as Artworks?—Analysis of the Copyright Dispute Lego v. Guangdong Cartoon Toys Little White Dragon Industrial Co., Ltd.

Zhou Lin[†]

一、案情:

1. 当事人

上诉人(原审原告)乐高公司。

被上诉人(原审被告):广东小白龙动漫玩具实业有限公司。

2. 基本事实

上诉人乐高公司系"LEGO"玩具权利人。2007年乐高公司发现在北京西单购物中心出售的小白龙公司生产的"COGO积高玩具"及"小白龙LWDRAGON玩具"中有81件玩具积木块跟其享有权利的积

---

[*] 中国社会科学院法学研究所副研究员、法学博士。

[†] Professor and Research Fellow of the IP Center of CASS.

木块相同或相似，侵犯其版权，遂将北京西单购物中心和小白龙公司诉至法院。请求赔偿经济损失人民币三十万元。原审庭审时，乐高公司曾陈述其赔偿请求为每个积木块人民币1500元。原审庭审后，原审法院决定按庭审确定的主张权利的63件玩具积木块，将案件分成63个案件。后乐高公司向原审法院提交了分案后的起诉书，针对每一个案件，乐高公司的诉讼请求是：1. 责令小白龙动漫公司和西单购物中心立即停止销售侵犯乐高公司著作权的产品；2. 责令小白龙动漫公司立即停止生产侵犯乐高公司著作权的产品；3. 责令小白龙动漫公司在人民法院监督下上交并销毁侵犯乐高公司著作权的库存产品以及生产上述产品的模具，相关费用由小白龙动漫公司承担；4. 责令小白龙动漫公司在《法制日报》上刊登声明，以消除因侵犯乐高公司著作权所造成的不良影响；5. 责令小白龙动漫公司赔偿乐高公司因侵犯其著作权给乐高公司造成的损失人民币4762元；6. 责令小白龙动漫公司支付乐高公司调查取证的合理支出人民币866元，并承担本案全部诉讼费用。

乐高公司提交了购买玩具费用、公证费、翻译费和律师费用的相关发票，上述发票显示，购买玩具的费用共计人民16938元，公证费用共计人民币5400元，翻译费用人民币2190元，律师代理费用人民币30000元，上述费用系乐高公司针对包括本案在内的共计63件案件的维权费用总和。

原审被告小白龙公司辩称：1. 原告的玩具积木块不具有艺术性和独创性，不是版权法保护的作品；2. 原告主张对本案玩具积木块享有版权缺乏事实依据；3. 小白龙公司所生产的玩具积木块系从英国积高公司取得授权，其产品跟乐高玩具不相近似，没有侵犯原告版权。

小白龙公司认可乐高公司从西单购物中心购买的涉案积木玩具确系由其生产。小白龙公司为证明其生产的被控侵权玩具有合法的权利来源，提交了该公司与英国COGO集团有限公司于2006年8月1日签订的《授权书》。

西单购物中心辩称：1、其与小白龙公司并无任何法律关系，它出租柜台给小仙贝商贸有限公司，乐高公司所诉商品由该柜台销售，西单购物中心不是实际销售者；2. 它已经通知小贝仙商贸公司停止在西单购物中心销售涉案玩具。乐高公司的诉讼目的已经达到，应当撤回对其起诉。

二、案件审理及裁决：

1. 原审法院的审理及裁决

原审法院由一个合议庭对原告主张权利的63件作品按63个案件进行审理。经过公开开庭审理，在原告主张权利的全部63件作品中有6件获得原审法院支持，而57件被驳回。

原审本院认为，本案涉及如下焦点：

（一）原告是否依据合同受让了与涉案积木块相关的知识产权。

因涉案积木块的技术图纸中以及产品图册中均有"lego"标识，该标识系乐高集团使用的字号，且原告提交的《知识产权转让协议》中显示，与乐高产品相关的所有知识产权都归属于乐高系统公司，因此，在被告未提交相反证据的情况下，依据上述证据可以证明涉案积木块创作完成时，与其有关的知识产权应归属于乐高系统公司。

鉴于乐高系统公司、英特莱特公司与原告签署的《知识产权协议》中明确指出，上述两公司享有的一切知识产权均归属于原告，故乐高系统公司针对涉案积木块的相应知识产权依据该协议将归属于原告。

虽然涉案协议生效时间为2008年1月1日，但鉴于该协议各方约定受让方有权对协议生效日之前发生的任何侵犯知识产权的行为采取法律行动，并且享有任何和全部源于该法律行动的法律救济，故虽然涉案被控侵权行为发生时间为协议生效之前，但原告亦有权针对该行为提起侵权诉讼，并获得救济。

（二）原告主张著作权的涉案积木块是否构成美术作品

鉴于美术作品系具体的作品类型之一，其显然应符合著作权法对于作品的基本要求，故在判断涉案积木块是否构成美术作品之前，本院首先对其是否构成作品，是否符合作品的基本要求予以判断。

《中华人民共和国著作权法实施条例》（简称著作权法实施条例）第二条对于作品进行了具体限定，其规定，"著作权法所称作品，是指文学、艺术和科学领域内具有独创性并能以某种有形形式复制的智力成果"。由该条规定可知，构成作品的智力成果应具有独创性及可复制性，不具有上述任一特性的智力成果均不构成作品。其中，独创性是作品的本质属性。

鉴于此，本院现首先对于涉案积木块是否具有独创性予以评述。

对于独创性的具体含义，虽然在著作权法及著作权法实施条例中均无明确规定，但通常而言，智力成果如符合如下条件可认定其符合作品的独创性要求：首先，该智力成果应系作者独立创作，而非对他人智力成果的抄袭。其次，该智力成果的智力创作性应达到著作权法所要求的基本高度。应注意的是，基本的智力创作性高度并非要求该智力成果达到较高的艺术或科学的美感程度，而仅是要求作品中所体现的智力创作性不能过于微不足道。由此可知，只有作者独立创作的、达到基本的智力创作性高度的智力成果才符合独创性的要求，可以作为作品获得著作权法保护。

之所以要求作品应达到基本的智力创作性高度，系考虑到著作权法第一条中明确规定，鼓励"作品的创作和传播，并促进社会主义文化和科学事业的发展与繁荣"系著作权法的立法目的。在独创性是作品核心属性的情况下，对于作品独创性的要求当然亦应符合著作权法这一基本立法目的。对于未达到基本的智力创作性高度的智力成果而言，因创作者在该智力成果中所进行的智力投入过少或微不足道，如对其予以保护，将既可能导致客观上难以对于作品的创作或文化、科学事业的发展与繁荣起到基本的促进作用，从而与著作权法的立法目的并无直接关联，亦可能导致不合理地占有公有资源，从而不合理地损害公共利益。基于此，本院合理认为作品只有达到基本的智力创造性高度才符合著作权法的立法目的，符合作品独创性的要求。

在驳回原告的57个判决中，原审法院认为，判断原告主张该57件积木块是否构成美术作品——对该主张更为严谨的表述应为涉案积木块这一载体所承载的表达是否构成美术作品时，其关键在于该表达是否由原告独立创作且已达到著作权法所要求的基本的智力创作性高度。本案中，虽然在被告未提供反证的情况下，可以认定涉案积木块中所体现出的表达系由原告所独创，但本院认为，这一智力成果的创作性高度过于微不足道，未达到作品的独创性所要求的基本的创作性高度。鉴于此，本院认为，涉案积木块所承载的表达不具有独创性，不构成美术作品，原告认为被控侵权积木块构成对其美术作品著作权的侵犯的主张不能成立，本院不予支持。

综上，原审法院依据《中华人民共和国著作权法》第一条、第三条、《中华人民共和国著作权法实施条例》第二条、第四条之规定，判决驳回原告乐高公司对该57件作品的全部诉讼请求，案件受理费由原告乐高公司负担。

在支持原告主张的6个判决中，原审法院认为，因涉案积木块系对马等动物及其他实物的艺术抽象，其具有一定艺术美感，达到了基本的智力创作性高度，故涉案积木块所承载的表达符合作品的独创性要求，构成版权法上的作品。原告对其该6件积木块作为美术作品享有版权的主张于法有据，应予支持。

关于小白龙公司生产被控侵权积木块的行为是否侵犯了原告享有的复制权，原审法院认为应考虑几个因素：1. 被控侵权积木块是否采用了原告涉案作品相同或实质性近似的表达；2. 被告对于原告涉案作品是否具有接触的可能性。原审法院认为，鉴于原告作品在被控侵权积木块生产销售之前已公开发行，故在被告未提交足够反证的情况下，本院依法认定被告对于原告作品具有接触的可能性。在此基础上，将被告的被控侵权积木块与原告作品进行比对可看出，二者虽有一定差异，但该差异过于微不足道，因此二者构成实质性近似，被告的被告控侵权积木块系原告作品的复制件，被告生产被控侵权积木块的行为构成复制行为。

被告小白龙公司虽然主张其生产被告控侵权积木块的行为具有合法授权，但其提交的证据中并未涉及到著作权的使用授权，因此，被告的该主张不能成立。在被告生产被控侵权积木块的行为已构成复制行为，且被告亦未举证证明其已获得原告许可的情况下，原告认为被告生产被控侵权积木块的行为构成对其复制权侵犯的主张于法有据，本院依法予以支持。

被告小白龙公司、西单购物中心销售被控侵权积木块的行为是否侵犯了原告的发行权。

著作权法第十条第一款第（六）项规定，发行权，即以出售或者赠予方式向公众提供作品的原作或复制件的权利。

鉴于原告对于涉案作品享有著作权中的发行权，因此，其有权禁止他人实施对其作品的发行行为，即禁止他人实施以出售或者赠予方式向公众提供作品的原件或复制件的行为。本案中，在被控侵权积木块系原告作品复制件的情况下，被告小白龙公司、西单购物中心销售被控侵权积木块的行为构成对原告作品的发行行为。鉴于被告未举证证明其已获得原告许可，故该发行行为构成对原告享有的发行权的侵犯。原告信为上述行为构成对其发行权的侵犯的主张于法有据，本院依法予以支持。

被告小白龙公司、西单购物中心应承担的民事责任。

由著作权法第四十七条第（一）项规定可知，未经著作权人许可，复制、发行他人作品的，除非著作权法另有规定，应当根据情况承担停止侵害、消除影响、赔偿损失等民事责任。

本案中，鉴于被告小白龙公司及西单购物中心销售被控侵权积木块的行为已构成对原告发行权的侵犯，因此，原告要求上述两被告停止侵权的诉讼请求，于法有据，本院依法予以支持。

对于原告要求被告小白龙公司承担赔偿损失的民事责任的诉讼请求，本院认为，鉴于被告小白龙公司生产被控侵权积木块的行为已构成对原告著作权的侵犯，故其应依法承担赔偿损失的民事责任。对于赔偿损失的具体数额，鉴于当事人既未提交原告损失的证据，亦未提交被告获得的证据，因此，本院将在考虑被控侵权行为的性质、被告的主观状态、被告产品售价及案件其他具体情节的基础上，对赔偿数额予以酌定，并在合理范围内考虑原告基于本案诉讼的合理支出。

对于原告要求被告小白龙公司上交并销毁库存产品以及生产上述产品的模具的诉讼请求，本院认为，鉴于该诉讼请求已被停止侵权这一民事责任所涵盖，因此，对这一诉讼请求本院不予支持。

对于原告要求被告小白龙公司消除影响的主张，本院认为，鉴于被控侵权产品仅系被告小白龙公司生产的成套产品中的一个组件，在该产品所占比例很小，故在原告并未举证证明该行为确对原告造成不良影响的情况下，依据现有证据本院对原告要求被告小白龙公司消除影响的诉讼请求不予支持。

综上，依据《中华人民共和国著作权法》第十条第一款第（五）项、第（六）项、第四十七条第（一）项、第四十八条、《中华人民共和国著作权法实施条例》第二条、第四条之规定，本院判决如下：一、于本判决生效之日起，被告广东小白龙玩具实业有限公司立即停止生产、销售被控侵权积木块；二、于本判决生效之日起，被告北京华远西单购物中心有限公司立即停止销售被控侵权积木块；三、于本判决生效之日起十日内，对该6件作品，被告广东小白龙玩具实业有限公司赔偿原告乐高公司每件作品经济损失4762元，合理支出866元件。驳回原告乐高公司的其他诉讼请求。案件受理费人民币由被告广东小白龙玩具实业有限公司负担。

2. 终审法院的审理及裁决

尽管在63件作品中有6件获得原审法院支持，但是，在获得支持的6个判决中，均没有支持原告要求销毁被告生产工具的主张，所以，乐高公司对原审判决均表示不服，向北京市高级人民法院提起上诉，请求撤销原审判决，依法改判并支持乐高公司原审诉讼请求。

针对原审法院支持其主张的6个判决，乐高公司上诉理由主要是依法销毁用于制作侵权的模具。针对原审法院驳回其主张的57个判决，乐高公司主要上诉理由是：一、原审法院没有对"基本的创作性高度"给出定义，于法无据。二、原审法院认定上诉人请求保护的乐高玩具积木块作品的创作性高度"过于微不足道"没有事实依据。三、原审法院的判决完全否定了此前相同案件中已生效的人民法院判决、背离了人民法院在相同案件中的司法实践。

小白龙动漫公司和西单购物中心服从原审判决。

终审法院经过审理，针对乐高公司上诉的全部63个原审判决，终审法院维持了其中52个判决，改判了一个判决。该改判判决所针对的是涉案第2551号玩具积木块（一"划艇"积木块）。

在本案二审审理过程中，乐高公司向法院提交了两份新证据。证据一是乐高公司职员彼得·托斯隆德·克贾尔先生出具的宣誓书，以证明乐高公司请求保护的涉案积木块作品系该公司花费大量资源并经特殊的创作程序而独创完成的。证据二是中华人民共和国国家版权局于2010年10月8日颁发的著作权登记证书，以证明乐高公司请求保护的涉案积木块作品已经在中国获得了版权登记。终审法院对上述证据的真实性予以确认。

二审中，乐高公司主张终审法院曾经在2002年对乐高公司诉天津可高公司版权侵权诉讼案的判决（（2002）高民终字第279号民事判决书）中，已经确认了涉案积木具有独创性，涉案积木与该案中玩具块号为2551号的"划艇"积木完全相同。

终审法院认为：本院2002年12月8日作出的（2002）高民终字第279号民事判决中所确定的"划艇"玩具组块具有著作权，与本案涉案积木块基本相同。乐高公司在本案中所提交的涉案积木块为划艇的形态，划艇虽常见，但表现划艇的形态及样式却可以是多种多样，乐高公司的涉案积木块系对划艇的一种艺术抽象，具有一定的艺术美感，体现了乐高公司的选择、取舍、安排，达到了著作权法上所要求的创造性高度，因此涉案积木块所承载的表达符合著作权法对独创性的要求。在此基础上，鉴于涉案积木块同时亦具有可复制性，故其构成著作权法意义上的作品。根据本案现有的乐高公司在二审诉讼期间提交的版权登记证书等证据，涉案积木块的著作权属于乐高公司。乐高公司此上诉理由具有事实和法律依据，本院予以支持。原审判决对此认定错误，本院予以纠正；小白龙动漫公司关于乐高公司涉案玩具积木块不构成作品的抗辩理由，不能成立，本院不予采纳。

终审法院认定小白龙动漫公司生产被控侵权积木块的行为已构成对乐高公司著作权的侵犯，故判决其应依法承担赔偿损失的民事责任。终审法院判决认为，原审判决认定事实错误，依法应予纠正。依据《中华人民共和国著作权法》第二条、第十条第一款第（五）项、第（六）项、第四十八条、第四十九条，《中华人民共和国著作权法实施条例》第二条、第四条，《中华人民共和国民事诉讼法》第一百五十三条第一款第（三）项判决如下：一、撤销中华人民共和国北京市第一中级人民法院（2010）一中民初字第16769号民事判决；二、自本判决生效之日起，广东小白龙动漫玩具实业有限公司立即停止生产、销售被控侵权积木块；三、自本判决生效之日起，北京华远西单购物中心有限公司立即停止销售被控侵权积木坡；四、自本判决生效之日起十日内，广东小白龙动漫玩具实业有限公司赔偿乐高公司经济损失人民币四千七百六十二元，合理支出人民币八百六十六元。五、驳回乐高公司的其他上诉请求。

三、与此案有关的在先判决

20世纪80年代丹麦乐高公司生产的玩具开始进入中国市场，深受中国消费者喜爱，同时，仿冒侵权现象也随之产生。为了制止侵权，乐高公司依照中国版权法，在广州、北京等地提起诉讼，维护自己权益。对乐高公司主张权利的的玩具积木块是否符合受保护的条件，是否给予版权法保护或其他法律保护，中国法院曾经做出过判决。

例如，1999年7月28日广东省高级人民法院对乐高公司诉东莞市乐趣玩具实业公司侵犯专利权、版权案作出终审判决：支持了上诉人乐高公司关于被上诉人专利侵权、被上诉人实施了不正当竞争行为的主张；关于上诉人主张其享有版权而请求作为实用艺术品保护的34件作品，法院认为，其中第1、2、3、4、5、6、7、8号作品为半身人头像，这8件作品，人物形象比较完整，面部表情丰富，能表达出人的思想感情，具有一定的审美意义，应确认上诉人对该8件作品享有版权。对其他26件作品，法院认为只是一般的造型组件，侧重于实用性，组件本身缺乏审美意义，也无法使人体会其要表达何种意境，上诉人同样未能说明这部分作品单独陈设时有何种欣赏价值，因而不能认定这些玩具组件为实用艺术作品，它们不受《版权法》的保护。终审法院判决变更广州市中级人民法院（1997）穗中法知初字第38号民事判决的第1项为：被上诉人东莞市乐趣玩具实业公司自本判决发生法律效力之日立即停止制造、销售侵害第90101532.6号、第89302378.7号、第89302380.9号专利权的产品，第1、2、3、4、5、6、7、8号版权作品，停止使用乐趣665玩具包装盒的包装、装潢，并销毁制造侵权产品的专用模具。（见广东省高级人民法院民事判决书（1999）粤法知终字第25号）

　　2002年12月18日，北京市第一中级人民法院对英特莱格公司诉可高（天津）玩具有限公司侵犯版权案作出一审判决：在英特莱格公司主张版权的53种乐高玩具积木块实用艺术作品中，有50件具有独创性和艺术性，符合实用艺术作品的构成条件，应受法律保护。对该50件作品，可高公司产品与之实质性相似构成侵权的有33件；可高公司产品与之相比不构成实质性相似、不构成侵权的有17件。北京市第一中级人民法院依照《著作权法》第46条第（1）、（2）项及《实施国际著作权条约的规定》第1、2、3条，第6条第1款之规定，判决①可高公司停止生产、销售侵权产品的行为，侵权产品模具交本院销毁；②可高公司赔偿莱特莱格公司经济损失5万元，合理的诉讼支出17017元；③可高公司在《北京日报》上公开向英特莱格公司赔礼道歉；④复兴商业城停止销售侵权产品；⑤驳回英特莱格公司的其他诉讼请求。（见北京市第一中级人民法院（1999）一中知初字第132号民事判决书）

　　本案终审判决维持原判。

四、分析及评论

乐高与可高版权纠纷案在2002年曾被媒体称作中国十大知识产权案件之一。当北京市高级人民法院做出终审判决，宣布原告乐高公司胜诉时，乐高公司在其官方网站上发表言论，认为"这起案件在中国的知识产权保护中具有里程碑意义"。美联社也发专电，认为"此案的审理标志着中国加入WTO后加大了对知识产权的保护力度"。这的确是一个里程碑式的判决：这是中国法院第一次以判决的形式确认实用艺术作品的版权并给予充分的法律保护。

然而，对于在2011年6月20日北京市高级人民法院针对乐高公司诉小白龙公司侵犯玩具积木块版权的判决，乐高公司却感到十分不满。第一，对于乐高公司主张版权的63件玩具作品，只有7件获得支持，胜诉率只有约11%；第二，在驳回的56件作品中，包含一件曾经于1999年在同一个法院认定为具有独创性和艺术性的作品——为什么从前支持的，现在不支持，道理在哪里？第三，对于原审法院所称大部分作品创作性"微不足道"，终审法院所称"缺乏版权法意义的创造性劳动"的理由，乐高公司认为在中国版权法里面没有关于"创作高度"的规定和要求，法院的理由没有依据，难以为当事人把握；第四，在以往的诉讼中，法院通常安排由一个合议庭将多个涉案作品一并审理，而本案则在原审审理中将原本可以合并审理的案件分成了63个案件，发出了63份判决书，在终审审理中竟然将63件涉及相同内容的案件交由3个合议庭审理，这种安排违反了中国法院自己制定的"方便诉讼"原则，给当事人带来不必要的麻烦。

中国有关法律对像乐高玩具积木块是否构成"实用艺术作品"没有明确规定。1990年颁布的《版权法》对"实用艺术作品"未置一词。在我国加入两个国际版权条约之后于1992年经国务院发布的《实施国际版权条约的规定》，倒是对实用艺术作品有所规定，具体内容是："对外国实用艺术作品的保护期，为自该作品完成起25年。"

从条文上看，似乎是立法者感觉到在对实用艺术作品的保护上，我国1990年版权法与国际版权条约比较尚有差距，所以必须在《实施国际版权条约的规定》中加以解决，给予外国实用艺术作品的权利人25年的保护。

在我国版权法颁布实施一段时间，特别在对这部法律修订期间，一些外国学者曾指出，对实用艺术作品不给予版权法保护就低于国际条约标准的这种担心是不必要的，因为中国专利法中对于一些具有美感和艺术性的设计等，已给予了一定保护。

在2001年修订完成的我国版权法中，仍然没有出现"实用艺术作品"一词。参加立法工作的专家分析的原因有三：一是实用艺术作品与纯美术作品不易区分，有些美术作品创作出来的时候属于纯美术，但是可以用在工业产品上。比如齐白石的画最初是纯美术作品，以后可能印在茶杯上。如果印有美术作品的茶杯也由版权法保护，就会混淆文学艺术产权与工业产权的界限，而工业产品本应由工业产权调整，不应由版权法调整。二是实用艺术品同工业产权中的外观设计不易区分，工业产权保护在手续和保护期方面显然不具备版权保护的优势。如果都用版权保护，将会严重影响工业产权保护体系的发展。三是实用艺术作品同工艺美术作品不好区分。该专家认为，在我国，实用艺术作品的艺术方面，可以按美术作品保护。申请外观设计的实用艺术作品，可以以工业产权保护。

一些学者指出，修改后的版权法及其实施条例虽然未明确涉及实用艺术作品，但是可以理解为实用艺术作品可以作为美术作品在我国受到著作权法保护。

上述解释似乎可以归结为一点，即不论版权法是否对"实用艺术作品"有明确规定，只要请求保护的客体具有某种"艺术"成分，即可同美术作品一样，受版权法保护。

这种解释在本案得到部分印证。对于获得终审法院支持的7件作品，法院认定其具有艺术性和独创性，而对未获得支持的56件作品，终审法院认定其"缺乏版权法意义的创造性劳动"。然而，由于中国法律对何谓"创造性劳动"及满足保护条件的"创造高度"没有明文标准，这就使司法审判有可能出现随意性、前后不一的判决，影响了法律适用的公平和统一。尤其是本案有一件作品，10年前认定有艺术性和独创性，10年后却被同一家法院否定，难免会让当事人产生不满和疑虑。

中国版权法的立法宗旨是鼓励优秀艺术作品的创作和传播。对于我们常见的工艺美术，或者实用艺术，或者招人喜爱的"玩意儿"，只要它们的创作者有艺术贡献，统统都可以算作是"美术作品"而给予版权法保护，那应该是一件大好事。而现实情况是，艺术市场上充斥着盗版、仿冒产品。我国从南到北、从东到西，你找不到多少有特点的美术作品或者"玩意儿"。这种情况值得重视和研究。笔者相信，如果对实用艺术作品能够给予强有力的法律保护，不仅有利于外国投资者，也会进一步促进中国艺术市场的繁荣。

笔者不认为本案就意味着中国法院拒绝给予（外国）实用艺术作品以版权保护，但是，在今后类似案件中，承审法院对于艺术性和创造性方面的考虑将会更加谨慎。对于像乐高公司这样的以实用艺术作品为主要商品的外国企业，在今后的维权活动中，须谨慎选择其诉讼策略。例如，可以考虑将其产品申请外观设计专利，进一步增加其产品的变化和艺术成分，在提出起诉时，应事先认真研究已有判决，对其主张版权的作品的艺术性、创造性有更多的认识和把握，避免造成在庭审中的被动。

对米勒诉泰勒一案的评论[*]

莱赛德·斯普纳^{**} 著　刘清格^{***} 译

Review of the Case of Millar vs. Taylor

Written by Lysander Spooner[†]　Translated by Liu Qingge^{††}

　　1769年，王座法院在米勒诉泰勒一案的判决中首次涉及了作者在普通法上的版权问题。其中三位法官，威尔斯、阿斯顿和曼斯菲尔德勋爵判决支持了（普通法上的）版权；而其中一位法官，耶茨，却持反对意见。

　　每位法官都针对此问题写出了书面意见。但由于法庭未达成一致，同时，三位赞成（普通法上的）版权法官的说理也并不一致且存在瑕疵，因此他们的判决并没有解决这个问题；判决作出后，律师们

＊　本文译自Lysander Spooner 1855年出版的 *The Law of Intellectual Property; or An Essay on the Right of Authors and Inventors to a Perpetual Property in their Ideas"* 一书第二部分第六章第三节。

＊＊　美国著名哲学家、散文家和法学家（1808.1.19–1887.5.14）。

＊＊＊　中国社会科学院研究生院硕士研究生。

†　Lysander Spooner (January 19, 1808 – May 14, 1887) was an American individualist anarchist, political philosopher, essayist, pamphlet writer, Unitarian Christian abolitionist, supporter of thelabor movement, legal theorist, and entrepreneur of the nineteenth century. He is also known for competing with the U.S. Post Office with his American Letter Mail Company, which closed after legal problems with the federal government.

††　Master Degree Student of the Graduated School of CASS.

对此问题的疑虑，可能几乎同判决作出前一样多。

法官们在论证该问题时，既遵循了先例，又把它当做自然法或普通法上的一个理论问题。这些先例来自大法官法庭，其中大都受到很多并行问题的阻碍。尽管先例中充分且或许明确地指出，至少在某些情况下，大法官们假设普通法中的版权是存在的，但是由于衡平法院的判决从未对这一点讨论作出过回应，因此不能认为上述先例将该理论问题确定下来。

耶茨法官就该假设作出的反对理由中，只要是值得关注的内容，书中的"第一部分"都加以关注并作出了回应。

三位赞同（普通法上的）版权的法官的说理，都在一定程度上存在错误或不完善之处，即他们都没有阐明最重要的难题。这或许没什么好惊讶的。本质上这是一个新问题，但凡是重要的学术研究都会关注。作为一个新的、深奥且易于受到批评的问题，它的解答肯定会得到非常多的评论。法官们经过仓促且肤浅的审查，独自对新问题给出的解答，其观点存在简略、矛盾、缺乏深度且不令人满意之处或许也不足为奇。因此，他们并未解决涉及的问题，而是什么都没做或仅把真正要解决的问题暴露出来。

下面是其说理中一些最重要的错误和不足之处。

1. 虽然他们坚称作者就其作品享有普通法上的财产权，但却承认并主张发明者就其发明不享有普通法上的财产权，即发明者的权利都依赖于授予他们专利权的国王。

这个显而易见的矛盾完全站不住脚。不支持（普通法上的）版权的耶茨法官在以下方面作出了反对意见。他说：

"气泵的发明者肯定对自己制造的空气泵享有财产权；但难道就能使他当然获得对空气的财产权，即使空气对所有人来说都很常见？或者能说他对自己建造的机器中蕴含的抽象原理取得了独占的财产权？然而，我们仍然称这些抽象原理为发明者的思想，因此，他能对其取得的独占的财产权应当与作者对其自身的思想所拥有的独占权利是一样的。"

同时，"作者们可能会提到这些例子，即机械发明中对自然力的大量运用，和发明中有价值的劳动。举一个最近的例子，关于哈里森先生的发明钟的例子，据说他花了二十年来应用。而他是否可能不会赞同按照作者对其作品的标准，对他和他自己的发明之间的权利属性用相同的论点、推理以及精神权利基础加以分析？"

"如果发明一公布，公众就要仿冒他的发明，他是否可能不会像作者一样惊呼'他们掠夺了他的产品，他们是在没有播种的地方非法收获'？因为现在我们都明白，无论什么时候公布某个（确实很实用也很精巧的）机器，发明者除专利权外对其不享有其他权利，而专利也只赋予他暂时的特权。"

此外，"事实上作者能够提出的全部权利主张，仅仅及于以激励形式所给予的公开奖赏，但这种主张不能成为一种绝对的强制性权利。这起案例与新机械设备发明者的案例相似，每个设备购买者享有让他们以自己乐意的方式去使用此设备的权利。实际上，正是国王以他拥有的权力赋予了发明者在一定期限内的特权。但是如果发明者对其不享有专利权，每个人就都能制造并销售其发明。"

让我们再稍微思考一下机械发明的例子。

无论这个案件是关于机器还是文学，无论是一部史诗还是一个太阳系仪，这两种独创的创造都有着相同的立足点，那就是权利属性。其中的发明者以及作者，都有权去决定"这个世界是否会看到该发明或作品"，如果机械的发明者，选择将他的发明卖给器械制造商，以实现其权利，那么该发明就会为他带来利益。但一旦人们知道了这个发明，它便公之于众而成为公众的礼物，每一个购买者都有权以他愿意的方式去使用它。如果发明者不享有专利权，任何人都可以复制并销售这个发明。而创作作者能够竭力主张的每一个理由，机械的发明者会以同样的实力和魄力去主张。在这两种情况下，他们都会持相同的主张"对自己的产品拥有权利"；且非法复制他人的创作和窃取他人的思想一样非常不道德。而购买一本书和购买一个机械发明的取得方式是完全一致的，因此，这二者的收益权（the right of enjoyment）

也应当完全一致。

哈里森先生（前文提到的）在他的钟表上所花费的时间、劳动与研究至少和汤普森先生在创作《四季》时一样多，他为了设计机器必须发挥全部智力才能。因此只要价值还是财产的标志，哈里森先生的钟和汤普森先生的《四季》一定都有价值。

"所以其他的理由同样适用。机器的发明者会合理地坚持道：'公布发明时，他们仅赋予公众使用他们机器的权利。''而发明者对其发明享有独占的销售权利'，'并且购买人没有权利去复制或销售发明。'他可能会主张道，'尽管他不能将工作原理纳为自己独有的财产，但是销售机器的财产权利应得地属于最初的发明者。'"

虽然有如此多的理由，但众所周知发明公布后并不存在所谓的财产权利。

"因此很明显的是，仅有发明者的劳动与研究，无论多么好、设计多么巧妙，都不能使该发明成为其私人财产；一旦他公布了发明，就不能就该发明享有排除他人制造相同机器的权利。"

"那么作者何以主张这种权利？他的权利又何以优于那些发明了创新、实用机械设备的天才发明者的权利？特别是当我们将发明看作是商业的中心领域，且并不对古代文学着迷时，我们就更不能让法律赋予书籍的作者，比创新、实用机器的发明者，以更高的权利或者更永久的财产权。"

针对这些争辩，三位法官仅作如下回复。

威尔斯说，"但是被告强调，'当作者销售印刷书籍时，书籍的复制件必然公开，对其复制件的复制权也是公开的，这同发明者在贸易、产品和机械设备的交流行为一样，技术在此交流中向学习者公开，并加以自由实施。'"

"这二者的相似之处只有在这方面——当发明者通过在贸易中交流发明、产品和机械设备时，人们学会其中技术或知识，并有权去使用；同样，只要是能从书中获取到的知识，都为每个人所公开使用。书传授数学、医学、农学知识，书教会人们创作诗和散文，如果一个人通过阅读史诗学会了自己去创作史诗，那么他的创作是不受限制的。"

"但是印刷是一种交易或制造行为。铅字字形和印刷机都属于机械设备，当文学作品作为实体出现时，它永远是一种财产。书籍包含知识、教诲或是娱乐内容，但是增加复制品份数和其他通过书籍进行交流的行为都不同。保留复制权并无不当之处，更何况现在仍传播着书籍公开的内容。"

这个理由是完全不合理的，因为它的假设——是不正确的——即如果发明者雇佣技工据其发明来制造机器，这个技工因此学会了如何制造相似的机器，就能说他获得了以后不经发明者同意，就可以制造这些机器的权利！的确，这种观念一度在英格兰盛行，同时法院也据此裁判。但是，这就会产生相同的理解并认为，如果作者雇佣印刷工人来印刷自己的书，而印刷工人学会如何印刷相似的书，那么印刷工人就获得了不经作者同意即印刷类似书的权利（这里是指相同的文学作品）。

赞成印刷工人拥有印书的权利的观点与赞成技工拥有制造机器的权利的观点的说服力一样强。或者，确切地说，这两个观点其实根本都没有说服力。

阿斯顿认为，"在我看来将文学作品与机械产品相比，如果公布其中一种的权利是自由且正当的，另一种就应也如此的观点无法令人信服。因为我认为这两者本质完全不同。其不同之处在于，一个机械引擎制造者的财产权限于他所制造的该个体中。而仿制该机器或与之类似的机器，在材料、原料、劳动和花销上都是一个不同的成果，由于该机器并不属于他，仅是一个仿制品，因此原机器的制造者不能对其主张任何财产权。反之，重印的书籍则是完全相同的物品，因为书中的学说、见解、本质及基本内容和主要部分都是一样的。印刷书籍仅是一种机械行为，只是发行和传播书中的内容的途径。"

"因此，作品本身是实质内容；而纸张、墨水、印刷文字只是附属的工具或载体。"

"作品的价值能证明该观点。而且尽管被告会说'这些载体材料都是我的'，但他仍未获得对该实质内容即文学作品的权利，也未获得复制的权利。这些文学作品（无论印刷的纸张或羊皮纸属于何人）内容一定是永远相同的。不仅如此，被告将其所有的载体材料与作者所有的财产相混淆，（在通常案例中）并不能让作者的财产权较以前更不易辨别，因为完全一样的创作或作品仍会因为错误等可能的原因而出现。"

"因此仿制的机器是一个新的且不同的成果；而印在他人纸张上的文学作品依旧是相同的。"

"从我的理解来看，这已经很清楚了，且我已尽最大程度来表明我的观点。"

阿斯顿的说理和威尔斯的一样不合理；因为同样的两本书，和同样的两个机器都是分别的事物（并不是阿斯顿坚称的"相同"）。书中描述的思想，和书本身也是相互区别的独立实体，这就像制造机器的思想观念和机器本身是相互区别的独立实体一样。阿斯顿坚称，制造机器的思想观念构成了机器的"实体"，或者与机器的"载体原料"相"混合"，与之相比，描述于书中的思想却不再构成书本的"实质内容"，并且也不再与书的"载体材料"相"混合"。但是这一点已经在前面章节中进行了充分说明❶。

书和机器的目标还是不同的。书的目的仅是交流思想。（对于能理解机械学语言的人来说）一个机器与一本书一样能够交流思想；但机器还有一个书籍所没有的功能，即执行工作。这就是二者最显著的区别；这个区别丝毫没有法律上的重要性，除非证明机器蕴含的思想观念在这二者中更具价值，而因此将它作为财产保护也更具价值。

曼斯菲尔德勋爵在机械发明和文学作品间的相似和不同之处并没有作出自己的观点。但他一定认可了威尔斯和阿斯顿在这一点和所有其他方面的观点，因为他说已经（从头到尾）阅读并且"完全接受他

---

❶　见原作中第四章，第119、120、133页。

们的观点。"

我认为在这个话题上没有必要再做额外的评论。两个案例中原则的一致性是正确且显而易见的，即任何理论如果将发明者的思想观念从财产权益的范畴中排除，那么同样也要将作者的排除。任何理论如果将作者的思想观念纳入财产权益的范畴中，必须同样将发明者的思想观念纳入。五年后，阿斯顿在德纳森诉贝克特一案中，改变了自己的观点甚至说道，"这样推断更加开明，即机器的发明者和作品的作者一样，都享有先于垄断性制定法的普通法权利。❶"

我们今天可能会感到诧异，四位法官中的三位，在王座法院中身居如此高位，却犯了一个如此荒谬的错误，而且很明显他们所主张的理由会有严重后果。事实上，这只是他们所做的无数案例之一，由此可看出当权者如何限制裁判庭的思想，或是裁判庭如何受到其所服务的政府影响，而转变了原本所相信的理由，因而也说明了司法裁决的正确性如何不受信任。

确实，很多人认为，本案的审判并没有受到限制，而是法官判断公平的道德感突然发生改变。这是因为数百年来，授予专利权都是皇家的特权之一，而且在一些统治时期，这是一项获利颇丰的特权。但法官并没有勇气去如此明显地打击当权者、贵族以及国王的收益，正像他们能宣称的那样，发明者应独立于皇室的"仁慈与屈尊"外而享有财产权。

一些人可能这样猜想，法官们之所以不愿意承认以前所有在发明方面的判决是错误的，是因为会损害到他们自己和法庭的绝对可靠性，这才导致了这个不合理区别，即他们以各自的想法，试图在作者和发明者的财产权利之间建立区别。

然而，还有一些人以更体谅的态度认为，如果法官习惯了毫无根据的愚蠢行为，习惯于法庭默认一切无论多么不合理的事情，那么以当权者和先例的权威，或许会让这些法官相信作者和发明者之间的权

---

❶ 《议会史》第17卷，981页。

利一定不同，尽管这些法官们自己不能证明该不同之处的存在。

但无论是什么导致了这个如此明显的矛盾，该矛盾本身已足够剥夺他们做出的判决的权威性。

2．三位支持（普通法上的）版权的理由存在缺陷的另一个原因：他们未能回答接下来耶茨反对该权利的理由，即假设一个案例中两个人分别独自创作出相同的思想观念，在此情况下，仅赋予第一个创作出该思想观念的人以绝对的财产权利，是不公正的。

三位法官没有对这一观点作出回应。

在前面章节中❶，我已尝试来回答这一异议，在此无需重复。

3．三位支持普通法上版权的法官的第三个错误或不足是这样产生的。

在英格兰，不仅现在，我认为从来也没有过这样的习惯去登记——"保留版权"或者类似的表达——在标题页或书本的其他部分，以提醒购买者注意（普通法上的）版权由作者保留。

议会的法案也不要求在书籍中作任何上述记录。只有在出版业工会（the Company of Stationers）登记簿上记录过的书籍才受到普通法版权的保护。但因为这只是一项任意性条款，所以登记与否不会影响普通法的版权问题。那么重要的问题来了，书籍购买者如何知道他购买的程度？确切地说，他怎么知道在买书的时候他是仅购买了阅读的权利还是也购买了重印的权利？有什么法律依据能证明，作者和购买者之间存在着，保留作者复制权的默示合同？

这些是三位支持普通法上版权的法官必须要回答的问题。但他们的答案都不彻底和令人满意。我已经在前面章节中❷试着回答了这些问题。

4．三位支持普通法版权的理由中第四个错误如下。

威尔斯说道（显然阿斯顿和曼斯菲尔德都同意），"所有的知识

---

❶ 见原作中第68页。

❷ 见原作中第四章113页。

都能在书的内容中获得，并为每个人所自由使用。书传播知识、教诲或娱乐，但是印刷复制件却与所有的这些书籍交流完全是两码事。保留此项权利并无不妥，且书籍所传授的内容仍可自由使用。"

这个观点从始至终是错误的。当然，"所有的知识都能在书的内容中获得，并为每个人所自由使用"这句话除了对重印的说明是错的以外，主要内容是正确的。但并不能就因此说，出版一本书要求这样的强制结果，即到目前为止书籍所传播的全部知识，为每个人甚至是书籍的购买者所自由免费的使用。假设一本书充分地描述了蒸汽机，一个技工学会书中的知识，因而建造并操作了一台蒸汽机。他是从书中获取到的知识（即使书由机器的发明者撰写并销售），难道就能因此推断他可以自由免费使用吗？并非如此，很可能，发明者写书的目的仅为了向读者传播蒸汽机的知识，以促使读者购买而获得制造或使用该机器的权利。

如果书中有这样的特殊提示，即保留版权，这个提示——由于缺少任何相反的推定——或许会意味着，作者所保留的权利只有复制权，而书中传播的知识因此为其他人免费使用。但是在英格兰，书籍并没有版权保留的提示，仅从出版物中得不出任何意图公开传播知识的暗示。无论作者是否意图使知识公开，法律必须从传播知识的本质以及其他情况来作出推断。大部分书籍所印刷的知识，如果不以书的形式存在，仅有微不足道的市场价值，且并没有什么值得讨价还价的。在这些情况下，法律推断除了重印以外，知识为任何使用所公开是合理的。但是对于那些有重要市场价值且独立于书籍的知识，推断书籍以宣传知识为目标，销售是为了使用知识，也是为了公开使用知识的价值而不是为了书本身的价格，也是合理的。

然而这个问题在前面章节中❶已经进行了充分探讨。

威尔斯说，"保留这项权利（复制权）并不会产生矛盾，且仍能自由（不受限制）的使用书籍传授的知识。"不，这有一个明显的矛

---

❶ 见原作中第四章。

盾，因为"增加复制件"本身就是一种"使用"，它使用了书籍的内容。不使用书中表达的思想，我们就不能增加书籍的复制件，因为这些思想观念是做出新复制件不可或缺的准则。而为了这一目的的使用思想，通常仅"使用"了作者获得的金钱利益。正因为这种"使用"获利很多，作者将其独占地自己保留。因此，作者将版权为自己保留——即运用书中思想观念来增加书的复制件——但他仍向其他人转让自由（无限制）使用的相同思想观念，这二者是矛盾的；因为无限制的使用思想观念包括将它们用作增加书籍的复制件。因此，作者可能保留书籍的复制权，同时却以非增加复制件的其他方式转让使用"书中传授的一切"的权利，但是，他不能保留版权"同时，仍转让自由（无限制）使用书中传授的一切。"

对于重印的书来说，书中传授或交流的思想观念对印刷工作来说是必需的准则；以该目的独占使用书中思想的权利，就是作者已经自己保留的版权或财产权。

但是威尔斯说"增加印刷份数和其他通过书籍交流的行为是完全不同的。"

很明显，通过这个评论他想说明，"复制书籍的权利"和"书籍交流"中思想观念的财产权是"完全不同的"。但这样他犯了一个大错，因为用于"书籍交流"的思想观念的财产权赋予了作者以"增加（书籍）复制件"为目的使用书籍的独占权利。

印刷之前，书中描述的所有思想观念（或者说其中绝大部分作者原创的）都是作者独占的财产。通过印刷并销售书籍，作者以保留版权的方式向读者转让了其对思想观念拥有的一部分财产权利。即他向读者转让了，他自己一样拥有的，"书籍中交流的"思想观念的所有权；而且除了以重印思想观念的表达的目的外，（大部分情况下）他放弃了（对他无价值的）"使用"其中思想观念的绝对权利。以重印其表达为目的，独占地使用思想观念的权利，是作者对他自己的思想，所原有的独占财产权或支配权。这属于他已经自己保留的原有独占财产权或支配权的一部分。其中剩余的原始财产权，（大部分情况下）他已经转让或放弃，并由他人和自己一样的享有。因此，版权不是别的，而只是剩余、残存或者部分保留的原始绝对财产权，即作者对其"书中交流"的思想观念或描述，所享有的原始绝对财产权。

三位法官（或者说当然是威尔斯）作出的这一尝试，即对书籍的复制权和对"书中交流"的思想观念享有的财产权或支配权，是"完全不同"的观点，混淆并破坏了他们的整个说理；因为这试图在证明法律上的不可能，即证明存在不依附于法律实体上的法律权利。

在作者已经放弃了"书籍交流"中所有剩余的独占财产权后，认为作者仍能保留复制权这一绝对权利是完全荒谬的。

尽管无论以任何用途、目的，在思想观念本身中，版权或复制权，都不必须是独占的或绝对的财产权。但以特定的用途和目的使用思想观念本身，即为了印刷表达思想观念的书籍时，其仍是独占和绝对的财产权。因此，正如这些法官的假设，这个权利并不是以思想观念自身独立存在于所有独占财产权外的影子权利或虚假权利。这项权利是存在于思想观念自身，即书中的表达和重印书时必须使用的内容的实体财产权。

如果，如这些法官所认为的，增加书籍复制件的独占权，独立于所有的独占财产权，并存在于书中思想观念表达之中。那么就会产生如下问题，这项反常的权利从何而来？它是怎么产生的？它依附于什么法律实体？以及书籍作者如何优先于其他人对它占有？我认为这些问题都完全无法回答。

5. 三位法官的说理——更确切地说两位法官，威尔斯和曼斯菲尔德——支持权利的观点存在缺陷还有另一个原因，即他们对普通法的定义不准确且模糊。

因此威尔斯法官说"在判断一个新主题时，个人的公平（private justice）、道德的适当（moral fitness）和公众的便利可以先于普通法上的先例优先适用，尤其是为惯例所承认和认可时。"

曼斯菲尔德勋爵说"我允许充分说明'正确和错误的原则、合理性或便利以及政策的可接受性，基于此，出版之前以普通法来保护版

（权）也是可以接受的。'"

如果他们朴素地认为自然正义就是普通法（无论在任何新旧案例中，或许除了极少的提及的这些自古以来都有效地实践着没有明确制度的案例）——那他们的定义就是正确的。同时其概念也应是明确、清晰和确定的，因为自然正义是一个科学问题。但他们加入"道德的适当（moral fitness）和公众的便利"及"合理性、便利和政策"时，一定会意图将"个人正义"及"正确和错误的原则"拼凑进去，以达到普通法在他们的定义中存在不明确和不确定性的目的；因为如果将"道德的适当和公众的便利""合理性、便利和政策"看作与自然正义相区别的事物，那么这些措辞没有表达出任何清晰的含义，并且会导致永远分歧的观点。相比于这个有巨大分歧的观点，即就在思想观念财产的原则中，存在的政策、权宜之计和道德适当的分歧观点来说，这个最后的主张不需要再提供更有说服力的证据。

将这些措辞引入法律定义中同样是不适当且不必要的，因为，在政府和法律事项中自然正义本身就含有很高程度的"道德适当（moral fitness）"，它极大程度地促进了"公共便利"，而且其原则对所有"公共政策"来说是最合理全面的。因此，自然正义这个朴素的定义，其本身就是完整且充分的，并不需要任何附加和限制。

阿斯顿对普通法的定义更好，因为他认为"正当理由和自然法则是普通法的唯一根据，且最初就应用于这个问题"；"理性、正义、和真理是普通法的原则"；"现在所称的普通法，建立在自然和理性法则之上"；"普通法和它起源于的原则和依据，具有相同的综合性和广泛性"；"这样设立并命名的普通法，具有广泛的综合性，同时掌控着公正的内涵，并阻止着不公正。""对人类而言，其准则就是正直的生活，不伤害他人，并且将自己所有给予每一个人。"

不赞同普通法版权的耶茨法官，对普通法的观点与阿斯顿相近。他说："'作者就其作品拥有永久性版权的要求'是在一般财产原则上主张的。我认为这也是原告必须主张的依据。因为，无论这里和其他国家的法律多么特别，就领土内的财产而言，我会说，所有私人财产方面的英国法律，都在自然法中有其深厚的基础。"

精神损害赔偿是知识产权侵权损害赔偿的必要组成部分

——评里弗尔斯案[*]

何侃[**]

Compensation for Moral Right is A Necessary Part of Intellectual Property Infringement Damages — Liffers's Case

He Kan[†]

摘要： 里弗尔斯案判决是欧盟法院（Court of Justice of European Union）就西班牙最高法院请求其解释《欧洲议会和理事会2014年4月29日关于知识产权执行指令》（下文简称为《执行指令》）第十三条

---

* Christian Liffers v. Producciones Mandarina SL， Case C-99/15.

** 芬兰赫尔辛基大学法学院研究员、芬兰汉肯经济学院商法系客座研究员、德国慕尼黑大学法学院博士研究生。

† Ph.D Candidate of the Law Faculty of Munich University， Germany， and research fellow of the Law Faculty of Helsinki.

第一款❶所做出的裁决。本裁决明确确认知识产权侵权的受害人，不仅可就其财产权益损害请求侵权人赔偿，还能就其精神权益损害请求赔偿。

一、基本案情

里弗尔斯先生（Mr. Liffers）是视听作品《两个家园：古巴和夜晚》的导演、编剧和制片人。曼德瑞纳制作公司（Mandarina）制作了一部关于古巴儿童卖淫的视听纪录片，该片用隐藏摄像的方式记录了犯罪活动。在未获取里弗尔斯先生授权的情况下，该纪录片中使用了其作品《两个家园：古巴和夜晚》中的一部分章节。该记录片随后在美的赛特(Mediaset)公司旗下的西班牙泰勒斯科（Telecinco）电视频道播放。

里弗尔斯先生便向马德里第六商业法院起诉，请求法院责令美的赛特公司和曼德瑞纳制作公司停止一切知识产权侵权行为，并就侵犯其作品利用权支付6740欧元赔偿，同时就其因侵权受到的精神损害另外赔偿10000欧元。里弗尔斯先生在计算侵犯其作品利用权的赔偿金

---

❶ 《执行指令》：第十三条　损害赔偿

一、成员国应保证有职权的司法当局，应损害当事人请求，责令侵权人在其明知或者有合理理由知道参与侵权行为时，向权利人支付损害赔偿，该赔偿与权利人因侵权而遭受的实际损害是相称的。

当司法当局设定损害赔偿时：

a) 他们应当考虑到所有恰当的方面，例如消极的经济后果，包括受害方所遭受的利润损失，侵权人获得的任何不正当利润，以及在适当情况下，除经济因素以外的元素，例如权利人因侵权受到的精神损害 或者

b) 作为a)的替代方案，在适当情况下，他们可以将损害赔偿设定为一次性支付，该赔偿以下列因素为基础，例如至少，权利金或者许可费的数额是假定侵权人被要求就使用所涉知识产权时所应当支付的。

时，选择使用《西班牙知识产权法》第一百四十条第二款第(b)项下❶规定的'假设性许可费'计算方法。这一计算方法是以侵权人如获得许可所应当支付的许可费作为计算基础的。它不同于该款第（a）项，不需要请求人证明其实际受到侵害。里弗尔斯先生据此，依据视听制作人权利管理组织设定的费率，确定了赔偿数额为6740欧元。除此之外，里弗尔斯先生请求以一次性支付方式赔偿其精神损害。该法院部分支持了里弗尔先生的请求，判决美的赛特公司和泰勒斯科公司为侵犯作品使用权赔偿3370欧元，同时就精神损害赔偿10000欧元。

马德里省级法院作为上诉法院将侵犯利用权的赔偿降低到962.33欧元，并且完全推翻了精神损害赔偿的请求。该法院认为，既然里弗尔斯先生选择了第一百四十条第二款第（b）项的计算方式，那么他无权再就其精神损害请求赔偿。如果他想请求精神损害赔偿的话，他就必须选择该款第(a)项的规定。也就是说，该法院认为该款规定的两种计算方式之间是相互排斥的，不能将两者结合起来。

随后，该案再次上诉到西班牙最高法院。里弗尔斯先生认为，无论请求人选择何种计算损害赔偿的方式，精神损失赔偿都是应当支付的。该法院对解释《西班牙知识产权法》第一百四十条第二款并不确信。基于该条是实施《执行指令》所调整的国内法，其源于欧盟法，为了准确理解该条的含义，该法院决定搁置案件，并要求欧盟法院就下述问题做出初步裁定：

---

❶ 《西班牙知识产权法》第一百四十条：

一、被害人所获得的损害赔偿不但包括他遭受损失的价值而且包括因为侵犯其权利而造成的获利的损失。损害赔偿的数额，在适当情况下，可以包含为获得侵权行为的合理证据而产生的调查费用。

二、损害的赔偿可以由被害人选择以下一种方式而确定：

a) 消极的经济后果，包括受害方所遭受的利润损失以及侵权人通过非法使用不正当地获取的利润。当存在精神损害时，即使没有证明经济损害，该精神损害也应当获得补偿。在考量这种情况时，应当考量侵权的情况、遭受损害的严重性以及作品非法传播的程度。

b) 受害人应当作为报酬所获得的数额，假定侵权人就使用知识产权被要求获得许可。

《执行指令》第十三条第一款是否能解释为：因知识产权侵权而遭受损害的当事人，当其将许可费作为计算财产损害赔偿的依据时，并且该许可费的确定是假设侵权者被要求获取使用知识产权所需支付的许可费的情况下，当事人就不能就其遭受的精神损害请求赔偿。

二、法院裁决

欧盟法院于2016年3月17日作出判决，就西班牙最高法院的提问作出如下答复，即《执行指令》第十三条第一款允许遭受知识产权侵权的当事人，在根据该款第二小节第（b）项，请求以许可费为基础补偿其所遭受的财产损害的同时，也可以根据该款第二小节第（a）项请求补偿其所遭受的精神损害。

法院认为，根据该院的判例法，为了解释欧盟法中的条文，有必要考虑该条文的用语、该条文出现处的上下文以及该条文作为规则所要追求的目标。法院将这些原则应用到具体的解释之中，从而得出以上的结论。

第一，法院认为就第十三条第一款第二小节第（b）项的用语而言，虽然该条文并没有提及将精神损害作为司法当局在设定赔偿数额时必须考察的一个因素，但它也没有排除将这种损害纳入考察的可能。它规定了在设定一次性支付的赔偿金时，"至少"以包含条文中所列举的因素为考察基础。"至少"一词的使用就表明该条文也应当准许将其他因素纳入考察因素，例如'在适当的情况下'，就权利人遭受的精神损害做出补偿。

第二，从该法条的上下文来看，一方面，《执行指令》第十三条第一款第一段作出了一般规定，即司法当局必须责令侵权人向权利人就因侵权遭受的损害进行赔偿，并且该赔偿与权利人遭受的实际损害必须是相称的。只要证明存在精神损害，例如损害作品作者名誉，那么这种损害就构成权利人实际遭受损害的一部分。因此，当权利人事实上受到精神损害时，结合《执行指令》第十三条第一款第一小节的内容，该款第二小节第（b）项的文字就应当解读为，该条的实际用语已经排除将"假设性许可费"作为计算应当支付赔偿数额的唯一基础。换句话说，即使选择第（b）项计算方式，也不排除在"假定性许可费"外其他的损害赔偿。另一方面，也应当注意到，第十三条第一款第二小节第（b）项规定的一次性支付方式只能在"适当的情况下"作为损害赔偿计算的一种替代方案，为司法当局所适用。在《执行指令》前言第二十六段就已经指出，"适当的情况"是指"例如很难确定所遭受的实际损害"。在这种情况下，损害赔偿的数额可以以权利金或者许可费这样的因素为基础进行计算，但这一情况并没有考虑到任何的精神损害。换句话说，精神损害赔偿可以通过其他计算方式在财产损害赔偿之外额外计算。

最后，从指令所追求的目标出发，根据《执行指令》前言第十项❶、第十七项❷、第二十六项❸，法院认为《执行指令》的目的在于将知识产权保护维持在一个较高的标准。这种保护需要考察每一既定案件的各个特别方面，并且是以涉及这些特别方面的方式来计算损害赔偿。在这个目标的指引下，第十三条第一款第一小节就必须解释为，其建立了以下计算损害赔偿的原则，即支付给知识产权权利人赔偿金的数额能够保证权利人所受到的"实际损害"得到完全赔偿，这包括他所遭受的精神损害。正如之前指出的，以"假设性许可费"为基础计算的赔偿数额仅仅涵盖了权利人遭受的财产损害。为了提供全面赔偿的目的，除了这部分损害赔偿之外，权利人也能够要求补偿他受到的任何精神损害。

基于以上的分析，欧盟法院最终作出了结论。

---

❶　"指令的目标是保证内部市场的知识产权保护标准是高的、相等的和统一的。"
❷　"指令规定的措施、程序和救济方式应当个案认定并采用考察该案细节特征的方式进行。"
❸　"从补偿因侵权人侵权所造成损害的角度来看，给予权利人赔偿的数额应当考察所有恰当的方面，包括权利人受到的精神损害。"

三、评论

本案的争议来源于法官对西班牙《知识产权法》第一百四十条第一款规定的损害赔偿计算方式之间的关系以及就其适用所造成的理解差异。

如果严格按照文义解释，西班牙上诉法院的观点并没有偏差。根据该国《知识产权法》第一百四十条第二款的规定，"损害赔偿可以被害人选择以下一种方式而确定"。这就意味着法律本身的规定就将两种计算方式之间是互相排斥的，权利人就其因侵权造成的损失只能选择其中一种方式进行。一旦选择该方式，自然就将另一方式排除适用。因此，既然权利人选择第二种计算方式，即以"假定许可费"为基础计算，那么也就不能再用第一种计算方式。因为第二种计算方式并没有规定将精神损害作为考察因素，因此精神损害赔偿就不应该予以考察。

但是一审法院的裁决也有一定道理。虽然判决的原文并没有公布，但从欧盟法院裁决书和总检察官的意见中可以推断出，该法院也同样认为两种计算方式之间是相互排斥的。但是，它将侵权损失分为财产和精神两部分而分别适用不同计算方式。即财产赔偿适用第二种计算方式，而精神损害赔偿适用于第一种计算方式。这一裁决无疑被后来的欧盟法院判决所确定。

从上述的分析来看，很明显，两个法院的法官分歧主要来自于对损害赔偿的不同认识。上诉法院的法官严格依据损害计算方法规定来确定损害的赔偿的范围和数额，而一审法院的法官则在适用计算方法之前就确认损害的分类和范围。当西班牙最高法院受理该案上诉后，自然得面对如何理解损害赔偿的适用，因为两个法院看似都有道理。因为这一条款本身是转化实施《执行指令》的条款，因此法院就将这一任务暂时交给欧盟法院来决定。

欧盟法院从法条的用语、上下文和目的角度来解释该条，确认了就损害赔偿这一救济措施而言，应当适用全面补偿的原则，即应当补偿权利人因为知识产权侵权行为所遭受到的所有实际损害，不但包含财产损害，还包括精神损害。无论采用何种计算方式，两个损害都必须在确认赔偿数额时予以考察。这无疑是对损害赔偿范围的再次明确确定，从而一定程度上明确了《执行指令》第十三条第一款第一节中"实际损失"的范围。并且隐含着认为损害赔偿的计算方法只是确定实际损失数值和价值的规定而并不是确定实际损失范围的规定。

虽然本案所涉及的案情是著作权案件，但是欧盟法院所解释的是《执行指令》中的条款。这意味着这一解释将适用于该《执行指令》所界定的所有的知识产权的种类有种类。特别是《执行指令》第一条强调"知识产权"包括工业产权。这也就意味着著作权、专利权、商标权、外观设计权、商业秘密权、集成电路设计权等都可能属于该《指令》的对象。凡是这些权利受到侵犯，在计算财产损害赔偿同时，一旦存在精神权益的损害，也应当对该损害也应当予以赔偿。但是因为本指令并不包含实质性的权利规定条款，也没有界定哪些是属于精神权益损害，因此可以赔偿的精神权益损害范围的确定就留给了各成员国规定。但不能排除的是，成员国在将来仍然可能要求欧盟法院就某一特定的精神权益损害进行解释，即该精神权益损害是否应当予以赔偿。

在著作权领域，精神权利已经逐步为学者们所认可，即使英国、爱尔兰等英美法系国家，也在一定程度上承认著作权的精神权利。那么对于这些精神权利的侵犯，是很自然可以被认为属于精神权益的损害，从而获得精神损害赔偿。但是在其他知识产权种类内，尤其是技术类知识产权，是否存在着精神利益还是有待理论和实践上的探讨。例如，类比作者精神权利，发明人、设计师是否就其发明和外观设计享有一定的精神权益。例如，侵犯专利权本身，就可能损害发明人的声誉，因为该侵权专利产品的质量低劣。另外，如何合理地确定精神损害赔偿的标准和方式也将是欧洲各级法院所需要进一步认识的。因此，这一裁决留给欧洲法学界的一个理论问题，就是知识产权中的精神权益的范围该如何界定，哪些行为构成对精神权益的损害，以及精神权益损害的计算方式和证明方式有哪些。

哭成思

沈仁干[*]

A Poem for Chen is She Rengant

Shen Rengan[†]

闰七之秋闻闷雷
良师西去不回头
君子神交廿七载
再遇疑难我犯愁

闰七之秋闻闷雷
往事历历在心头
单枪匹马走英伦
师从柯氏夺头筹

闰七之秋闻闷雷
一生辛劳似黄牛
著书立说为法制
国会献策强神州

---

[*]　沈仁干，曾担任国家版权局副局长（1993年至2004年）。

[†]　Shen Rengan, former Director of the National Copyright Administration of China (1993–2004).

闰七之秋闻闷雷
挚友驾鹤游蜃楼
何人觅得仙灵丹
拉回兄弟共筹谋

二○○六年九月十二日